ESSAI

SUR CETTE QUESTION.

Qu'est ce qui est requis dans l'Art d'Observer, & jusques-où cet Art contribue-t-il à perfectionner l'Entendement ?

ISSUE

SO A CRITICAL QUESTION

R 11425

Amsterdam

1777

Carrard, Benjamin

Essai qui a remporté le prix de la société hollandaise des sciences de Haarlem en 1770, sur cette question : Qu'est-ce qui est acquis dans l'Art d'Observer ;

janvier

R. 2234
  c.

ESSAI

QUI A REMPORTÉ LE PRIX
de la Société Hollandoise des Sciences
de Haarlem en 1770. sur cette

QUESTION.

*Qu'est-ce qui est requis dans l'Art d'Observer;
& jusques-où cet Art contribue-t-il à
perfectionner l'Entendement ?*

Par M. BENJAMIN CARRARD,

Ministre du St. Ev. Membre de la Société
Hollandoise des Sciences, établie à Haarlem.

---

*Vita brevis, ars verò longa,
Et occasio magni momenti.*
          APHORISM. HIP.

A AMSTERDAM,
Chez MARC-MICHEL REY,
MDCCLXXVII.

AVERTISSEMENT.

Un des meilleurs moyens de découvrir les Regles d'un Art, est sans doute de rechercher attentivement, comment l'ont exercé ceux qui s'y sont le plus distingués. C'est ce que j'ai eu dessein de faire dans cet *Essai*, pour déterminer les regles de *l'Art d'Observer*. Tous les préceptes y sont appuyés sur des exemples tirés des Ecrits des plus habiles Obser-

AVERTISSEMENT.

vateurs en tous les genres. Si les écueils, qu'il faut éviter, y sont souvent annoncés par les erreurs des Hommes célebres, qui sont quelquefois venus échouer contre eux, ce n'est point pour prendre un ton décisif & critique, dont je suis fort éloigné, mais uniquement pour en tirer des leçons de prudence & de circonspection, que je me permets de relever de temps en temps les faux pas qu'ils ont faits. Je sais, que les fautes mêmes des Grands Hommes ont droit à notre reconnoissance, lorsqu'il nous auroit fallu

AVERTISSEMENT.

nous-mêmes tomber dans l'erreur, si en le trompant les premiers, ils ne nous avoient pas appris à nous défier des pièges qui les avoient séduits.

CET *Essai*, composé en 1769 & couronné en 1770 par la *Société Hollandoise des Sciences de Haarlem*, a déja paru en 1771 en François & en Hollandois dans le Recueil des Mémoires (*) que cette Société publie. Mais comme ces Mémoires, écrits en grande partie en Hollandois, ne fortent presque point

(*) Tome XIII.

AVERTISSEMENT.

dans l'enceinte des Provinces-unies, & que d'ailleurs il s'étoit gliffé une multitude de fautes d'impreſſion, dans l'Edition Françoiſe de cet *Essai*, j'ai cru pouvoir le préſenter de nouveau au Public avec quelques additions, après en avoir reçu la permiſſion de la Société.

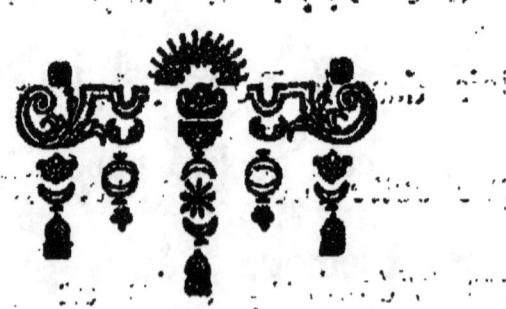

ESSAI

ESSAI
SUR LA
QUESTION:

Qu'est ce qui est requis dans l'Art d'Observer, & jusques-où cet Art contribue-t-il à perfectionner l'Entendement ?

Sujet, Occasion & Division générale de cet Essai.

JAMAIS on n'a plus observé de toutes parts, que dans le siecle où nous vivons: mais tous ceux qui s'érigent en Observateurs savent-ils s'acquitter de cette belle fonction, ou en connoissent-ils assez l'importance, pour s'y appliquer avec tout le soin possible ? l'incapacité ou la négligence de de plusieurs d'entr'eux expose souvent à faire des collections de faits incertains & mal vus, ou à les voir se perdre dans un amas confus & sans ordre. Cependant pour les éclairer, réveiller leur attention, & former désormais de bons Observateurs, ne pourroit-on pas montrer ce qui est requis, pour réussir dans l'art d'Observer,

A

& déterminer ensuite quel fruit on retireroit de cét Art, ainsi pratiqué, pour perfectionner l'Entendement humain ? C'est à l'examen de ces deux Questions intéressantes, que nous sommes invités par l'illustre *Société Hollandoise des Sciences*, qui les a proposées en ces termes: *Qu'est-ce qui est requis dans l'Art d'Observer ? Et jusques où cet Art contribue-t-il à perfectionner l'Entendement ?*

Pour répondre convenablement à ces deux Questions, elles seront examinées à part dans cet Essai, & le diviseront par-là en deux Parties, qui seront chacune précédées d'une Introduction, où l'on en développera le Plan.

INTRODUCTION

A LA

PREMIERE PARTIE.

Dans laquelle on examine ce qui est requis dans l'art d'Observer.

Observer, c'est en général se rendre attentif à tout ce qui frappe les sens soit intérieurs soit extérieurs, pour en acquérir des idées justes & propres à conduire aux différens buts qu'on peut se proposer. Le sens intérieur nous avertit de ce qui se passe dans notre ame. Les sens extérieurs nous font connoître les objets qui existent hors de nous, & qui sont dans la sphere de leur action; comme notre propre Corps qui nous est, pour ainsi dire, extérieur, les Corps célestes, l'Atmosphere & les Météores qui s'y forment, le globe entier de la Terre, les Mers, les Fleuves, les Minéraux, les Animaux, & en particulier parmi ceux-ci les Hommes, les Sociétés qu'ils forment, & tout ce qu'ils y font.

Pour donner une idée nette des procédés qu'il faut suivre pour observer ces divers objets, nous envisagerons l'Art d'Observer sous différentes faces; c'est-à-dire, nous considérerons les différentes vues, qu'on peut s'y propofer, & nous tâcherons d'indiquer les moyens d'y parvenir. Ainfi dans le *Premier Chapitre* nous verrons ce qu'il faut faire pour décrire les objets de la Nature, & découvrir leurs propriétés, foit qu'elles fe manifeftent à nos fens comme d'elles mêmes, & fans aucune préparation de notre part, foit qu'il faille, pour les obferver, mettre les objets dans les circonftances propres à les rendre fenfibles. Dans le *Chapitre II.* nous expoferons ce qui eft requis pour obferver, fuivre & mettre autant qu'il eft poffible à la portée de nos fens la marche & les opérations de la Nature, dans les changemens qui arrivent dans le Monde, en renvoyant cependant quelques recherches qui concernent les corps en mouvement, au *Chapitre III*, où nous développerons comment à travers les illufions des fens on peut eftimer avec fureté tout ce qui a rapport aux grandeurs, diftances, figures & arrangemens des corps, diftinguer leurs mouvemens réels des apparens, & reconnoître les courbes, qu'ils décrivent. Comme pour parvenir à ces divers buts, il y a 1°. des attentions, qu'il faut avoir dans le choix & l'ufage des inftrumens; 2°. des difpofitions d'efprit qu'il faut apporter dans le cours de fes Obfervations; 3°. des précautions à prendre dans la maniere de nommer, de claffer, &

INTRODUCTION.

distribuer avec ordre les productions de la Nature, nous consacrerons à ces trois objets les trois derniers Chapitres de cette Partie.

Nous supposerons toujours, qu'il n'y a aucune mauvaise conformation dans les organes de l'Observateur, & qu'il s'en est assuré en examinant si le témoignage du sens dont il se sert est d'accord avec celui de ses autres sens, ou avec celui des autres personnes sur le même objet. Selon ce qu'exige le genre d'observations dont il s'occupe, il faut qu'il ait des yeux clairvoyans, le tact très-sensible, l'odorat bon, le goût délicat, & l'ouïe fine. Il a aussi besoin d'une dextérité, d'une sagacité, & d'une pénétration d'esprit, qui sont un présent de la Nature, & dont le germe ne peut s'acquérir par l'art, mais seulement se développer par ce moyen, plus ou moins complettement. Les regles dirigent & perfectionnent les talens, mais ne les donnent pas.

CHAPITRE I.

Sur la maniere de décrire les divers Objets de la Nature, & d'observer leurs Propriétés.

I. Les Essences des Corps nous étant inconnues, nous ne prétendons pas donner ici des caracteres pour discerner les qualités qui en découlent, c'est-à-dire, celles dont il ne faut pas chercher la raison hors de la chose même. L'observateur doit s'abstenir de ces discussions obscures & métaphysiques, qui seront un sujet perpétuel de disputes parmi les Philosophes, vû la foiblesse de nos lumieres. Il est appellé à consulter le témoignage de ses sens, & à se tenir en garde contre les conclusions téméraires. Aussi, nous bornerons-nous ici à distinguer deux sortes de propriétés. Les unes, qui conviennent à tous les corps, sont des qualités universelles; les autres, qui caractérisent les différentes especes de corps, sont des propriétés particulieres.

II. *Les propriétés générales* se découvrent au moyen de cette regle de Newton, c'est que les qualités des corps, qui ne sont susceptibles ni d'augmentation, ni de diminution, & qui se trouvent dans tous ceux sur lesquels on a pu en faire l'expérience, doivent être mises au rang des qualités universelles. En effet, si les propriétés des corps ne peuvent se découvrir que par l'expérience, & non par le raisonnement, celles-là seules méritent d'être regardées comme générales, qui se remarquent dans tous les corps que nous pouvons soumettre à nos expériences; & quoique aucun mortel ne puisse se vanter d'avoir observé tous les corps qui existent, cependant personne ne craint de leur attribuer à tous, des qualités qu'on a eu occasion d'observer dans tous ceux qui se sont présentés sans exception. Nous n'avons point d'autre raison pour regarder comme des propriétés universelles des corps, l'étendue, l'impénétrabilité, l'inertie & la mobilité: Il seroit déraisonnable d'aller, contre le résultat de toutes les expériences, imaginer des exceptions chimériques. Ce seroit là bannir de la Nature toute espece d'*Analogie*, supposer qu'elle n'est point d'accord avec elle-même, & nous mettre dans l'impossibilité de raisonner sur tout ce qui a rapport à la Philosophie naturelle. Cependant pour être mieux en droit de prononcer sur l'universalité d'une qualité qu'on trouve dans tous les corps qu'on a observés, il est bon de s'assurer par expérience, si cette qualité peut être augmentée & diminuée; car si elle étoit susceptible de ces modifications, elle pourroit, en diminuant continuellement s'anéantir enfin, & par là-même il pourroit arriver qu'elle ne fût pas générale & que certains corps en fuffent privés. Au refte, après avoir trouvé en vertu des expériences qu'une qualité eft univerfelle, il ne faut pas d'abord en conclure, qu'elle eft effentielle: c'eft-à-dire qu'elle a fa raifon dans la chofe-même, & non ailleurs. Il pourroit être qu'elle dépendît d'une caufe extérieure, qui agiroit dans tous les lieux où nous pouvons faire nos expériences. Auffi, NEWTON, qui a toujours montré autant de fageffe & de retenue que de fagacité dans fes décifions, avertit qu'il ne regarde pas la gravité comme effentielle aux corps, quoique les obfervations qui établiffent que la gravité eft une qualité univerfelle de tous les corps foient plus nombreufes que celles qu'on peut alléguer en faveur de l'impénétrabilité, puifque nous n'avons fur les corps céleftes aucune obfervation qui concerne cette derniere propriété, tandis que les Obfervations Aftronomiques les plus authentiques prouvent que la gravité fe trouve dans le Soleil & les Planetes.

III. *Les propriétés particulieres des corps*, qui fervent à les diftinguer les uns des autres, font: 1°. d'abord certains pouvoirs qu'ils ont d'agir fur les organes des fens, & d'exciter, en vertu de cette impression, différentes sensations ou perceptions dans notre ame; 2°. Certaines puissances qu'ils ont d'agir sur d'autres corps, ou d'en être modifiés selon certaines loix, lorsqu'ils leur sont appliqués. 3°. Ils different aussi par un tissu ou une structure intérieure qui leur est propre. Enfin ils sont composés de divers ordres de principes plus ou moins simples, & différemment combinés.

Mais pour parler plus distinctement de la maniere de faire ces recherches, il est à-propos de considérer à part deux especes de corps, dont les uns sont organisés & les autres ne le sont pas. Les premiers ont un tissu singulier, un entrelassement de différens vaisseaux plus ou moins fins, plus ou moins repliés, dans lesquels coulent des liqueurs, qui après s'y être préparées, deviennent propres à les faire croître ou à réparer leurs pertes. Les autres corps, qui n'ont aucun appareil semblable, sont ou des fluides dont les parties, extrêmement fines & lisses, ne font que se toucher sans adhérer étroitement ensemble, cedent à la plus légere impression, & se meuvent facilement entre elles, ou des corps solides, dont les parties ne peuvent être séparées qu'avec un certain degré de force; ils ne croissent que par l'apposition d'autres parties, sans avoir reçu aucune préparation dans le corps-même.

IV. *En considérant les corps organisés*, la premiere chose qui se présente à observer, ce sont les qualités extérieures, qui servent à les reconnoître. Le nombre des individus est trop grand pour qu'on puisse les décrire chacun en particulier: mais il y a toujours des assemblages d'individus, qui ont des qualités assez semblables pour recevoir le même nom, & former la même espece. Il faut donc s'attacher aux qualités qui appartiennent constamment à toute l'espece. Plus on a observé d'individus, plus aussi on est assuré qu'on n'avance rien qui ne lui convienne toujours. Cependant il n'est ni possible, ni nécessaire de les voir tous; on sent assez, qu'il y a un point où il est permis de s'arrêter & de tirer une conclusion générale. Il faut donc écarter des descriptions de simples variétés accidentelles qui distinguent les individus. Par exemple, il n'est point d'espece où les individus n'aient plus ou moins de grandeur, quoique cependant cette différence n'aille pas ordinairement au-delà d'un certain terme, & que cette limite de grandeur & de petitesse puisse servir à caractériser l'espece entiere. Lors qu'on rencontre quelque individu, qui par la conformation extraordinaire de quelqu'une de ses parties, ou par un nombre plus ou moins considérable de certaines parties, ne semble plus appartenir à l'espece, c'est là un écart de la Nature, & l'on peut le mettre au rang des Monstres.

Mais pour mieux découvrir & saisir le concours des caracteres extérieurs, qui contribuent à distinguer un objet, pour n'y rien laisser de vague & d'indéterminé, & pour qu'il ne puisse convenir qu'à l'espece qu'on veut décrire, il faut examiner séparément les diverses parties de l'objet. Dans les Végétaux, on considere les parties qui s'y trouvent ordinairement, les racines, la tige, les branches, les feuilles, les fleurs, les semences, & les fruits: dans les Animaux, leurs différens membres & organes, & les divers moyens que la Nature a mis en œuvre, soit pour les aider à se défendre & attaquer, soit pour couvrir les parties molles de leurs corps, & les mettre à l'abri des accidens. On examine dans chaque partie ce qu'elle a de particulier, de plus constant & qui semble propre à toute l'espece. Ainsi l'Observateur remarque: 1°. Ce qu'il y a d'invariable dans la conformation des parties; dans les plantes, les racines par exemple, ont différentes figures; tantôt elles sont en masses charnues, connues sous le nom d'oignons, tantôt elles ont des tubercules, ou forment ce qu'on appelle des racines en bottes &c.; les feuilles sont découpées, dentelées, ou ont d'autres formes, &c. Dans les Animaux, la tête est quelque-fois plus ou moins arrondie, le museau plus ou moins allongé; on en voit qui ont le pied terminé par des sabots, ou par des doigts, ou par des griffes, &c. 2º. Le nombre de certaines parties n'est pas moins propre à caractériser les corps organisés; dans les Plantes, il y a des especes, qui ont plus ou moins de pistiles ou d'étamines; dans les Animaux, on observe plus ou moins de jambes ou de dents incisives &c.; dans les chenilles, plus ou moins d'anneaux. 3º. l'arrangement des parties mérite aussi l'attention; dans les Végétaux, les branches ont une disposition différente suivant les especes, elles se rapprochent ou s'écartent plus ou moins de la tige, elles en sortent ou alternativement ou opposées deux à deux, ou entourent leur tige par étages, &c.; la situation respective des feuilles sur la tige & les branches varie aussi; les étamines sont quelques-fois sur des fleurs différentes de celles où sont les pistiles quoique sur la même plante, ou se trouvent réunies avec les pistiles sur la même fleur, ou s'observent sur des individus différens de ceux qui ont les pistiles, &c. De même dans les Animaux, les parties ont souvent des situations différentes; on voit des Poissons, qui ont la bouche & les yeux placés sur le dos. 4º. La proportion de certaines parties, soit entre elles, soit par rapport à tout le corps, ne contribue pas peu à distinguer les êtres organisés. Dans les Animaux, il est des especes, qui ont le cou fort-long, ou la tête, fort-grosse par rapport à tout le corps. Dans les végétaux, des especes d'arbres dont la tige est très-courte à proportion de l'étendue des branches. Dans les Fleurs, la différente proportion des étamines & des pistilles est remarquable. 5°. La couleur fournit quelquefois des marques distinctives pour différencier les especes. On voit des Plantes dont les fleurs ont toujours la même couleur, des Animaux, dont les poils, ou les plumes, ou les écailles, ou les coquilles affectent une couleur déterminée. 6°. Le toucher & l'odorat peuvent encore concourir à les faire reconnoître. Il y a des Animaux dont le poil est doux ou rude, des Plantes épineuses, velues & âpres au toucher &c. des feuilles unies & d'autres creusées de sillons profonds, &c. Il y a aussi des Plantes & des Animaux qui répandent différentes odeurs. 7°. Enfin le goût aide quelquefois à caractériser les Plantes & les Animaux; leurs différentes parties produisent souvent différentes saveurs.

Après avoir examiné de cette maniere par tous les sens, autant qu'il est possible & nécessaire, toutes les parties de l'objet qu'on observe, après les avoir exactement comparées, avoir saisi leurs proportions entr'elles, & par rapport au tout, les avoir embrassées, pour ainsi dire en gros & en détail, l'Observateur se forme une notion distincte de l'ensemble de toutes les parties, & de toute la conformation générale de l'objet, il acquiert une idée de son port qui met en état de le reconnoître dans bien des cas au premier coup d'œil. Il seroit sans-doute à souhaiter que ce concours de marques caractéristiques pût toujours conduire à reconnoître l'espece en tout temps & en toute circonstance; mais cela n'est pas toujours possible; il y a telle Plante, qui dépouillée de ses feuilles, de ses fleurs, & de ses fruits ne seroit pas facilement reconnoissable au milieu de l'Hyver. De même, il y a des Animaux, qui prenant diverses formes dans les differens âges de leur vie demandent des descriptions particulieres pour ces différens états, telles sont les Chenilles & les Vers, qui se transforment.

Afin qu'au moyen des caracteres que l'on choisit pour distinguer les objets, tout le monde puisse les reconnoître sans peine promptement & sans hésiter, il faut prendre autant que l'on peut ceux qui sont les plus populaires, les plus sensibles, les plus propres à frapper les yeux, sans le secours des verres, à moins qu'il ne s'agiſſe d'Animaux ou de Plantes, comme les Lichens & les Moiſiſſures, qui ne peuvent être apperçus diſtinctement que par le mycroscope. Au reſte, après avoir donné ces marques ſenſibles, il faut auſſi examiner pluſieurs parties extérieures qui ne deviennent viſibles que par le moyen des verres, qui ſouvent ſont très-ſurprenantes & agréables à voir, & qui peuvent répandre du jour ſur la vie des êtres organiſés. En effet, il y a des Plantes, dont on ne pourroit découvrir autrement les fleurs & les ſemences; & c'eſt aſſûrément un ſpectacle bien intéreſſant que celui que le mycroſcope fait appercevoir dans l'arrangement, l'ordre, la couleur, la figure, & la quantité prodigieuſe des glandes & des filets, que la Nature a accordés aux Plantes & dans la variété des matieres, qui ſuintent de pluſieurs. On peut auſſi appliquer à l'examen des Animaux ce que nous venons de dire. Nous verrons dans la ſuite commen, au moyen des méthodes, on abrege les deſcriptions.

A ces marques caractériſtiques il eſt à propos de joindre le naturel de ces différens corps organiſés, les élémens dans leſquels ils vivent, & la durée de leur vie, quand on a aſſez d'obſervations pour la déterminer. Parmi les Plantes, les unes vivent dans l'eau ſans tenir à la terre, comme la lentille d'eau, &c. d'autres tiennent à la terre par leurs racines, & pouffent leurs tiges dans l'air; elles ne se plaisent pas dans toute sorte de terreins, & de contrées, & demandent différentes cultures; quelquefois elles se nourrissent aux dépens d'autres végétaux. On en voit même plusieurs qui naissent sur des animaux vivants, comme une plante du genre des *Clavaria* qui vient sur des vers, en particulier sur ceux qui produisent en se métamorphosant la petite espece de hannetons. On pourroit les nommer parasites des animaux, si des expériences décisives faisoient voir, qu'elles tirent leur subsistance de quelques uns des sucs de ces animaux. Parmi les végétaux il y en a, qui se font particulierement distinguer par des mouvemens en apparence spontanés, comme sont ceux que montre la Sensitive &c. Enfin les plantes exigent plus ou moins de temps pour arriver à leur perfection, & la durée de leur vie differe beaucoup selon les especes. Quant aux Animaux, quelle diversité à l'égard des endroits qu'ils habitent ou des alimens dont ils se nourissent! Il y en a qui ne vivent que dans certains climats, ou dans les eaux douces ou salées, ou dans certains lieux par préférence, comme les Forêts & les Montagnes; d'autres, comme les Insectes, s'établissent selon leur espece,

pece, fur des Plantes d'une nature différente, ou dans des liqueurs particulieres, qui leur conviennent, ou dans le corps de certains Animaux, ou dans le bois, ou dans la terre, &c. La maniere, dont les Animaux fe tranfportent dans les différens élémens qu'ils habitent eft bien digne d'attention. Cette Obfervation n'eft pas toujours facile à faire, & pour ne parler que des coquillages, voyez quelle patience & quelle fagacité Monfieur DE RÉAUMUR a eu à déployer, en examinant les parties dont ils fe fervent pour fe mouvoir; bien que leur marche ne foit qu'un fait extérieur, il eft fouvent auffi difficile à découvrir que la ftructure intérieure d'une partie. S'il fe fût borné à les confidérer fur le bord de la Mer, il n'auroit pas pu en venir à bout. Ces Animaux étant à fec reftoient dans l'inaction; il lui fallut donc imaginer des moyens pour les engager à montrer les manœuvres dont ils font capables. En confidérant les parties de ces Animaux, qui fervent à leurs mouvemens progreffifs, on a lieu d'admirer les reffources extraordinaires de la Nature, & de fe convaincre d'une vérité bien importante qu'un Obfervateur prudent ne doit jamais oublier, c'eft qu'elle connoit plus d'une voie pour arriver au même terme.

B

IL convient de remarquer ici, que la force du climat produit souvent dans les plantes ou les animaux qu'on naturalise en différens pays, des variétés stables & permanentes, qui ne doivent pas être regardées comme des différences spécifiques ou essentielles & faire méconnoître leur premiere origine. Le Tabac, le Ricin ou *Palma Christi*, qui sont ici au rang des plantes annuelles forment en Afrique des arbrisseaux vivaces. L'homme lui-même est un exemple frappant de la puissante influence du climat. Dans les terres Magellaniques situées vers le pole austral, il paroit avec une taille démésurée, tandis qu'en Laponie vers le pole septentional il se fait remarquer par sa petitesse. Toute cette large bande, qui environne notre globe d'orient en occident, & qui est connue sous le nom de zone torride, est habitée par des peuples noirs ou fort basanés. Quelques grandes que soient ces différences, on a de fortes raisons de croire qu'elles sont un effet de la diversité du climat. Le P. Sainovics, né en Hongrie, qui a séjourné en Laponie avec le P. Hell, pour observer le passage de Vénus sur le Soleil, a démontré que la langue des Lapons étoit la même que celle des Hongrois qu'on sçait par le témoignage d'écrivains dignes de foi être semblable à celle de plusieurs peuples qui habitent la Tartarie. Il faut donc que ces peuples, qui conservent le même fond de langage, tirent également leur origine des Tartares. Ceux d'entre ceux-ci, qui seront passés en Laponie, y auront dégénéré pour former une race de petite taille, tandis que les bandes qui se seront répandues en Hongrie, y trouvant un climat plus favorable, n'auront pas subi de tels changemens. On voit une semblable dégradation de l'espece humaine sur les hautes montagnes de Madagascar. Là existe un peuple de Nains, qui par l'impression puissante de l'air qu'ils y respirent ou la vertu particuliere des productions du sol de ces montagnes, y a éprouvé un changement pareil à celui qu'on remarque en général dans les végétaux spontanés des montagnes très-élevées, qui ne semblent que des avortons, étant comparés avec ceux de la plaine. Quant à l'influence du climat sur la peau humaine, elle est bien marquée, en ce que la couleur s'éclaircit par nuances à mesure qu'on s'éloigne de l'Equateur, & ne devient tout-à-fait blanche qu'en s'avançant dans la Zone tempérée. Ce qu'on peut dire en général de plus vraisemblable sur la maniere de démêler les différentes especes d'animaux à travers les variétés qu'y apportent les différens climats, c'est que toutes les expériences qu'on a faites jusques ici concourent à établir, que les especes différentes d'animaux ne produisent rien ensemble que des mulets incapables de perpétuer une race, & que l'identité des especes semble fixée par la propriété qu'elles ont de se reproduire de génération en génération. C'est sur ce principe qu'on a reconnu dernierement, que les bœufs d'Afrique & d'Amérique, qui ont une bosse sur le dos & qu'on appelle *Bisons*, ne forment pas une espece distincte de celle des bœufs de nos climats. Car ces animaux produisent avec des vaches d'Europe, & les individus, qui en résultent, reproduisent à leur tour de nouveaux individus. Cette espece de bosse qu'ont les bisons, entre les épaules, paroit si peu essentielle à leur nature, que quand ils produisent avec des vaches de nos climats, elle diminue considérablement dès la premiere génération, & disparoît enfin entierement dans les suivantes. De même les hommes de différens climats, en s'alliant ensemble, produisent non seulement une race féconde, mais encore effacent les variétés qui les distinguent après plusieurs générations. Ils ne semblent donc former que la même espece que le climat modifie différemment: effet dont on voit des traces même dans les peuples voisins, qui ont le plus souvent des physionomies particulieres, bien que leur premiere origine ne differe pas.

Quoique ce que nous avons dit jusqu'ici n'ait eu pour objet que de tracer la route qu'on doit suivre pour décrire l'extérieur des corps organisés, il convenoit cependant d'en parler avec une certaine étendue; peu importeroit de savoir décrire les utilités qu'on en peut retirer pour les divers usages de la vie, pour les arts & la Médecine, ou de savoir dévoiler leur structure intérieure, si on ne mettoit ceux qui n'auroient jamais vu ces corps en état de les reconnoître par certaines marques extérieures. Si les Anciens avoient toujours eu cette attention, leurs écrits nous seroient plus utiles, & on n'auroit pas autant de peine à discerner les objets dont ils veulent parler. Mais d'un autre côté, il ne faut pas s'en tenir à une connoissance aussi imparfaite; ce ne seroit la qu'effleurer la Nature, & n'observer que sa premiere parure; il faut arracher le voile qui nous cache de plus grandes beautés, & nous dérobe les ressorts secrets qu'elle employe. Il s'agit de pénétrer, s'il est possible, dans l'intérieur des corps pour découvrir l'admirable organisation des Végétaux & des Animaux.

V. Un grand Animal ne semble d'abord présenter qu'une charpente assez sensible, un assemblage d'os & de gros vaisseaux sanguins qui ne paroissent pas difficiles à démêler; mais quand on veut entrer dans les détails qui concernent chaque partie, suivre les nerfs & les vaisseaux dans toutes leurs ramifications, découvrir les abouchements de ceux-ci, connoître la structure des différens organes destinés à faire la sécrétion des liqueurs, on sent la nécessité d'avoir recours aux instrumens les plus fins & les plus déliés & d'inventer, pour ainsi dire, mille ruses ou artifices pour dérober à la Nature son secret, & rendre sensibles les objets fins & délicats, qui sembloient devoir échapper aux sens. Rien n'est indifférent dans la structure d'une machine hydraulique telle que le corps humain; la découverte d'une nouvelle espece de vaisseaux peut répandre du jour sur l'œconomie animale, & fournir des vues utiles pour remédier à ses dérangemens. Ce n'est donc pas sans raison, que les Modernes se sont tournés de tout côté pour mieux voir que ne faisoient les Anciens, qui imaginoient souvent plus qu'ils ne voyoient quand il s'agissoit de la texture délicate de la plupart des visceres. Le mycroscope leur a dévoilé bien des mysteres. Ils ne doivent pas moins à l'art d'injecter des liqueurs colorées dans les vaisseaux, trouvé d'abord par GRAAF, perfectionné ensuite par SWAMERDAM & RUISCH, qui pour empêcher la matiere injectée de s'échapper imaginerent d'y injetter une matiere qui, en se refroidissant, pût s'épaiser, mais qui eût en même temps le degré de chaleur nécessaire pour qu'elle ne perdît sa fluidité qu'après avoir pénétré jusqu'aux extrémités des vaisseaux. C'est à la faveur de cette méthode, qu'on observe plus exactement la distribution & la situation des vaisseaux, leurs ramifications, leurs anostomoses, & qu'on en découvre dans des parties où on ne les soupçonneroit pas. Ainsi, la matiere corticale du Cerveau, qui ne présente pas plus de marque d'organisation que la graisse figée, étant injectée, fait appercevoir un admirable tissu d'artérioles & de venules. Cela doit apprendre à ne prononcer qu'avec beaucoup de circonspection sur la non-existence de certains vaisseaux qu'on a de justes raisons de soupçonner, quoiqu'on ne puisse les démontrer; il ne manqueroit peut-être pour en faire la démonstration, que des moyens plus subtils, que ceux que nous avons en main. Si, par exemple, nous avions des liqueurs colorées, tout-en-semble assez subtiles & assez solides pour pénétrer & s'épaissir dans les vaisseaux les plus fins, elles mettroient peut-être en évidence les cavités qu'on soupçonne dans la substance médullaire du cerveau, & dans les nerfs.

Les instrumens les plus fins, les injections les plus adroites ne sont pas les seuls moyens, auxquels il faut recourir pour dévoiler les mysteres de l'organisation. Ils ne sont pas d'un grand secours pour pénétrer dans celle des végétaux. Quoiqu'elle soit moins composée que celle des Animaux, elle présente de grandes difficultés. Il n'est pas aisé de démêler les parties intérieures d'une Plante à cause de l'uniformité apparente qu'elles offrent dans leur tissu, du peu de variété qu'on remarque dans leur couleur & leur arrangement, & de la peine qu'on trouve à dégager des vaisseaux très-fins, qui sont embarrassés & entrelassés dans la substance du végétal, ou recouverts de maniere à éluder aisément les efforts & les regards de l'Observateur. Le scapel, sans quelque préparation préliminaire, seroit inutile & détruiroit ce qu'on voudroit examiner. Les injections ne peuvent pas ici nous éclairer. Ce n'est pas sans peine, que M. DU HAMEL est venu à bout d'injecter certaines Plantes, qui étoient du genre des roseaux, & s'est assuré par là que ce qu'on prend pour des vaisseaux dans les Plantes, est véritablement creux; une matiere cotonneuse très-fine qui les remplit en partie, & que le mycroscope découvre, empêche le plus souvent les liqueurs colorées d'y pénétrer aisément. M. DU HAMEL voulant étudier la structure de la Poire tenta inutilement d'y employer l'injection. Il faut donc ici imaginer & essayer différens moyens pour dégager les vaisseaux, & détacher les parties. Cela n'est pas moins nécessaire dans les Animaux pour séparer des membranes, & rendre les parties plus propres à être observées. Souvent une préparation qui est bonne pour une partie, ne peut réussir pour une autre. Par exemple, la cuisson fera reconnoître la direction des fibres d'un muscle, tandis qu'elle détruira & convertira en gelée les membranes & les vaisseaux. De même dans les végétaux, après avoir fait bouillir la partie d'une branche où se fait l'insertion du Gui, on parviendra facilement à enlever l'écorce, à rendre visibles & à disséquer les racines de cette Plante parasite; mais si on employoit ce moyen pour disséquer un fruit, il détruiroit tout, & rendroit l'observation impossible: quelquefois dans une préparation il y a un certain degré précis qu'il faut savoir saisir, & au-delà duquel elle nuiroit à l'observation; c'est ainsi que pour observer la structure des os, on emploie la calcination. Cependant si on la poussoit jusqu'à la blancheur, elle feroit très-mal appercevoir cette structure. Un habile Observateur a remarqué, que le degré de calcination qu'il faut saisir, est celui où les os, après avoir noirci, deviennent d'un brun un peu clair, que ce degré de calcination n'attaque point la contexture des os, que bien-loin delà il la fait appercevoir plus nettement, qu'il a encore l'avantage de rendre les os assez fragiles pour se casser aisément en tout sens, & cela sans leur ôter la solidité nécessaire, pour que les plaques & les lames osseuses restent bien adhérentes, que cette espece de division est infiniment plus favorable que toute autre aux observations.

La macération fournit une préparation qui convient dans beaucoup de cas. Elle ne fait que détruire des parties extrêmement fines qui s'opposent à la séparation des parties qu'on veut examiner, & procure cette désunion sans les altérer. Elle fait souvent l'office d'une injection très-lente, qui en augmentant un peu le volume de certaines parties les rend plus visibles. On peut faire des essais avec l'eau & différentes liqueurs, pour choisir celles, qui donnent la macération la plus propre à préparer ce qu'on veut observer. Cette préparation demande beaucoup de patience & de travail, quand il s'agit de l'anatomie des végétaux : car il s'écoule quelquefois beaucoup de temps avant qu'on puisse détacher certaines parties des Plantes. Comme il ne faut rien forcer, crainte de causer quelque rupture, après avoir un peu dégagé un vaisseau ou un filet, on est quelquefois obligé de le remettre en macération assez long-temps pour achever la séparation. Rien n'est plus instructif là-dessus, & plus propre à donner des vues sur les moyens, qu'on doit employer pour observer les parties intérieures des végétaux qu'on se propose de décrire, que les détails intéressans, dans lesquels M. DU HAMEL est entré sur la méthode, qu'il a suivie pour faire la dissection de la Poire.

DANS l'usage de ces sortes de préparations, il faut toujours prendre garde qu'elles ne soient des guides infideles. Il peut arriver que la préparation altere certaines parties, ou cache ce qui y étoit réellement. L'injection, quelque admirable qu'elle soit pour pénétrer dans l'organisation des Animaux, demande qu'on se défie quelquefois des conclusions, qu'elle pourroit faire tirer. Si la matiere injectée force les diametres des vaisseaux, elle peut quand il y a une grande ramification de vaisseaux ainsi distendus par ce moyen, masquer certaines parties, & faire croire à un Observateur imprudent, qu'elles n'existent pas quoiqu'elles soient réelles. Pour se convaincre de la possibilité de ce cas, il n'y a qu'à faire attention, que l'injection fait bien difparoître les fibres de certains mufcles, quoique perfonne ne les revoque en doute. Si on a fujet de craindre quelque effet femblable, il faut employer différens procédés, pour examiner cette partie & diffiper l'illufion par la comparaifon qu'on fera des réfultats. On peut, par exemple, au lieu d'injections qui fe durciffent, fe fervir d'autres qui foient fluides, fort fubtiles & incapables de forcer les vaiffeaux. Il y a ainfi en Anatomie mille précautions à prendre pour n'être pas trompé par de fauffes apparences, qui font une fuite de la maniere dont on obferve, dont on détache les parties, & dont on les enleve. Un Obfervateur prudent ne fe contentera pas d'une coupe ou deux pour examiner une partie, mais il en fera autant qu'il eft néceffaire pour la voir de tous les fens, pour en démêler complettement, s'il eft poffible, la ftructure, & éviter l'erreur. Il prendra toutes les mefures requifes pour n'être pas trompé par des conformations accidentelles, qui ne font pas dans le corps humain; car quelquefois une partie fe préfente dans le cadavre dans un état fort différent de celui, où elle fe trouve dans le corps vivant. La fituation des parties peut auffi différer après la mort, ou en prendre une différente, fuivant la pofition qu'on donne au cadavre, & la maniere dont on procéde à la diffection. Le cœur, cet organe si nécessaire à la vie, nous fournit un exemple de tout cela. D'habiles Anatomistes avoient cru, que le péricarde étoit beaucoup plus grand que le cœur, parce qu'ils ne faisoient pas attention que cet organe, se vuidant de sang après la mort, perd alors une partie de son volume; plusieurs même procédant avec peu de précaution à l'ouverture du cadavre, & voyant que le cœur, par une suite sans-doute de son poids, de la diminution de son volume, & de la position du cadavre, prenoit différentes situations, ont pensé que le cœur n'occupoit point de place fixe & que son mouvement le transportoit d'un lieu dans un autre. Ce sont-là des illusions qu'ils auroient pu éviter avec plus d'attention, & que M. LIEUTAUD a dissipées dans les Mémoires, qu'il a publiés sur la structure du Cœur.

Il n'est pas possible de donner ici des regles générales; il faut que l'ardeur de connoître anime l'imagination, & fournisse des expédiens; le génie d'observation fait saisir habilement toutes les circonstances, qui peuvent dissiper les doutes, & rendre plus sensible ce qu'il veut examiner. Ainsi l'inflammation étant une injection naturelle lui présentera une occasion favorable pour rendre visibles dans certaines parties des vaisseaux qui auparavant ne l'étoient pas; on en voit un exemple dans la capsule du Crystallin, membrane si déliée, que d'habiles Anatomistes en ont nié l'existence, ou du moins en ont douté. L'inflammation rend ses vaisseaux visibles en y poussant plus de sang ou de la liqueur qu'ils portent, & fait appercevoir leur distribution, & leurs ramifications. De-même des objets à demi-transparens & très-petits paroissant plus distinctement à la loupe sur un fond noir, que sur des couleurs claires; un esprit observateur profitera de cette remarque, pour mettre en évidence des vaisseaux très-fins & à demi transparens, en les cherchant, s'il est possible, sur des parties du corps, qui tirent sur le noir plutôt que sur d'autres parties. Aussi Mr. FERREIN voulant constater l'existence des arteres lymphatiques, que le grand BOERHAAVE avoit soupçonnés sans pouvoir les démontrer, crut que s'ils existoient réellement, il en feroit plus aisément la démonstration sur l'uvée qui tire sur le noir, & il eut en effet un plein succès. C'est ce qui confirme ce que nous avons déjà dit, qu'on doit bien prendre garde de nier trop légérement l'existence de certaines parties, ou de certains vaisseaux, qu'on a lieu de soupçonner, aussi-tôt qu'on n'a pas pu les appercevoir. Cet exemple doit autant plus engager à suspendre son jugement dans des occasions semblables, en attendant de nouvelles lumieres, que les plus habiles Anatomistes, quoique avertis de ce qu'ils devoient chercher, quoique munis du secours du mycroscope, & des injections anatomiques devenues si familieres, n'avoient rien vu.

L'ANATOMISTE intelligent met à profit jusqu'aux écarts de la Nature dans les monstres, pour éclairer ses observations. Il peut en tirer de temps en temps des lumieres sur l'économie animale. Par les parties, qui leur manquent quelquefois, il reconnoît si les fonctions qu'on leur attribue ordinairement sont réelles ou chimériques, ou quelles sont celles qui leur conviennent nécessairement. D'ailleurs une mécanique, que cache une structure commune, se développe quelquefois plus manifestement dans une structure extraordinaire ; certaines parties très-délicates dans les cas ordinaires pouvant y être plus sensibles.

DE même l'Anatomie comparée, c'est-à-dire l'attention qu'on donne à la structure des Animaux analogues, ou des machines animales construites à-peu-près sur le même dessein peut éclaircir bien des doutes en Anatomie ; quelquefois on reconnoît qu'une partie n'a pas dans l'homme l'usage qu'on lui attribuoit, par l'impossibilité, où l'on est d'attribuer ce prétendu usage à la même partie dans d'autres Animaux ; M. DE HALLER, voyant que dans les yeux des Poissons, il y a entre la rétine & la choroïde une mucosité noire & opaque, qui empêche les rayons de lumiere de parvenir jusqu'à la choroïde en conclud que MARIOTTE n'avoit pas raison de regarder cette derniere tunique comme l'organe de la vision, & qu'il est plus naturel d'attribuer cette noble fonction à la seule rétine. Souvent la structure & l'usage de certaines parties, qui, à cause de leur petitesse, ou de différens obstacles, ne peuvent être démontrées, qu'imparfaitement dans l'homme, pourront l'être beaucoup mieux en d'autres Animaux, dans lesquels ces mêmes parties ayant un plus grand volume, ou une situation plus avantageuse, trahiront le secret de la Nature : cependant on ne sauroit se conduire ici avec trop de réserve ; il est dangereux de conclure par analogie d'une espece à l'autre ; on y remarque souvent des différences sensibles. Pour être autorisé à tirer de telles conclusions, il faut qu'on ait déjà de fortes raisons de soupçonner dans l'homme la structure qu'annonce celle qu'on remarque dans d'autres especes, & qu'on en voie assez pour croire, que la démonstration complette d'une partie dans l'homme tenoit seulement à quelque obstacle, qui disparoit dans d'autres Animaux. En un un mot, il faut conclure avec sagesse & retenue. Quand il ne résulteroit aucune lumiere sur le corps humain de la considération de la structure des autres Animaux, on sera toujours dédommagé de sa peine ; car outre que la connoissance de cette structure peut fournir des vues pour la guérison de plusieurs Animaux utiles à l'homme, c'est une curiosité bien louable de considérer les merveilles variées, que Dieu a déployées dans l'organisation des Animaux.

Cette Anatomie présente des difficultés dans les Animaux qu'on appelle imparfaits, tels que les Coquillages, les Vers, les insectes. Leur structure diffère tant de celle du corps humain, qu'on risqueroit souvent de se tromper sur leurs parties intérieures, si on en jugeoit par la connoissance qu'on auroit de celui-ci. Aussi, d'habiles Anatomistes ont été quelque-fois embarassés dans cet examen. Il faut donc pour disséquer ces sortes d'Animaux y procéder avec circonspection, acquérir soit par les lumieres d'autrui, soit par un long exercice, la dextérité & l'intelligence requises, pour faire avec succès ces dissections. Quand le corps de l'Insecte est transparent, il est bon de voir à l'aide d'un verre ce qui se passe au dedans; la dissection la plus fine ne pourroit pas aussi-bien instruire de l'usage des parties. On l'éprouve à l'égard du corps de la mouche, qui a affez de tranfparence en plufieurs endroits pour laiffer voir ce qui fe paffe au dedans. De même parmi les Animaux que le mycrofcope découvre dans des goutes de liqueur on en a vu plufieurs, qui étoient affez tranfparens pour qu'au travers de leur peau on diftinguât nettement leurs différents vifceres, les mouvements de ces parties, & jufqu'aux mouvements contraires du fang, ou de la liqueur, qui en tient lieu; de forte que la circulation fe voit d'un coup d'œil dans l'animal entier. Cependant fi la diffection eft poffible, il convient d'y avoir auffi recours lors-même que la tranfparence de l'Animal permet de voir l'intérieur. Ces deux moyens peuvent s'éclaircir réciproquement. La tranfparence peut faire confondre des parties, que la diffection fait voir être différentes.

VI. Mais nous avons affez parlé des corps organifés. Paffons à ceux qui ne le font pas. Ils ont auffi plufieurs qualités extérieures propres à les caractérifer, & pour les découvrir, il faut la même attention à les voir en divers temps fous différens afpects, & à leur appliquer fucceffivement tous les fens. En les goûtant la faveur, qu'on leur trouve peut donner des indices de quelque efpece de fel; par exemple, une terre vitriolique a un goût ftiptique; l'odeur qu'exhalent des minéraux, ou naturellement ou après les avoir frottés, peut faire reconnoître la préfence de certains principes, fouvent elle annonce du fouphre & du bitume; le fon aide quelquefois à diftinguer les matieres qui le produifent, l'efpece de bruit que fait entendre l'étain dans le temps qu'on le rompt lui eft fi particulier qu'on l'appelle le cri de l'étain; plufieurs perfonnes exercées peuvent juger au fon fi certaines fubftances ont été altérées; différents degrés de tranfparence font propres à plufieurs corps; la couleur en caractérife d'autres, telles font les pierres précieufes; mais comme ces couleurs ne font pas toujours tranchantes, qu'on y apperçoit fouvent toute forte de nuances, & de teintes de couleurs, l'expreffion manque pour les défigner avec exactitude, & il n'eft pas aifé de faire entendre diftinctement aux autres ce qu'on a vu. Pour en parler avec précifion, il faudroit un terme de comparaifon, qui comprît toutes les nuances des couleurs, & qui de plus fût invariable; on trouve l'une & l'autre de ces qualités dans le fpectre folaire, felon l'idée ingénieufe de M. D'AUBERTON. La couleur peut fournir des indices de parties métalliques; on fçait qu'une terre rouge annonce la préfence du fer. En maniant certains minéraux, en les écrafant entre les doigts lorfqu'ils en font fufceptibles, on y trouve des différences fenfibles felon que leurs furfaces font raboteufes ou unies, leurs parties onctueuses, douces, âpres, fines ou grossières au toucher. Le degré de dureté d'un corps se reconnoît par le poli plus ou moins vif qu'il peut prendre, & par son action sur d'autres corps dont la dureté est connue. Il y a, par exemple, telle pierre, qui peut être entamée & travaillée par le fer, par l'acier ou une forte lime, d'autres par l'émeril, d'autres seulement par la poudre de diamant. La figure des Fossiles est souvent remarquable ; plusieurs en affectent de régulieres & constantes, comme les Cryſtaux, &c. ; d'autres n'en prennent point de déterminée, & sont très-irréguliers. Mais il importe sur-tout de bien déterminer au moyen de la balance hydrostatique la pesanteur spécifique des corps qu'on examine. BOILE, à qui l'*Histoire Naturelle* doit beaucoup, faisoit un grand cas de cette excellente méthode, & il avoue, qu'elle lui a souvent été plus utile qu'il ne s'y seroit attendu dans l'examen des Métaux & Minéraux. En voyant, si le corps qu'on examine a la gravité spécifique, qui est naturelle aux corps de son espece, on peut juger, s'il est de bonne qualité, s'il n'a point été altéré ou imité par les hommes, rien n'étant plus difficile que d'imiter exactement la pesanteur spécifique des corps naturels ; ou bien l'on peut reconnoître, s'il ne s'y est point incorporé dans la terre quelque matiere étrangere qui en a changé le poids. Quand, par exemple, on trouveroit une pierre dont la gravité spécifique excéderoit celle de la pierre la plus pesante, il y auroit apparence, qu'elle contiendroit quelque partie métallique, ou qu'elle seroit mêlée avec quelque corps minéral plus pesant qu'une pierre ordinaire. On forme aussi au moyen de ces déterminations des conjectures plus ou moins probables sur le Regne auquel on peut rapporter un corps proposé; mais il ne faut jamais le faire qu'avec prudence, & en pesant bien toutes les circonstances. De grands Hommes s'y sont trompés. BOILE jugea par cette méthode, que le Corail devoit être rangé parmi les Pierres précieuses, bien qu'on ait découvert, depuis que c'est une production de Vers.

VII. QUOIQUE les Fossiles n'aient pas un tissu, comme les corps organisés, ils ont cependant une structure intérieure, un arrangement de parties qui fait, que les uns sont malléables & ductiles comme les métaux, & d'autres ne le sont pas comme les demi-métaux. Tantôt ils sont composés de parties régulieres, dont la forme est visible à l'œil nu, ou qu'on découvre à l'aide de la loupe & du mycroscope. Tantôt ils ont un grain plus ou moins fin & serré. Si on les casse, ceux-ci se rompent en morceaux d'une figure réguliere, & ceux-là en fragmens irréguliers. Plusieurs se divisent en feuilles, comme les Ardoises, ou ils sont composés de filamens durs, comcomme les Amianthes. On en voit qui ont une cassure polie, luisante, tandis que d'autres ne l'ont pas telle. Il y en a, dont on peut discerner les parties à la fracture. Leur ténacité varie aussi, & il faut des poids plus ou moins grands pour les rompre. Souvent ils se cassent plus aisément en un sens qu'en un autre. Quelques-uns se décomposent à l'air, à la pluie, à la chaleur du Soleil. On en trouve, qui frappés avec l'acier donnent des étincelles, tandis que d'autres refusent de le faire. On en rencontre, qui ont des particules attirables par l'Aiman, qui pourroient indiquer du Fer.

IL convient encore de remarquer soigneusement les lieux où se trouvent ordinairement les substances qu'on examine, les différentes matieres qui se trouvent avec elles, la nature des couches, qu'il a fallu percer pour arriver jusqu'à la mine ou au fossile dont il s'agit; il est avantageux de marquer la pesanteur spécifique de chaque couche, d'en faire la description exacte & même l'analyse, s'il se peut. On sent assez combien de ces especes d'Anatomie de terrein faites en divers lieux, & de la comparaison d'observations de ce genre il sortiroit un jour de lumieres, soit pour connoître la formation de certains

Corps, soit pour savoir à quels signes on peut présumer qu'on trouvera certaines substances, soit pour savoir les causes des variétés, qu'on remarque dans les mêmes especes de fossiles. Si dans les différents Pays on faisoit des observations, non-seulement sur les substances qui s'accompagnent ordinairement, mais encore sur la nature des bandes où elles se trouvent, on verroit peut-être, comme Mr. GUETTARD l'a soupçonné & vérifié en bien des lieux, que les différents fossiles sont distribués plus régulierement qu'on ne pensoit, que quand on sauroit quelle est la nature, la largeur & la direction d'une bande d'un pays, on pourroit juger qu'il doit s'y trouver certaines substances plûtôt que d'autres, & qu'une des substances qui conviennent à la bande étant trouvée, elle donneroit de justes espérances, que d'autres, qui les accompagnent ordinairement s'y rencontreront, & qu'au contraire, il ne se trouvera aucune de celles qui constituent les autres bandes. Ce plan exécuté sur une longue suite d'observations faites sur la surface de la terre fourniroit une nouvelle branche bien intéressante à la Géographie. Elle ne se borneroit plus à diviser la surface de la Terre, par rapport au Ciel, aux Mers, aux Montagnes, aux différentes limites des Empires; mais elle tendroit encore à la distribuer suivant les diverses matieres que notre Globe renferme dans son sein.

VIII. Pour découvrir plusieurs propriétés, qui caractérisent les différentes especes de Corps, pour les mettre à la portée des sens, & déterminer selon quelles loix elles se déploient, il faut souvent mettre en œuvre divers artifices, différentes préparations, & les placer dans des circonstances convenables. C'est le frottement qui a manifesté dans plusieurs Corps les admirables propriétés de l'Electricité, & dans ceux qui n'en sont pas susceptibles par ce moyen, on est venu à bout de leur communiquer la vertu des premiers, & de l'y concentrer à un haut degré en les isolant. Les plus grandes découvertes sur les propriétés des Corps tiennent fréquemment à l'art précieux qui sait écarter les obstacles capables de rendre leur action sensible & de suspendre leur activité. La gravité & l'élasticité prodigieuse de l'air étant presque insensibles à cause de l'équilibre où sont ses différentes parties entre elles, furent long-temps presque inconnues. On ne put s'en assurer, qu'en trouvant le moyen de le condenser, de le raréfier, d'écarter l'air environnant qui déroboit à nos sens les effets de son poids, & de son élasticité; & lors qu'au moyen de la Machine Pneumatique on devint maître de produire à son gré toutes ces circonstances, on se trouva pour ainsi dire transporté dans un nouveau Monde, on découvrit une infinité de phénomenes intéressans;

Il sembloit que l'Air, qui avoit toujours touché les hommes, venoit pour la premiere fois d'être mis à leur portée; tant il importe de suivre une bonne route pour sonder la Nature.

C'est en ménageant de cette maniere avec adresse les circonstances, en imaginant divers instrumens, en tentant différents expédiens, que les Chymistes parviennent si bien à découvrir les forces ou puissances cachées que les Corps peuvent exercer les uns sur les autres, & préparent par-là l'esprit à mieux suivre la marche de la nature dans les changements, qu'elle opere dans le Monde, & qui feront le sujet du Chapitre suivant. Tantôt, en exposant les matieres végétales ou animales à un degré de chaleur suffisant, & en leur procurant une certaine mollesse & fluidité, ils y excitent un mouvement intestin, qui développe de nouveaux principes & forme de nouvelles combinaisons; tantôt en divisant les Corps, en rompant leur aggrégation, en multipliant par-là les contacts des différentes substances solides & fluides, qu'ils mêlent ensemble, ils facilitent leur action réciproque, & en voient résulter les phénomenes si variés, & toujours piquans par leur singularité, des compositions, dissolutions & précipitations chymiques. Ces combinaisons multipliées & tournées de diverses façons manifestent les tendances, qui portent différents Corps à se joindre & s'unir enfemble, & les loix qu'elles fuivent. Ces propriétés connues fous le nom d'affinités chymiques ouvrent vn vafte champ aux expériences. De telles recherches peuvent rouler, ou fur le degré de facilité & de promptitude qu'ont certains Corps à fe joindre, ou fur le degré de la fermeté de cette union, & de la difculté, qu'on a à la rompre, ou fur le degré de difpofition, qu'ont certains Corps à rompre l'union de deux fubftances pour fe joindre à l'une après avoir fait lâcher prife à l'autre; les tables qu'on forme fur les différents degrés d'affinité qu'ont les Corps à ces trois égards deviennent Prophétiques, annoncent d'avance ce qui doit réfulter de leur mêlange, & peuvent guider dans les opérations les plus délicates de la Chymie. Il ne faut pas douter, qu'à force d'expériences on ne perfectionne, & on n'étende beaucoup des Tables auffi-importantes. Au refte, ce travail demande beaucoup de prudence, de difcernement, de dextérité, & quelquefois des procédés affez fubtils & recherchés : car il arrive fouvent, que les Corps qui ne montrent dabord, aucune affinité, viennent à s'unir étroitement par des voies recherchées, que de plus on fe tromperoit en bien des occafions, fi on jugeoit de la fermeté de l'union de ceux principes par la facilité, qu'ils ont eu à fe joindre; qu'au contraire on a souvent moins de peine à séparer des Corps qui se sont facilement joints que des substances, qui refusoient au premier essai de se combiner; on voit encore que des Corps, dont l'union est très-aisée, se séparent par d'autres qui prennent la place de l'un pour se joindre à l'autre avec lequel il seroit impossible ou difficile de les combiner, qu'enfin il y a dans bien des cas une réciprocité qui, quand on ne pese pas bien toutes les circonstances, semble d'abord contradictoire dans la propriété qu'ont divers Corps d'en dégager d'autres de ceux aux quels ils sont unis.

Toutes les fois qu'il s'agit ainsi de comparer entr'elles les forces que les Corps déploient les uns sur les autres, il faut faire en sorte qu'ils exercent leur pouvoir précisément dans les mêmes circonstances; autrement on risqueroit d'arriver à de faux résultats. C'est de cette façon qu'on estime la force de deux aimans ou de deux corps électriques par les effets qu'ils produisent à la même distance, qu'on évalue les forces accélératrices de deux Planetes, en considérant les effets, qu'elles produiroient sur leurs satellites transportés à une même distance du corps central, & c'est ce qu'on découvre au moyen de la Théorie des forces centrales, & de la connoissance des distances, & du temps périodique que fournit l'observation.

Mais pour juger que les circonstances dans lesquelles deux corps déploient les forces qu'on veut comparer sont les mêmes, qu'on prenne garde de s'en tenir à des considérations vagues. Il est essentiel d'entrer là-dessus dans le plus grand détail, pour être assuré qu'elles sont absolument semblables. Car il arrive souvent, que des différences, qui au premier coup d'œil paroissent indifférentes, ont la plus grande influence. Pour faciliter la recherche des propriétés des corps, quand il se présente quelque substance nouvelle ou encore peu connue, dont il s'agit de découvrir la nature, comme nous ne pouvons presque jamais connoître les corps intrinsèquement & par eux-mêmes, il faut tâcher de découvrir si elle n'auroit point quelque analogie frappante avec une autre substance plus connue, afin de les comparer entr'elles, & d'avoir en même-temps une espece de guide dans les recherches qu'on fera pour en trouver les propriétés. Alors on examinera par expérience jusqu'à quel point & avec quelle modification la premiere substance possede les qualités de la seconde, & par quelles propriétés elles different l'une de l'autre. Par-là on acquierra non-seulement de nouvelles connoissances sur la nature de la substance peu connue, mais encore sur celle qui l'étoit davantage. C'est ainsi que les Chymistes, voulant étudier la nouvelle substance qui leur fut présentée sous le nom de Platine, examinèrent jusqu'à quel point elle possédoit les propriétés des métaux connus & en particulier de l'or avec lequel elle avoit une analogie marquée. Cet examen leur montra en effet dans la platine plusieurs propriétés semblables à celles de l'or, & en même-temps assez de différence pour en tirer des moyens sûrs & faciles de reconnoître & de séparer un atome de platine caché dans une grande masse d'or, de-même qu'un grain d'or perdu dans une grande quantité de platine.

Dans toutes les expériences que l'on fait, pour découvrir les propriétés des corps ou les effets, qui résultent de leur action réciproque en les mêlant & les combinant ensemble, il est à propos de réitérer plusieurs fois la même expérience de différentes manières: car on verra souvent que, selon les cas, l'effet manquera, ou qu'il sera différent, & il faudra alors bien des tentatives, pour découvrir les causes accidentelles, qui produisent ces différences, ou les conditions requises pour que l'expérience réussisse. Lorsque Mr. PICARD eut trouvé que son Baromètre secoué dans l'obscurité donnoit de la lumière, on fut surpris que beaucoup d'autres Baromètres n'avoient pas cette propriété; ce ne fut qu'après avoir réitéré l'expérience de bien des façons, que Mr. BERNOULLI, & ensuite Mr. DU FAI crurent découvrir les regles qu'il falloit observer pour construire des Barometres lumineux; mais on a trouvé depuis qu'elles étoient elles-mêmes sujettes à des exceptions, & qu'il étoit vraisemblable, que la nature du verre plus ou moins électrique, son épaisseur, l'état de la surface plus ou moins propre pouvoient favoriser la production de la lumiere ou y nuire, tant il est souvent difficile de parvenir à un résultat absolument général, parce que des circonstances imprévues, & la plûpart du temps cachées, ne laissent pas de prendre part aux effets. Il n'est pas rare, que la saison, ou la constitution actuelle de l'Atmosphere, ou la nature de l'eau qu'on emploie influe sur une expérience. Quelque fois même l'état actuel de celui qui observe, peut faire manquer une expérience; une main humide, ou qui transpire trop ne réussira pas à faire plusieurs expériences d'Electricité. Il arrive encore fréquemment que le succès d'une expérience dépend d'une certaine manipulation qu'on ne devineroit pas, & qu'on ne peut découvrir qu'à force d'essais. Mr. ROUELLE se proposant d'enflammer l'huile de Thérébentine par l'esprit acide de nitre, n'y réussissoit que de temps en temps & comme par hazard; mais voulant apprendre ce qui empêchoit qu'il ne l'allumât toujours, ce ne fut qu'en variant autant qu'il est possible l'application de ces deux substances, & par une longue persévérance qu'il découvrit que tout le mystere ne consistoit que dans un tour de main, ou une manipulation singuliere. Il se convainquit que pour produire sûrement la flamme, il falloit verser l'acide nitreux à plusieurs reprises sur la partie de l'huile que les premieres portions d'acide ont épaissie, chauffée, noircie, & desséchée.

En exposant les Corps à leur action réciproque on peut en tirer des marques caractéristiques pour les distinguer; car comme les différens Corps sont souvent attaqués par différens dissolvans, c'est se procurer un nouveau secours pour les reconnoître, de savoir quels sont ceux qui ont prise sur eux, & quelles circonstances accompagnent cette dissolution; par exemple quel degré de chaleur exige cette dissolution, si elle peut se faire à froid, par quelle substance le Corps dissout peut être précipité, quel est l'état de ce précipité suivant les différentes substances dont on se sert pour le précipiter, &c. On sait que les gommes se distinguent aisément des résines par la propriété qu'elles ont d'être dissoutes par l'eau, tandis que les résines le sont par l'esprit de vin, que les diverses especes de sels demandent différentes quantités d'eau, relativement à leur poids pour se dissoudre. Il n'est pas moins utile, pour caractériser les Corps, d'examiner les différens effets du feu sur eux; car selon que leur nature varie, ces effets sont aussi différens. Ils n'ont pas tous le même degré de fixité au feu; on en voit de fusibles, & parmi ceux-ci il y en a qui se fondent avant que d'avoir rougi, ou qui rougissent auparavant, ou qui ont besoin de quelque fondant pour subir cette opération, ou qui étant fondus prennent une surface concave, tandis qu'il en est qui en prennent une convexe; les uns peuvent être calcinés, & d'autres sont susceptibles de vitrification ou étant seuls ou étant mêlés avec des matières aisées à vitrifier: Il y en a aussi qui sont absolument réfractaires au feu ordinaire, sans pouvoir être ni calcinés, ni fondus ni vitrifiés, que par l'action des rayons du Soleil réunis au foyer d'un verre ou d'un miroir ardent. Cette manière de juger de la nature des Corps par les effets du feu est souvent nécessaire, pour ne pas confondre des substances assez différentes, & n'être pas trompé par des rapports apparens, qui s'éloignent des véritables. On voit, par exemple, plusieurs Naturalistes regarder les Granites comme des Marbres, & les mettre dans la même classe, parce que leur extérieur a beaucoup de rapport; mais en examinant ces deux Corps par le feu, on apperçoit qu'ils doivent être rangés dans une classe différente

rente; car on trouve que le Marbre est calcinable tandis que le Granite est composé de deux parties distinctes, dont l'une tient de la nature du Silex, & est vitrifiable. Il est d'autant plus intéressant de soumettre les corps à l'action du feu ou d'autre dissolvant, que cela conduit souvent à des combinaisons utiles ou à des résultats surprenans. Qui auroit jamais soupçonné, si l'expérience n'en avoit averti, que certains métaux après avoir dissipé une partie de leur substance par une suite de l'action du feu, ne laisseroient pas, après la calcination, d'augmenter de poids, & qu'ils perdroient ensuite cet accroissement de poids en les régénérant, quoiqu'on fasse cette réduction en leur rendant le Phlogistique, qu'ils avoient perdu par la calcination?

Ceci nous donne lieu de remarquer qu'un heureux hazard conduit quelque-fois à des découvertes singulieres, & a fait plus d'une fois appercevoir dans les Corps des propriétés, auxquelles on ne se seroit pas avisé de penser. L'inflexion de la lumiere nous en fournit encore un exemple bien remarquable; on n'auroit pas songé aisément, sans en être averti, qu'un rayon de lumiere, qui ne fait qu'effleurer la surface d'un corps sans le toucher, se détourneroit de sa direction, s'en éloigneroit ou s'en approcheroit suivant les circonstances. C'est cependant ce que le hazard découvrit à GRIMALDI, & qui donna ensuite lieu à tant d'expériences curieuses de NEWTON, qu'on pourroit encore varier d'avantage avec utilité. Quoiqu'un heureux hazard contribue beaucoup à trouver les propriétés des Corps, il ne se présente pourtant guere qu'à ceux qui en sont dignes, à ceux qui en suivant le fil de leurs recherches profondes attaquent, pour ainsi dire, l'objet de leurs observations par quelque nouveau côté, ou quelque procédé particulier, qui leur fait découvrir des propriétés bien différentes à la vérité de celles qu'ils cherchoient, mais qui seroient demeurées inconnues à ceux qui n'auroient pas sçu procéder à l'examen de ce Corps avec autant de finesse & de subtilité. Il y a d'ailleurs bien des cas où le hazard ne fait rien, & où il faut imaginer des moyens, pour surmonter les difficultés, qui s'opposent à l'observation, & pour éloigner tout ce qui pourroit se mêler d'étranger & rendre l'expérience suspecte. Cet esprit d'invention se perfectionne en méditant sérieusement sur les différentes ressources qu'une curiosité inquiete a fait imaginer à ceux qui observent la Nature avec soin. On peut se demander ce qu'on auroit fait pour procéder à une telle recherche, si elle étoit encore à faire & si on n'avoit pas plus de secours que les premiers Inventeurs. Par exemple, avant l'usage du Barometre, & de la Machine Pneumatique, il n'étoit pas aisé de se former une idée de la pesanteur spécifique de l'air par rapport à celle de l'eau. Il falloit, pour le tenter, un esprit de ressource peu commun. On en voit des traits frappans dans les moyens que Galilée mit en œuvre pour en venir à bout, dans un temps où tous les autres Philosophes avoient sur cette matière des idées bien différentes.

Ce n'est pas seulement pour se former à l'Art d'observer, qu'il est de bon de connoître les expériences d'autrui, mais encore pour les varier, les étendre & les appliquer à d'autres matieres. En comparant les résultats, il en sort souvent des traits lumineux qui dévoilent le secret de la Nature. Toricelli ayant heureusement substitué le Mercure à l'eau, qui s'éleve à trente-deux pieds dans les Pompes aspirantes, & voyant que le Mercure s'élevoit à une hauteur moindre en raison inverse de son poids, comprit aussi-tôt que cette ascension d'un fluide dans une Pompe aspirante devoit être l'effet de quelque force extérieure, qui ne pouvoit soutenir qu'un poids déterminé, & il n'eut pas de peine à conclure que cette force extérieure ne pouvoit être que l'air. D'ailleurs en variant les expériences d'autrui, on apprend quelque-fois que les propriétés qu'elles établissent sont sujettes à des exceptions, qu'on ne soupçonneroit pas d'abord. On a trouvé de cette maniere, que nonobstant la loi que les expériences sembloient avoir indiquée, que deux Corps électriques se repoussoient mutuellement, il y avoit cependant certains Corps électriques qui étoient attirés par d'autres Corps électriques, que les Corps, par exemple, qui avoient été électrisés par le tube de verre frotté, attiroient constamment ceux qui l'avoient été par un baton de Souphre, de Cire, d'Ambre, &c. D'un autre côté, par les variations d'une même expérience, on a de temps en temps le plaisir de voir qu'une propriété, qu'on croit particuliere à un corps devient commune à un grand nombre d'autres & presque générale. Par exemple, on donnoit autrefois la pierre de *Bologne*, comme ayant quelque chose de bien particulier dans la lumiere qu'elle répand dans les ténebres; mais l'expérience a appris depuis que cette propriété est assez commune, que toutes les especes de Gyps, de Marbres, de pierres Calcaires donnent de la lumiere dans l'obscurité, lorsqu'après avoir été calcinées une ou plusieurs fois on les laisse refroidir. Ce ne sont pas les seules substances, qui sont en possession de la lumiere *Phosphorique*. On observe que toutes les pierres entierement transparentes & électriques l'ont aussi, de sorte, que si on expose pendant le jour au Soleil un Crystal de roche, un Diamant, ou une Topase, on trouvera que sans qu'il soit besoin de préparation, ces pierres donnent de la lumiere dans les ténebres.

IX. Pour connoître plus complettement les corps, il faudroit pouvoir les décomposer & séparer les différens ordres de principes qui entrent dans leur composition. Nos instrumens Méchaniques sont trop-grossiers pour pouvoir parvenir par leur moyen à une telle résolution. On peut bien par l'expression, la trituration, en extraire différentes substances, mais elles sont elles-mêmes composées, & il n'est pas possible de les résoudre par de semblables procédés. De-même quand l'air est simplement interposé entre les parties des corps, on peut bien le dégager au moyen de la Machine Pneumatique, mais quand il entre comme élément dans les corps, c'est-à-dire, qu'il est intimement uni & combiné avec eux, il ne peut-être dégagé que par le secours des opérations de la Chymie. C'est donc à elle, qu'il faut avoir recours & non à de simples opérations méchaniques pour résoudre les corps.

Le feu, cet agent si actif, qui entre lui-même comme élément dans les corps, qui en peut-être dégagé par la percussion, ou le frottement, ou la combustion des substances inflammables est un des moyens, dont la Chymie se sert pour opérer cette résolution. Les principes des corps n'ayant pas le même degré de volatilité, on les dégage les uns après les autres en leur appliquant un feu qui passe successivement par différens dégrez d'activité; mais cette méthode est souvent suspecte, & ne doit être employée qu'avec beaucoup de ménagement selon la nature des corps qu'on veut analyser. Dans les corps, qui, comme les Végétaux & les Animaux, sont composés d'un grand nombre de principes très-différens, dont l'union est délicate, & qui sont facilement susceptibles d'altération, il est toujours à craindre que le feu ne les dénature, ne forme de nouvelles combinaisons différentes de celles qui étoient auparavant dans les corps, & ne dissipe plusieurs principes subtils, dont on ne peut tenir aucun compte. Ainsi en pesant exactement les différentes substances qu'on en retire par ce moyen, on risque de ne déterminer qu'assez imparfaitement dans quelles proportions & combinaisons elles y entrent; quoique cette connoissance, fût bien essentielle, puisque les différentes proportions & combinaisons des principes peuvent changer la nature des corps, & leur donner des propriétés différentes. Le feu ne peut donc être conduit avec trop de précaution pour éviter des pertes d'une grande conséquence, pour ne pas dissoudre un corps tumultueusement, pour ne pas rendre par une trop grande chaleur différens principes également volatils, & les confondre par ce moyen; encore après tous les ménagemens & les attentions possibles, a-t-on grand sujet de douter de l'exactitude de l'analyse. Mais le feu peut-être employé avec plus de succès à l'examen des Minéraux. Leurs principes sont plus simples, moins faciles à être changés, & leur union est souvent si forte, qu'elle exige pour la rompre un agent aussi puissant que le feu. Ces différentes matieres Minérales n'ayant pas le même degré de fixité, ayant plus ou moins de facilité à se fondre, à se calciner ou se vitrifier, ou quelques unes d'entr'elles pouvant acquérir, une de ces dispositions par certains mélanges, tandis que d'autres n'en sont pas susceptibles, il est clair, que le feu offre des moyens très-efficaces pour séparer les matieres hétérogenes des Minéraux. Mais ils sont insuffisans lorsqu'il s'agit de séparer des matieres qui possedent ces dispositions au même degré, qui sont, par exemple, également fixes ou volatiles au feu.

Dans ces occasions, & dans celles, où l'on craint que la violence du feu n'altere les principes des corps, ou ne cause des pertes qu'on voudroit s'épargner, il est nécessaire de recourir à d'autres expédiens. Les affinités Chymiques nous en fournissent un excellent pour arriver à ce but. Elles font, que certains diſſolvans n'ayant priſe que ſur certaines ſubſtances, on peut les retirer ſucceſſivement d'un mixte en leur préſentant les menſtrues qui leur ſont propres, & qu'enſuite on peut les dégager de leurs diſſolvans au moyen des précipitations. Pour plus de clarté donnons un exemple de ces opérations. L'argent s'unit avec l'or par la fuſion, & forme avec lui un mixte, dont on ne peut le ſéparer par le moyen du feu ſeul auquel ces deux métaux réſiſtent également. Mais comme l'acide nitreux agit ſur l'argent, & n'a aucune priſe ſur l'or, il n'y a qu'à expoſer le mixte à l'action de cet acide; ce qu'il y a d'argent ſe diſſoudra, & l'or demeurera pur au fond de la liqueur. A l'égard de l'argent, on peut le ſéparer de l'eau forte en le précipitant par quelqu'une des ſubſtances, qui comme le cuivre, ont une plus grande affinité que ce métal avec l'acide nitreux. Car à meſure que l'eau forte diſſoudra le cuivre qu'on lui préſentera, l'argent ſe dépoſera. Les corps, qui ſervent de cette maniere d'intermede pour détacher les différens principes, nous rendent pour ainſi dire en chimie le même ſervice que nos léviers nous fourniſſent en méchanique, pour ſoulever les corps, & les ſéparer les uns des autres. Souvent pour ſéparer plus efficacement les principes, on ſe ſert tout-à-la fois & des affinités chimiques &

de l'action du feu, lorsqu'on n'a rien à craindre de ce dernier pour les dénaturer & les dissiper.

Les combinaisons peuvent aussi aider à reconnoître les substances plus simples qui entrent dans un mixte. On est parfaitement assuré de les avoir trouvées, quand par leur composition elles redonnent le mixte même qu'on examine, c'est-à-dire lorsqu'on peut à son gré détruire ce mixte & le reproduire, démolir l'édifice, en avoirs tous les matériaux, & le rebâtir. C'est ce qu'on a fait à l'egard du sel marin qu'on peut rétablir, en combinant l'esprit de sel avec la base alkaline qu'on en avoit séparée. De même en décomposant & recomposant le souphre commun on a démontré, que ce corps est le résultat de l'union de l'acide vitriolique avec le principe phlogistique. On est au-contraire certain, qu'une substance plus simple, tirée d'un mixte, n'est pas la même qu'une substance connue, qu'on soupçonnoit être de la même Nature, quand en leur appliquant successivement une même substance, il en résulte des mixtes différens. C'est ainsi qu'on a reconnu que la base de l'Alun, qu'on avoit d'abord crue être de la nature de la chaux, de la craie, & des autres terres absorbantes, en étoit cependant très-différente, puisque ces dernieres substances combinées avec l'acide vitriolique, donnoient des Sels pierreux entierement différens de la combinaison de cette base avec le même acide. En un mot, c'eſt ſouvent un excellent moyen pour reconnoître dans un corps la préſence d'un certain principe, quand il produit ſur une ſubſtance donnée les mêmes effets, ou avec elle les mêmes compoſés, qu'on ſait par expérience devoir réſulter d'une certaine combinaiſon. Ainſi la Lune-cornée étant une combinaiſon de l'acide marin avec l'argent qu'on produit en précipitant au moyen du ſel-marin l'argent diſſous dans l'acide nitreux, on conclud qu'une eau propoſée contient du ſel-marin, lorſqu'en y verſant de la diſſolution d'argent par l'acide nitreux, on y produit un précipité blanc en forme de caillé, tel qu'eſt la Lune-cornée. De même la préſence de l'alkali, & de l'acide s'annonce, comme on ſait, par des épreuves ſur des teintures de violette & de tourneſol.

Des épreuves de cette nature ſont ſur-tout d'un grand ſecours pour diſcerner les principes qui entrent dans les Eaux Minérales ; connoiſſance ſi néceſſaire pour en régler l'uſage, & qui pourroit même conduire à les compoſer artificiellement dans le beſoin. L'évaporation par le moyen du feu eſt très-ſuſpecte dans l'analyſe de ces ſortes d'eaux ; car comme l'union de leurs principes eſt ordinairement délicate & très-ſuperficielle, il eſt toujours à craindre, que la violence du feu ne les altere; l'évaporation de l'air a aussi ses inconvéniens; étant très-lente, il peut s'élever une fermentation, un mouvement intestin qui combine les principes autrement qu'ils n'étoient auparavant combinés, & c'est ce qui me conduit à remarquer, que dans toutes les opérations que l'on fait pour analyser les corps, il faut toujours être en garde contre les illusions. Qu'on évite avec soin de conclure trop légerement que certaines combinaisons qu'on trouve après ces opérations existoient auparavant telles qu'elles nous paroissent dans les corps qu'on examine; car il peut-être, que ces opérations mêmes aient formé ces combinaisons, en rassemblant plusieurs principes qui étoient séparés dans les corps, ou qui même n'y étoient pas; c'est ainsi qu'on sait depuis long-temps, en Chymie, que les précipités emportent toujours avec eux une partie du dissolvant & du précipitant. Il n'est pas moins connu, que la corrosion des vaisseaux; l'air d'un laboratoire chargé de corpuscules de différente nature, ou un défaut de propreté dans les ustentiles & d'autres accidens, ont souvent introduit dans les matieres qu'on examinoit des principes, qui n'existoient pas, & qui ont trompé de sçavans chymistes. M. Grosse crut pouvoir retirer du Mercure du plomb par un procédé bien simple, qui consistoit à saturer exactement du plomb un bon acide nitreux. Car selon lui, après la saturation parfaite, il se précipitoit une poudre grise dans laquelle on découvroit du Mercure. Mais cette expérience aisée à faire, ayant été répétée par de très-habiles chymistes, n'a jamais pu donner cette poudre grise mercurielle annoncée par M. Grosse. Ce qui leur a fait juger, que le plomb, dont il s'étoit servi, contenoit un peu de mercure qui lui étoit étranger, comme cela peut facilement arriver dans un laboratoire, sans qu'on le soupçonne. Il faut donc souvent revenir sur ses pas, méditer sérieusement sur toutes les circonstances, & sur-tout ce qui s'est passé, & s'assurer par différens procédés & différentes épreuves de la réalité de ce qu'on croit trouver.

Une première analyse ne suffit pas pour décomposer les corps. Les différentes substances, qu'on en sépare d'abord ne sont pas elles mêmes parfaitement simples ; & l'on peut les décomposer. Le chef-d'œuvre de l'analyse seroit de pouvoir enfin par ces analyses réitérées parvenir à des principes primitifs parfaitement simples, dont la réunion donneroit des principes du second ordre, & ceux-ci réunis des principes du troisieme ordre, & ainsi de suite jusqu'à-ce qu'on parvint à rétablir le composé qui fait le sujet de notre examen. Mais les opérations de la Chymie sont encore trop grossieres, les secours qu'elle fournit, pour séparer les principes, trop limités, trop capables d'en altérer la contexture, & d'en dissiper une partie pour s'élever à ce point de perfection. Eh! comment pourroit-elle discerner exactement ce qui entre dans les ouvrages de la Nature, tandis qu'elle est souvent incapable par les plus subtils procédés, & les mélanges les plus variés de tirer des mêmes matieres ce que la Nature en tire sans peine? Qui pourra jamais avec des étamines de plantes composer de la cire, comme font les abeilles? Qui pourrait avec les mêmes végétaux former du chyle? Ainsi, ne nous attendons pas à pénétrer parfaitement dans l'intime composition des corps. Cependant faisons pour y parvenir des efforts aussi soutenus que si nous avions des espérances bien fondées de la saisir un jour. De tant d'efforts réunis il naîtra de nouvelles vues, de nouvelles façons de traiter & manier les objets, qui donneront plus de prise à nos observations. Les plus grandes découvertes dépendent souvent de l'invention imprévue de quelque instrument, où d'une nouvelle combinaison qui ne s'étoit pas encore présentée à l'esprit. La décomposition complette de la lumiere paroissoit si merveilleuse à PLATON, un des plus subtils génies de l'Antiquité, qu'il la regardoit comme au-dessus des forces de l'homme. Il croit qu'il n'étoit pas en son pouvoir de connoître au-juste, en quelle proportion le mélange de certaines couleurs doit produire d'autres couleurs. Cependant Newton, en faisant traverser un Prisme par les rayons solaires, est venu à-bout de les décomposer en sept rayons, de se convaincre qu'ils sont inaltérables, de montrer non-seulement que leur réunion redonne le même rayon blanc qui avoit été décomposé; mais encore la quantité de chaque couleur étant donnée dans un mélange de couleurs, de nous enseigner le moyen de connoître la couleur du composé. L'exemple d'un analyse aussi complette, & qui paroissoit si désespérée doit animer nos efforts. Il est vrai, qu'il seroit téméraire de rien attendre de semblable des autres corps, dont la composition paroît plus compliquée, & plus embarrassée. Mais après tout, qui sçait si en perfectionnant & en étendant beaucoup plus les tables des affinités Chymiques, on ne pourra pas un jour en tirer des secours très-efficaces, ou pousser beaucoup plus loin nos connoissances sur la composition & décomposition des corps.

Quelque imparfaites que soient les analyses des corps, elles ne laissent pas d'être souvent utiles pour reconnoître leur origine, & n'être pas trompé par de fausses apparences. Les différens principes, que l'analyse tire des corps qui se rapportent à divers regnes sont assez différents & particuliers, pour qu'elle dissipe les doutes, qu'on pourroit avoir sur le regne, auquel on doit rapporter quelque Corps naturel. Souvent il suffit pour s'éclaircir, de l'exposer à la violence du feu. L'odeur qu'il en fait exhaler indique les principes qui y dominent, & fait reconnoître le regne & même en bien des cas le genre auquel il appartient. Ainsi l'odeur de corne brulée qu'exhalent les coraux, les lithophites, les mains de mer, les millépores, les madrépores jetés au feu découvre aussi-tôt leur origine animale. L'odeur de Souphre que répandent certains corps, soumis à l'action du feu, annonce incontinent que ce minéral entre dans leur composition.

ENFIN, si l'Observateur veut s'instruire des propriétés des corps qui intéressent le plus les hommes par le secours qu'elles leur procurent, s'il veut tirer le meilleur parti de la composition & résolution des substances, s'il souhaite de savoir de quel côté il doit particulierement diriger ses vues & ses expériences pour la plus grande utilité publique, il convient qu'il tourne ses regards sur les arts & métiers, & qu'il aquierre quelque connoissance des efforts que les hommes, excités par leurs besoins, ont faits pour convertir à leurs ufages les productions de la nature. Ce font des lumieres, qu'il peut puifer en confultant les descriptions qu'une Compagnie Sçavante publie fur les Arts & Métiers, en vifitant les Atteliers, en interrogeant les Ouvriers habiles, & en comparant leurs réponfes avec les mémoires qu'il a en main. Muni de ces connoiffances il peut, en étudiant avec foin les propriétés des matieres premieres, fur lefquelles les arts s'exercent, rendre raifon de leurs pratiques aveugles, en écarter une obfcurité myftérieufe qui ne plait qu'à l'ignorance, corriger ce qu'elles ont de vicieux, ou en trouver de plus parfaites. Mais bornons nous ici à cette idée générale, parce qu'il fera plus à-propos dans la *Seconde Partie* de traiter avec plus de détail de l'influence de l'art d'Obferver fur la perfection des arts & métiers.

X. EN parlant des Etres organifés, nous avons examiné ce qu'il falloit faire pour obferver la ftructure des corps des Animaux; il nous refte à confidérer comment ils doivent être obfervés en tant qu'ils font animés par un principe actif, qui leur fait fuir ou rechercher certaines chofes. C'eft par le fentiment intérieur que nous reconnoiffons ce principe en nous, & nous jugeons qu'il fe trouve dans d'autres Etres, lorfque nous leur remarquons des organes, qui répondent à ceux que nous poffédons, ou que

nous

nous leur voyons exécuter des mouvements auxquels nous nous porterions si nous étions dans les mêmes circonstances. Mais il faut prendre garde que cette derniere façon de juger ne nous induise en erreur, ou du moins ne nous fasse prononcer avec trop de précipitation. On tomberoit, par exemple, dans ce défaut, si on alloit aussitôt attribuer le sentiment à plusieurs Végétaux à cause des mouvements singuliers, qu'on apperçoit en eux lorsqu'on les touche, ou de ceux qu'ils manifestent pour s'approcher ou s'éloigner de certains objets selon qu'il leur convient. Ces mouvements surprenans peuvent être l'effet de quelque Méchanisme & de la structure particuliere de leurs fibres qui les rend propres à être affectés différemment suivant les circonstances. Aprés tout, quand on ne pourroit en rendre raison de cette maniere, le doute Philosophique seroit préférable à une assertion téméraire & précipitée. On risqueroit de même de se tromper en refusant le sentiment à certains Animaux, qui paroissent immobiles ou qu'on peut diviser sans qu'ils y paroissent sensibles; car le sentiment peut être plus ou moins vif dans les différents Animaux, il peut passer par une infinité de nuances & arriver enfin à un si léger degré, qu'il ne peut être apperçu aisément par les mouvements, qu'il occasionne dans l'Animal.

E

CE seroit aussi se plonger dans une foule d'erreurs, si en voyant les ouvrages merveilleux, que certains Animaux brutes exécutent, leurs manœuvres subtiles & les marques de prévoyance qu'ils paroissent donner, on alloit aussi-tôt leur attribuer des vues profondes, des connoissances réfléchies, & des raisonnemens suivis. Quelque admirables que soient plusieurs de leurs ouvrages, quoiqu'il faille quelque fois recourir à la Géométrie la plus fine & la plus sublime pour en saisir la perfection, comme on est obligé de le faire pour rendre raison des regles que les abeilles suivent dans la construction du fond pyramidal de leurs cellules hexagones, pour la plus grande œconomie de la cire : cependant le peu de variété que ces mêmes Animaux mettent dans la forme de ce qu'ils fabriquent, le même degré d'exactitude auquel ils arrivent soit qu'ils aient de l'expérience ou qu'ils travaillent pour la premiere fois, l'incapacité où ils semblent être de perfectionner & de simplifier leurs procédés, ne permettent pas de leur attribuer un esprit de réflexion, qui fait généraliser les idées, & s'élever par ce moyen à des vérités au-dessus de la portée des sens. Les procédés qui nous étonnent en eux peuvent être une suite de la conformation particuliere de leurs organes, des différens besoins, qui les forcent à en faire usage, de certaines loix, auxquelles l'Auteur de la Nature peut les avoir assujettis, d'une mémoire & d'une imagination, qui les mettent en état de former des associations de sensations assez fortes, & assez durables pour que l'une revenant, l'autre revienne aussi, & les avertisse quelquefois du retour d'un événement qui arrive dans des circonstances données; ce qui peut de temps en temps leur donner une apparence de raisonnement, mais qui en differe beaucoup, puisque celui-ci est fondé, non sur de pures sensations, mais sur des idées refléchies & abstraites dont les Animaux brutes ne paroissent pas capables. Quoiqu'ils ne puissent pas généraliser leurs idées & les attacher à des mots, ils ne laissent pas d'avoir certains signes naturels qui sont invariablement liés à certaines sensations. Un air, une contenance, des allures singulieres, des mouvemens qui se remarquent dans certaines parties de leurs corps, des cris naturels plus ou moins variés, & tant d'autres circonstances propres à chaque espece, qu'il est plus aisé d'observer que de décrire exactement servent à manifester les différens sentimens de crainte, de colere, de joie & de tendresse, dont ils sont animés, à s'avertir réciproquement du danger, à s'encourager les uns les autres; à découvrir tout ce que le feu de l'amour leur fait éprouver pour leur femelles, à enseigner à leurs petits les moyens de chercher leur nourriture,

& de saisir leur proie. C'est cette espece de langage naturel qu'il faut étudier malgré son imperfection, pour observer les mœurs des Animaux ; ici l'Observateur doit se conduire à-peu-près comme un Voyageur prudent, qui, pour mieux connoître les mœurs, les coûtumes, les opinions, les manieres de penser, les vues, les vertus, & la politique des peuples, qu'il visite, se familiarise avec eux, gagne leur confiance, apprend leur langue devient en quelque façon leur citoyen, les engage à n'avoir rien de caché, & leur arrache avec adresse ce que la défiance leur auroit fait déguiser. De même après avoir étudié les sons & les mouvemens que produisent les Animaux brutes, les variations, qu'ils y apportent selon les sensations qu'ils éprouvent, l'Observateur réussira mieux à distinguer ce qu'il sentent en diverses circonstances ; il pourra y démêler des différences, qu'il n'auroit pu saisir autrement ; plusieurs indices lui annonceront des sensations plus ou moins fines & délicates. Le succès de l'observation ne demande pas moins qu'il ne les inquiete pas mal-à-propos ; qu'il prenne garde de leur inspirer trop de défiance. Quelquefois toute leur industrie les abandonne alors, leur naturel change & s'abâtardit, comme on l'a remarqué chez les castors qu'on trouble imprudemment dans leur ménage ; ils interrompent leur ouvrage, la crainte suspend leur activité, & on ne voit plus ce dont ils sont capables. Ce n'est pas qu'il ne faille de temps-en-temps dérouter les Animaux pour voir leurs ressources dans la maniere de suppléer à leurs besoins, ou pour les obliger à montrer certaines manœuvres qui auroient peut-être échappé sans cela; mais en même-temps il convient de le faire avec prudence, & de les observer aussi sans troubler leur repos. Il faut employer avec sagesse l'une & l'autre voie pour découvrir la police qui regne parmi les Animaux qui forment des especes de sociétés, soit pour le plaisir de vivre ensemble, soit pour se défendre dans le besoin, soit pour élever leurs familles, soit pour satisfaire à leurs besoins. En les privant quelque-fois doucement, avec ménagement, avec adresse, & successivement de différentes choses, on verra ce qui les met en mouvement; c'est en enlevant à une ruche d'Abeilles leur Reine, qu'on a vu, que toute l'activité de leur république est due à sa présence. Il est curieux de suivre le Animaux dans les soins divers qu'ils prennent de leurs petits, dans les ruses qu'ils emploient pour saisir leur proie & vaincre souvent un ennemi plus fort qu'eux, ou dans celles qu'ils imaginent pour éviter les pieges qu'on leur tend, ou dans l'attention que plusieurs ont de se transporter en grosses troupes en d'autres climats. Les émigrations de certains Oiseaux auront toujours pour nous quelque chose de mystérieux tant qu'on ne pourra pas comparer un assez grand nombre d'observations faites là-dessus en divers pays. Cela seul pourra nous rendre raison de leur vie errante & singuliere, & nous apprendre où se terminent leur courses, quel est le lieu de leur naissance. Il est utile de faire des recherches sur la force de certains Animaux, sur le temps qu'ils peuvent travailler, sur la maniere la plus avantageuse de les appliquer au travail & sur la vitesse avec laquelle ils peuvent se mouvoir. Ces résultats peuvent varier en différens pays & aider à juger de l'effet d'une machine, de sa possibilité & de l'application la plus avantageuse, qu'on peut y faire de la force des Animaux.

Parmi les observations qui regardent les Animaux brutes, celles qui concernent les Insectes, méritent une attention particuliere. Depuis que de grands Naturalistes les ont tirés de la vie obscure qu'ils menoient, ils ont acquis une espece de célébrité. On ne peut se lasser d'admirer leurs manœuvres & la prévoyance qu'ils semblent montrer dans la construction des retraites qu'ils se ménagent pour pourvoir à leur sûreté dans un temps où la Nature les laisse dans une parfaite inaction & s'occupe uniquement de leur transformation. En observant leur instinct, leurs ressources, & leurs allures, on rencontre souvent des faits, qui conduisent à soupçonner qu'ils ont des sens différens des nôtres ou certains sens plus parfaits, que ceux que nous possédons. Ce n'est pas sans peine qu'on peut démêler les procédés de ces petits Animaux; leur extrême petitesse leur aide à nous dérober leurs manœuvres. Il faut épier le moment favorable, où ils les laissent entrevoir; il est besoin d'une pénétration peu commune pour saisir la subtilité de la Mécanique qu'ils emploient; il semble comme on l'a dit agréablement, qu'il y a ici un combat d'industrie entre des Insectes & un Philosophe. Il faut beaucoup de retenue pour ne pas prononcer témérairement; car dans ces Animaux si prodigieusement différens de nous on rencontre souvent des parties, qui par leur singularité ne semblent bonnes à rien; on n'en voit pas la nécessité pour l'Animal, mais outre que nous sommes bien éloignés de connoître les usages de toutes les parties de notre corps, il y a ici encore plus de difficulté. Il faudroit sentir ce qu'ils sentent, connoître leurs besoins, leur maniere d'appercevoir, pour être en état de prononcer sur les moyens, que la Nature leur donne pour en venir à bout. Ainsi on voit combien il est aisé de s'égarer dans un pays si peu connu. Il faut, pour éviter les écueils, & se conduire plus sûrement dans ses recherches, consulter ceux qui ont le plus voyagé parmi ces différens peuples d'Insectes. C'est dans les ouvrages d'un Reaumur ou dans ceux de M. Bonnet, qu'il faut voir jusqu'à quel point on doit porter l'assiduité, la patience, l'adresse à rendre sensibles les petites manœuvres que ces Animaux semblent vouloir nous cacher. Là on verra les difficultés que l'on rencontre, la maniere de les vaincre, la circonspection avec laquelle il faut juger, les faux pas qu'on est sujet à faire, & comment on peut reconnoître qu'on s'est trompé. Tous ces détails sont plus propres à former au grand art d'observer, & à donner un coup d'œil juste que des préceptes, qui, quelque soin que l'on prenne pour les bien limiter, conserveront toujours quelque chose de vague & d'indéterminé. Pour ôter à ce genre d'observation le reproche de frivolité qu'on lui fait, il suffit de remarquer que les tendres soins, que la Providence semble prendre d'eux dans la merveilleuse industrie, qu'elle leur a donné, sont bien dignes de notre attention, que plusieurs de ces Animaux sont utiles à l'homme, & qu'etant mieux observés, on en pourroit peut-être tirer un plus grand parti, qu'enfin en les étudiant avec plus de soin & de constance, on trouvera peut-être le moyen de détruire en partie ceux qui nuisent aux productions de la terre.

XI. De tous les Etres doués de sentiment celui qu'il nous importe le plus de connoître, c'est sans-doute l'homme, non-seulement, parce que le principe qui l'anime est d'un ordre supérieur, & qu'il peut s'élever à des notions générales dont les autres Animaux sont incapables, mais encore parce qu'une connoissance approfondie de notre ame peut beaucoup contribuer à nous perfectionner; cette connoissance s'acquiert par des observations assidues & réfléchies sur ce qui se passe en nous & sur ce que supposent la conduite & les discours de nos semblables. En suivant l'homme dès son enfance on voit, par exemple, que rien n'est plus chimérique que la doctrine des idées innées, qu'il les acquiert peu-à-peu à mesure qu'il réfléchit sur lui-même, & sur les impressions que les objets extérieurs font sur ses sens. De-même pour découvrir la nature des passions, il faut en suivre exactement la marche soit en nous-mêmes soit dans les autres; il faut remarquer leurs différents symptômes, leurs caracteres, leurs objets, leurs effets, les comparer ensuite entre elles pour voir ce qu'elles ont de commun, & après en avoir pris connoissance en gros & en détail, on découvrira clairement quel est leur principe, & à quel but elles sont destinées. On comprendra sans peine qu'elles ont été données à l'homme pour l'aider à conquérir le bien & à fuir le mal, & qu'ainsi pour rendre ces forces utiles, il ne s'agit que de les diriger vers le vrai bien.

Veut-on reconnoître comment elles se fortifient les unes les autres. En les considérant dans le temps qu'elles se déploient, toujours on verra diverses passions, qui viennent se joindre à la principale, & combiner leurs mouvements avec les siens : car lorsque nous sommes agités d'un violent appétit ou d'une grande aversion, alors les organes des sens, le cerveau, la volonté, tout en nous est disposé à laisser entrer d'autres passions, qui sans cette occasion n'auroient point eu lieu. On a toujours plus d'un intérêt, plus d'un plaisir ; rarement la joie est-elle sans quelque desir, le desir sans quelque joie, & ordinairement plus il y a de passions & de mouvements réunis, plus il doit éclater de véhémence dans la passion principale à laquelle on les rapporte tous. Car par une suite des loix de l'union de l'ame avec le corps, tant d'idées suggérées par plusieurs passions associées, tant de mouvements divers qui s'exécutent ensemble, qui tendent tous à donner au visage l'air, & aux membres la contenance propre à chacune de ces passions, doivent réagir d'une maniere extraordinaire sur les deux parties dont l'homme est formé, & l'émouvoir avec force. Il faut donc, en observant l'ame humaine, se sonder de tous côtés, bien recueillir les faits correspondants qui se passent dans l'homme tout entier considéré comme composé d'un corps & d'une ame, les comparer exactement pour voir leur liaison, leur dépendance, & les mettre dans l'ordre qu'indique ce qui se passe chez lui.

PAR-LÀ nous trouvons souvent la clef d'une infinité de phénomènes qui seroient inexplicables autrement. Comment, par exemple, peut-il arriver, que par un coup subitement reçu sur les yeux, ou par l'indisposition ou la lassitude de l'organe, ou en pressant volontairement le coin de l'œil, nous appercevions dans l'obscurité même de la lumiere & des couleurs? Ce fait, qui paroît d'abord si extraordinaire, rentre dans l'ordre naturel, & s'explique très-bien si on fait attention à tout ce qui se passe dans l'homme, lorsqu'il acquiert l'idée de la lumiere ou de la couleur d'un objet. La perception de cette lumiere ou de cette couleur n'a rien qui ressemble avec ce qu'il y a dans l'objet de réel & de propre à l'occasionner. Il y a seulement dans la surface de cet objet une disposition déterminée à réfléchir une certaine espece de corpuscules subtils, appellés en général *lumiere*, qui venant ensuite à agir sur les fibres de notre nerf optique & celles du cerveau, y cause un ébranlement tel, qu'en vertu des loix de l'union de l'ame avec le corps, il doit naître chez elle l'idée d'une certaine couleur. Ainsi toutes les fois que par l'effet de quelque pression ou de quelque indisposition il s'excitera dans les fibres du nerf optique ou du cerveau un ébranlement semblable à celui qui a coutume d'être produit par la lumiere ou les couleurs, nous verrons les mêmes lumieres & les mêmes couleurs, dont la préfence des objets lumineux fait toujours naître la perception chez nous, & par conféquent le phénomene, qui nous embarrassoit, se trouve expliqué en remarquant simplement les circonstances senfibles qui ont lieu lorsque nous voyons les objets lumineux ou colorés. De-même ce fait que nous avons lieu de remarquer en mille occafions, que lorsque diverses idées ont été habituellement produites ensemble par des impressions simultanées sur les organes des sens, s'il s'en préfente par hazard une ou deux, les autres fe reveillent à l'instant dans notre ame, ce fait, dis-je, nous apprend pourquoi des objets, qui n'ont rien en eux-mêmes de propre à nous plaire ou nous déplaire, ne laissent pas de produire fur nous un de ces effets, lorsqu'ils ont été affociés à d'autres objets qui avoient fait fur nous des impressions agréables ou défagréables. Ces fortes d'affociations peuvent être fi fortes, fi durables, & en même-temps fi fingulieres qu'elles peuvent rendre raifon de la manie

& de la folie de ces personnes qui donnent dans certains travers. Ces mêmes associations jointes à cet autre fait, que les images des objets absents acquierent plus de force, lorsque nos sensations s'affoiblissent ou sont suspendues, nous fournissent le moyen d'expliquer la bizarerie & la vivacité des songes.

Des observations assidues sur l'homme tout entier, c'est-à-dire, sur les divers états correspondants de l'ame & du corps dans les différentes circonstances par lesquelles il peut passer ne serviroient pas seulement à rendre raison des phénomenes embarrassans qu'ils présente, en tant qu'animé par un principe actif & doué de sentiment; mais elles pourroient encore conduire à des opérations de chirurgie très-efficaces pour lever les obstacles qui s'opposent à l'exercice des facultés de l'ame. On a vu des hommes entiérement imbécilles, qui ont acquis tout d'un coup l'usage de la raison après des chutes sur la tête, & des fractures, qui en résultoient dans cette partie, soit que quelque commotion du cerveau, ou un déplacement de parties ou un écoulement de quelque matiere donnât une nouvelle disposition au cerveau plus favorable aux fonctions de l'ame. Qui-sait donc, si en multipliant ces sortes d'observations, en les rassemblant avec toutes leurs circonstances pour les comparer entre elles,

on ne viendra pas à bout de découvrir un jour quelque opération de chirurgie, qui faite sur la tête, après avoir ouvert le crane, conformément aux indications qu'auroient fournies ces heureux hazards, donneroit le libre exercice des facultés de l'ame à ceux qui auroient le malheur d'en être privés? L'Historien de l'Académie des Sciences de Paris après avoir rapporté l'exemple d'un imbécille, dont les facultés intellectuelles après une chute & une fracture arrivée sur la tête se développerent au point qu'il parvint en peu de temps au niveau des gens de son état pour le raisonnement, appuie ces espérances d'une réflexion qui y donne beaucoup de poids. ,, Combien, dit-il,
,, n'avons nous pas d'opérations utiles & com-
,, munes actuellement dans la chirurgie, qui sont
,, dues à des accidens heureux, où la Nature,
,, en nous montrant la route que nous devons
,, suivre, nous a inspiré la hardiesse de tenter ces
,, opérations pour nous délivrer de plusieurs
,, maladies cruelles?"

En recueillant ce qui se passe dans notre ame, il convient de le comparer exactement avec ce que l'histoire, les relations, & la conversation nous apprennent des autres hommes séparés de nous par les temps ou par les lieux, ou qui vivent actuellement dans le même pays. Avec cette attention nous pourrons découvrir ce qui convient en général à la nature humaine, & saisir ce qui fait le fond de ses idées, ce qui lui donne le branle, & y produit des différences. Nous ne risquerons pas de lui attribuer ce qui n'est que l'effet de nos goûts particuliers, de nos préjugés, de l'éducation, des mœurs & de la situation actuelle de la Nation, dont nous faisons partie.

En même-temps il résultera de ce travail de grands secours pour perfectionner notre raison. Il est très-propre à donner une façon de penser plus élevée & dégagée de préjugés qui ne peut jamais s'acquérir qu'en comparant beaucoup les hommes de tous les temps & de tous les lieux. D'ailleurs après avoir vu comment le même fonds d'idées & de passions s'est modifié suivant mille circonstances, il sera plus facile de démêler les vûes, les desseins & les différents caracteres de ceux avec qui on aura à traiter d'après leur position, leur discours & leur conduite.

Pour observer notre ame avec précision & découvrir, comment elle doit se diriger, il est nécessaire d'analyser pour ainsi dire ses opérations, & de considérer séparément ses différentes facultés. Elle a un entendement, qu'il faut conduire de la maniere la plus propre à éviter l'erreur & à trouver la vérité; une mémoire qu'il faut rendre exacte dans les idées qu'elle rappelle; une imagination qu'il faut bien régler dans la façon dont elle rapproche ou sépare les objets corporels, une volonté qu'il faut plier à la vertu. En suivant notre ame dans les écarts qu'elle fait à tous ces égards, ou dans les succès qu'elle remporte sur ces différents points, en réfléchissant sur les divers écueils qu'elle rencontre, & sur les secours dont elle peut se servir, il n'est pas douteux, qu'elle ne puisse observer quelle route, elle doit suivre pour faire le meilleur usage de ses facultés, & ne pas se laisser surprendre. Nous sentons, par exemple, que nous disposons notre entendement de la maniere la plus propre à découvrir la vérité, lorsque nous faisons tout ce qui est en notre pouvoir pour observer & saisir les rapports des choses, en tirer par une sévere déduction de justes conséquences, & ne donner à une proposition que le degré d'assentiment qu'elle mérite. Nous éprouvons encore, que notre mémoire devient plus ferme & plus fidelle, quand en nous appliquant à quelque objet, nous y fixons notre attention, nous y pensons souvent en différens temps, que nous l'envisageons successivement sous une multitude de faces, qui donnent, pour ainsi dire, plus de prise pour le retenir, que nous avons soin d'écrire nos idées, & d'y jeter un coup d'œil de temps en temps. Nous trouvons que l'imagination peut nous aider dans les arts & les sciences,

quand

quand guidée par une mémoire exacte, & les connoissances réelles que procure l'entendement, elle évite les associations bizares, qui pourroient nuire à notre jugement, qu'elle représente les objets corporels sous toutes leurs faces, & qu'elle nous fournit différentes ressources possibles & praticables pour les séparer ou les rapprocher eux ou leurs parties. Enfin nous plions notre volonté à la vertu quand nous faisons en sorte que le motif ordinaire qui la détermine, & qui est le desir du bonheur a pour objet le vrai bien, & nous appercevons, que nous pouvons en venir à bout, quand nous nous pénétrons si profondément du Souverain bien, que son idée fasse sur nous une impression plus forte & plus propre à nous mettre en mouvement que celle de tous les biens passagers dont la recherche seroit incompatible avec l'acquisition de ce vrai bien. En examinant, si c'est sur ce principe que nous réglons notre conduite, nous pourrons découvrir nos vices & nos vertus, ce qu'il y a de louable ou de blamable dans nos inclinations, ce qu'il faut faire pour les rectifier, & les tourner du bon côté. Les sciences & les arts demandent différens talens, qui souvent ne peuvent se trouver, qu'avec peine réunis dans une même personne. Il faut donc, pour se préparer d'heureux succès, s'attacher aux arts & aux

F

sciences les mieux assorties au degré de mémoire, d'imagination, & d'entendement, qu'on reconnoîtra chez soi; & lorsqu'on sera appellé à déployer quelqu'une de ces facultés, il faut que chacun remarque les circonstances, où il trouve qu'il peut rendre son allure plus vigoureuse & plus propre à parvenir au but qu'il doit se proposer. Les temps, les lieux, certaines lectures, la conversation, la retraite, le regime même peuvent fournir différens secours qui doivent varier suivant le caractere des personnes, & les travaux, dont elles s'occupent. Enfin, le bon état du corps influant sur celui de l'ame, il faut, selon que le tempérament l'exige, suivre les précautions que l'expérience apprend être propres à lui conserver une disposition favorable à l'exercice de ses facultés.

L'Homme n'est pas indépendant; tout le conduit à reconnoître, qu'il tient l'existence d'un Etre Suprême. Comment découvrira-t-il les devoirs auxquels il est tenu envers lui? C'est en se demandant ce qu'exigent les relations qu'il soutient avec lui. Il ne lui sera pas difficile de saisir ce qu'il doit sentir pour celui qui l'a créé, & qui est l'Auteur de tous les biens. L'Homme n'est pas appellé à vivre isolé. Un penchant naturel le porte à former des sociétés avec ses semblables. Là il a des devoirs à remplir à leur égard, & la maniere de les découvrir est bien simple. Pour éviter toutes les illusions de l'amour-propre, il n'a qu'à se mettre à leur place, & juger de ce qu'il leur doit par ce qu'il croiroit pouvoir raisonnablement en attendre, s'il étoit dans les mêmes circonstances où ils sont placés.

Il vaut mieux s'en tenir à cette regle si simple & si facile, que d'affecter ici un esprit de discussion, qui énerve souvent plusieurs vertus en les faisant dépendre de raisonnemens subtils plutôt que d'un sentiment intérieur & profond, qui remue puissamment tous ceux qui n'étouffent pas avec effort le cri de la Nature. C'est là un juge que chacun porte dans son cœur, qui défend les autres & le condamne lui-même.

Quelques aisés à découvrir, & quelques utiles que soient tous ces devoirs, les hommes sont souvent tentés de les violer lorsque leur avantage particulier ne peut se concilier avec celui de leurs semblables. Il a donc fallu dans la vue de prévenir ces désordres imaginer différentes formes de gouvernement & des loix civiles, pour les retenir dans l'ordre, & les faire concourir au bien général. Elles méritent bien l'attention d'un Observateur éclairé. Il trouvera chez les divers peuples une grande variété, & plus ou moins de sagesse, dans la façon dont on s'y est pris pour assortir les loix au génie & aux différentes circonstances particulieres à une nation, & dans la maniere plus ou moins heureuse, dont les divers pouvoirs ont été distribués pour assûrer le repos public malgré le conflit des passions particulieres, & faire ensorte que du concours de toutes les volontés il résultât le plus grand bien universel qui refluât sur tous, ce qui seroit le chef-d'œuvre de la Politique.

Les nations ont un caractere aussi particulier que celui qu'on remarque dans les différens individus. On voit des manieres de penser & d'agir, des motifs de conduite prédominans, qui sont généralement adoptés par tout un Peuple, tandis qu'ils sont rejetés ailleurs. Pour rendre raison de ces différences, il faut considérer tout ce qui peut y influer, comme la forme du gouvernement, le préjugé, l'éducation, la religion, le climat, les occupations, ou les différens besoins d'une nation, son plus ou moins de relations avec les autres Peuples, &c.; & il ne faut jamais si fort se fixer à une de ces circonstances qu'on ne tienne pas assez compte des autres.

Les différentes Nations sont vis-à-vis les unes des autres comme autant d'individus séparés; quoique isolées, elles ne laissent pas d'être liées entre elles par les devoirs de l'humanité. Elles se doivent réciproquement les secours, qu'elles peuvent se communiquer pour augmenter leur bonheur mutuel. Les regles qu'elles doivent se prescrire les unes aux autres se découvrent avec facilité, & de la même maniere, que celles qui ont lieu entre les particuliers. Ce sont les passions des Princes, qui leur font si souvent méconnoître un droit des gens qui se présente à eux avec la plus grande évidence.

Après avoir essayé de tracer l'esprit de recherche qu'il faut apporter dans la description & l'examen des propriétés des différens Etres, il est temps de passer à la maniere d'observer la marche de la Nature dans les changemens qu'elle y opere tous les jours.

CHAPITRE II.

Ce qu'il faut faire, pour observer la marche de la Nature dans les changemens, qui arrivent dans le Monde.

Tout nous semble en mouvement dans le monde, soit que nous portions nos regards sur la Terre, ou sur les Astres, qui roulent au-dessus de nos têtes; il se fait continuellement par ce moyen une infinité de changemens dans les corps organisés, & dans ceux qui ne le sont pas. Voilà un nouvel objet d'observations bien digne d'être embrassés par l'Observateur. Il peut se rendre attentif à tous ces Phénomenes, si divers & si surprenans, qui font que la Nature se présente à nous avec tant de beauté & de magnificence. Il est appellé à suivre, autant qu'il lui est possible, le développement successif de tous ces effets & l'ordre, suivant lequel se produit constamment dans les mêmes circonstances cette variété de merveilles que nous admirons. C'est ce développement successif, cet ordre invariable qui s'opere par une action secrete soumise à l'intelligence Suprême, que nous appellerons pour abréger, la marche, le procédé, ou les loix de la nature.

Ici, comme dans plusieurs recherches du Chapitre précédent, on a souvent besoin de quelques connoissances préliminaires de Géométrie & de Méchanique, pour estimer la quantité des effets, pour imaginer plusieurs expériences, & en calculer les résultats. Un Observateur qui n'auroit aucune teinture de ces sciences mériteroit qu'on lui appliquât ce que disoit XENOCRATES à un homme de cette trempe : *Apage, Apage, ansas Philosophiæ non habes.* Cela posé nous réduirons aux Articles suivans ce qui est requis pour observer la marche de la nature dans les effets qu'elle opere, en renvoyant cependant au Chapitre suivant plusieurs recherches, qui concernent les corps en mouvement, & dont on ne pourroit parler ici sans confusion.

I. QUAND il arrive un changement dans le monde, il faut le suivre autant qu'il est possible dès son origine, & dans tous ses progrès, autrement nous n'aurions qu'une connoissance bien imparfaite du Procédé de la nature; car elle nous présente par tout un enchainement de Phénomenes, qui se suivent sans interruption, & qui naissent les uns des autres. Plus nous découvrirons d'anneaux de cette chaine, plus nous approcherons de saisir la vraie marche de la nature. Il faut donc s'y rendre attentif, & ne perdre aucun moment pour l'interroger convenablement. Car, si par notre négligence nous ne pouvions voir que quelques-uns de ses pas les plus frappans, nous ne pourrions savoir comment elle y est arrivée, il y auroit un vuide, qui interromproit nécessairement le fil de nos recherches, ou bien en ne la voyant ainsi qu'à des intervalles éloignés & sans la suivre, on risqueroit de se tromper à chaque instant. On pourroit être tenté de croire, qu'il y a une nouvelle création, où il n'y a qu'un développement de parties. C'est ainsi qu'un homme qui ne connoîtroit point l'histoire de la Chenille, qui ne l'auroit jamais suivie dans ses différents états, seroit porté à s'imaginer en la voyant devenir Papillon, qu'il y a là une véritable transformation. Mais l'Observateur, qui ne la perd point de vûe dans ses différentes décorations, qui la voit en quittant son dernier foureau devenir Chysalide, qui dans cette Chrysalide apperçoit le petit Papillon comme enveloppé, & formant un petit paquet, où ses parties très-molles sont arrangées de façon que sous un très-petit volume elles ne se blessent pas, ou elles restent dans l'inaction jusqu'à-ce qu'elles se soient affermies, & qu'elles aient pris le degré de consistance nécessaire, ne voit dans toute cette opération de la nature qu'un vrai développement. La Chenille n'est à ses yeux qu'un Oeuf qui se nourrit, & dans lequel le Papillon doit se développer un jour à-peu-près comme le Poulet qui préexiste déjà dans son œuf, s'y développe peu-à-peu par la chaleur de l'incubation jusqu'à-ce qu'il brise sa prison, & donne alors un spectacle ravissant au Philosophe qui l'a observé dans tous ses progrès.

Ce n'est pas seulement pour ne pas méconnoître ces sortes de développemens qu'il importe d'épier la nature dans toute la suite de ses procédés, il y a bien d'autres raisons qui en montrent la nécessité. Sa marche n'est pas toujours uniforme; lors-même que tout semble nous annoncer qu'elle sera telle, elle trompe quelque-fois notre attente, & nous nous égarerions souvent, si nous jugions par ses premiers pas de ce qu'elle fera désormais. Qui ne penseroit, par exemple, que l'eau doit continuer à se refroidir jusqu'au moment-même de la congelation? Cependant cet ordre que nous croyons si nécessaire n'est point celui de la nature. Un Thermometre dans l'eau, a fait voir aux Physiciens, que sa froideur est moins grande au moment-même où elle se change en glace. Quand donc on observe un effet de la nature, il ne faut pas qu'une sorte d'impatience ou de paresse nous porte à n'observer qu'une partie de son opération, comme si le reste ne devoit offrir aucune variété, & qu'il fût permis d'en juger par ce qu'on a vu au commencement. L'amour de la vérité doit engager à suspendre son jugement, & inspirer assez d'activité & de courage pour observer jusqu'à la fin. De-même lorsque par des observations soutenues, nous avons suivi toute l'opération de la nature dans la production d'un effet, ne croions pas d'abord, que sa marche sera la même dans la production d'un autre effet qui au premier coup d'œil ne paroit pas beaucoup en différer, & qu'il seroit inutile de l'observer avec le même soin. Souvent en prenant cette peine, on y trouveroit des différences remarquables, qui étant recueillies pourroient un jour, lorsqu'on aura rassemblé assez de faits pour les comparer entr'eux, répandre beaucoup de jour sur les sujets qu'on examine. Nous voyons un exemple des variétés qu'offrent des effets à-peu-près semblables en apparence, dans la maniere dont croissent les feuilles des arbres & celles des plantes à oignons. Les feuilles des arbres paroissent croître dans toutes leurs parties, mais celles des plantes à oignons ne croissent que par la partie, qui tient à l'oignon, & nullement par la pointe. M. DU HAMEL s'en est assûré en faisant avec du vernis coloré des marques sur de jeunes feuilles; si les feuilles des plantes à oignons s'étoient étendues dans toutes leurs parties, les marques de vernis se seroient écartées les unes des autres. Mais il n'y a jamais eu, que celles qui étoient placées vers le bas de la feuille qui se soient écartées, les autres sont restées constamment dans la même situation respective. Par de semblables procédés il a encore trouvé une différence sensible entre la maniere, dont croissent les bourgeons des arbres & les racines. Tant que les bourgeons sont tendres & herbacés, ils croissent dans toute leur étendue, tandis que les racines les plus tendres des arbres qu'il élevoit dans l'eau, pour pouvoir les observer, ne croissoient que par leur extrémité. Voilà comment un Observateur circonspect & infatigable, trouve dans les opérations de la Nature des variétés, qui ne seroient pas-même regardées comme possibles par ceux qui n'observent que superficiellement, & qui veulent aussi-tôt s'élever à des propositions générales, qui flattent leur vanité & leur paresse.

Au reste, il s'en faut bien qu'on puisse toujours suivre exactement & de moment en moment la marche de la Nature. Il n'est pas possible avec des sens aussi imparfaits de démêler toutes les nuances & les gradations, par lesquelles passe un effet avant que d'arriver à sa perfection. Quelquefois elles se succédent trop vite pour donner prise à une observation complette, ou se suivent avec trop de lenteur pour ne pas pousser à bout la patience de l'Observateur. Lors-même que nous croions les suivre assez bien, il arrive tout-à-coup, que ce qu'il y avoit de plus subtil & de plus intéreſſant ne peut-être ſaiſi, & reſte pour nous un ſecret impénétrable. Cependant l'Obſervateur de la Nature ne doit pas ſe rebuter, mais pour en obtenir des réponſes plus claires, il doit travailler à l'attaquer avec une nouvelle adreſſe; & comme c'eſt en cela que conſiſte ſur tout l'habileté de l'Obſervateur, il convient de nous y arrêter quelques momens.

II. Pour forcer la Nature à ne pas opérer d'une maniere ſi myſtérieuſe, & à mettre au jour les loix & les procédés qu'elle ſuit, il faut enviſager l'objet ſous toutes ſes faces, décompoſer pour ainſi dire les Phénomenes, voir ce qui doit arriver dans les cas les plus ſimples, & tourner d'abord de ce côté ſes obſervations, ſes expériences, & ſes raiſonnemens; enſuite quand on eſt arrivé là-deſſus à quelque choſe de fixe, on peut voir ſucceſſivement quelles modifications apportent les autres circonſtances; enfin en réuniſſant toutes les conſidérations, on trouvera ce qui réſulte de toute la complication des phénomenes, & quelle eſt la vraie marche de la Nature au milieu de tous ces phénomenes qui s'affectent les uns les autres. C'eſt ainſi que dans la recherche des loix du mouvement on examine d'abord ce qui doit arriver dans les corps mous, & delà on vient plus facilement aux corps élaſtiques, qui, en ſe comprimant, agiſſent premierement l'un fur l'autre comme des corps mous, enforte que ce qu'on a déjà trouvé fur les corps mous peut fervir à déterminer ce qui s'eft paffé jufques là, & qu'il ne refte plus à confidérer que la maniere dont les deux corps élaftiques, en fe rétabliffant après la compreffion dans leur premier état, agiffent l'un fur l'autre; & pour le faire avec moins de peine, on fuppofe d'abord les corps parfaitement élaftiques, afin que la force, avec laquelle ils fe rétabliffent, étant la même que celle qui les a comprimés, on voie tout de fuite par ce qui s'eft paffé avant le rétabliffement ce qui doit réfulter de cette nouvelle circonftance; cela fait on confidére quelle modification doit y caufer la circonftance d'une élafticité imparfaite; cherchant donc par expérience la proportion de cette élafticité imparfaite à celle qui feroit parfaite, on trouve dans quelle raifon il faut diminuer le réfultat qu'on a obtenu pour les corps parfaitement élaftiques. Enfin après avoir fait des expériences fur la réfiftance, qu'éprouvent des corps qui fe meuvent dans un milieu donné, on peut voir le changement qu'apporte cette nouvelle confidération. De même GALILÉE dans fa Théorie du mouvement fur les corps graves fait abftraction de la réfiftance des milieux. Il fuppofe les corps mus dans le vuide; auffi dans fes expériences, il n'emploie que des corps fort denses par rapport à l'air, & qui par la-même sont très-peu affectés par la résistance de ce fluide. Ce n'est qu'après lui, qu'on a considéré cette résistance, & qu'on a tâché d'en découvrir les loix. En avançant ainsi peu-à-peu, & comparant sans cesse avec l'expérience les résultats que le raisonnement tire des observations déjà faites, on parvient enfin à avoir égard à toutes les circonstances, où à savoir ce qui reste encore à considérer pour déterminer les vraies loix de la Nature.

A-FORCE de méditer & de fixer ses regards sur tout ce qui se passe dans la production d'un effet, on vient quelque-fois à bout d'entrevoir les différentes routes possibles que la Nature peut suivre pour le produire: s'il est possible d'en faire une énumeration complette, qu'on cherche par quelque artifice à lui interdire successivement, dans le temps qu'elle opere, toutes ces voies excepté une seule; & alors en remarquant les cas où l'effet aura lieu & ceux où il manquera, on pourra démêler les routes, que suit la Nature dans la production d'un effet. M. DE RÉAUMUR nous a donné un exemple très-intéressant de cette méthode ingénieuse. Voulant examiner par quelle voie se fait la digestion dans les Oiseaux, il considera qu'elle pourroit être opérée ou par un dissolvant, ou par trituration, ou par ces deux actions réunies. Pour découvrir si les Oiseaux, qui ont un gésier contiennent dans leur estomac un dissolvant qui y contribue, il imagina de leur faire avaler de petits tuyaux assez forts pour garantir de toute trituration les alimens, qu'on y avoit introduit, mais en même-temps ouverts par leurs deux extrêmités, afin que si le dissolvant existe dans l'estomac, il pût parvenir jusqu'aux alimens & les décomposer. Or voyant que les matieres qui leur servent de nourriture, n'avoient essuyé aucune altération, que de plus quelqu'un des tubes avoient été assez foibles pour souffrir quelque compression, il se convainquit que la digestion se fait dans cette espece d'Oiseaux par la seule trituration; & comme dans les Oiseaux de proie il observoit le contraire, c'est-à-dire, que le tube n'avoit souffert aucune pression tandis que la chair qui y avoit été enfermée étoit presque entiérement digérée, il comprit que dans les Oiseaux qui n'ont qu'un estomac membraneux la digestion étoit due à l'action d'un dissolvant. La méthode dont nous venons de parler, est très-propre à dissiper les préjugés que d'autres pourroient avoir sur la maniere dont la Nature opere: car si on leur fait voir, qu'en écartant le moyen dont ils prétendent qu'elle se sert l'effet ne laisse pas de subsister, c'est une preuve qu'ils n'ont pas déviné son secret. C'est par-là qu'on a démontré clairement combien se trompoient ceux qui attribuoient à la pression de l'air l'élévation de l'eau dans les tuyaux capillaires; on vit en effet qu'en les mettant dans le vuide, & les garantissant par ce moyen de l'action de l'air, cette élévation ne laissoit pas d'avoir lieu.

Sans avoir besoin de faire agir successivement la Nature par les différentes routes possibles afin de juger par le succès de l'opération de celle qu'elle suit réellement, on peut quelque-fois, avant que de la faire opérer prendre des précautions telles que quelque route qu'elle prenne on puisse à leur faveur être averti de celle qu'elle aura suivie. C'est un semblable artifice que mit en usage un Observateur habile pour reconnoître sans équivoque, si les Coquilles des limaçons croissent au moyen d'un suc, qui sort immédiatement du corps de l'Animal, & qui s'épaissit en suite, ou par un principe de végétation. (*) Il cassa plusieurs tours de la Coquille, de façon qu'une partie du corps de l'Animal restât découverte; ensuite il prit un morceau de peau très-fine,

---

(*) Depuis la premiere publication de cet Essai, cette expérience ayant été regardée comme peu décisive par d'habiles gens, j'avois d'abord pensé à la retrancher; mais ayant eu plusieurs doutes sur cette matiere, j'ai pris le parti de la laisser, en priant le lecteur de jeter un coup d'œil sur un Eclaircissement ajouté à la fin de cet essai, où je discute ce qui concerne cette expérience.

fine, dont il fit entrer une des extrémités entre le corps du limaçon, & la coquille à la surface intérieure de laquelle il appliqua cette peau, & ayant renversé l'autre extrémité de la peau sur la surface extérieure de la Coquille; il la lui appliqua pareillement, ensorte que tout le contour de la Coquille étoit exactement enveloppé de cette peau. Or si la Coquille croissoit par un principe de végétation, il seroit arrivé que la Coquille s'allongeant auroit porté la peau plus loin; mais il arriva au contraire, que la Coquille crut, & que la peau resta où il l'avoit placée; car l'accroissement de la Coquille se fit de telle sorte, que l'épaisseur du gand resta entre le morceau de la Coquille nouvellement formé & l'ancienne, qui par conséquent ne contribua en rien à sa formation. Un autre Observateur souhaitant de découvrir, si les couches ligneuses des Arbres sont une production de l'écorce ou du bois précédemment formé, imagina d'enlever un lambeau d'écorce, & de le replacer ensuite après avoir mis entre lui & le bois une feuille d'étain, afin que selon que la nouvelle couche de bois qui alloit se former se trouveroit sous la feuille ou sur elle, il comprit à quoi est due la nouvelle production. Aussi la trouvant sur la lame d'étain, il ne put douter que c'est par le moyen de l'écorce, que la Nature forme la nouvelle couche.

Ne peut-on pas faire opérer la Nature à son gré & comme il le faudroit, pour être averti de ce qui se passe dans la formation d'un corps naturel, ou cette opération de la Nature est-elle trop longue pour être suivie exactement par un seul homme, ou ne pourroit-elle être mise à la portée de nos sens sans la troubler & l'anéantir ? il faut en multipliant ses observations sur les corps du genre dont il s'agit, les diriger habilement de maniere, qu'en les rassemblant & les comparant ensemble, on puisse se rendre maître des principales circonstances qui concourent à la production de ce corps, & être enfin en droit de dire, j'ai saisi le procédé de la Nature. Pour parvenir, s'il est possible, à ce point décisif, qu'on ne s'attache pas seulement aux corps de ce genre les plus parfaits, à ceux que le commun des hommes estime d'une plus grande valeur. Ceux qui ne sont qu'ébauchés & les plus imparfaits feront les plus précieux aux yeux de l'observateur physicien, parce qu'ils porteront sur eux-mêmes plus de marques de la maniere dont ils ont été formés. C'est ce qui fait que parmi les fœtus de différens âges que le hazard seul peut lui donner à l'égard de l'homme, ceux qui sont les moins éloignés du temps de la conception lui sont les plus précieux & les plus utiles pour étudier la premiere formation de l'homme. Cependant si par ses recherches, & en furetant dans tous les coins & recoins, il vient à bout de se procurer un grand nombre de corps du genre, dont il est question, qui aient différens degrés de l'espece d'imperfection dont j'ai parlé, il obtiendra entre les deux extrêmes de la formation de ce corps plusieurs points intermédiaires, qui comparés entr'eux, pourront la mettre dans un grand jour.

Voulez-vous mesurer la force de l'action, que la Nature emploie en différens cas, opposez-lui des obstacles qui lui présentent des résistances qu'on peut déterminer, & en remarquant celles qu'elle pourra vaincre, vous jugerez de son intensité. Ainsi pour mesurer la force d'expansion de l'eau qui se change en glace, M. Huygens & Mrs. de l'*Académie de Florence* ont fait crever plusieurs vaisseaux remplis d'eau, & bien fermés par le seul effort que l'eau fit en se gelant, & M. Musschenbroek ayant calculé l'effort nécessaire, pour faire crever l'un de ces vaisseaux d'une épaisseur, & figure déterminée, a trouvé qu'il avoit fallu une force capable de soulever un poids de 27720 livres. De même pour mesurer la force du gésier des Oiseaux, on leur fit avaler des tubes de fer-blanc; on observa ensuite le degré d'applatissement qu'avoit causé l'action du gésier. Après quoi, en faisant serrer des tubes semblables, par des plaques placées entre les machoires des tenailles, on examina par l'effort de quel poids on pouvoit y causer un pareil applatissement.

Quelquefois la mesure précise des différens degrés d'intensité que manifeste l'action de la Nature, présente de grandes difficultés qui ne peuvent être surmontées qu'à force d'adresse, lorsque les effets qu'elle produit sont tels qu'ils ne peuvent être comparés immédiatement, & n'offrent d'abord aucun terme fixe de comparaison à l'aide duquel on puisse comparer les effets observés. Car alors il faut en chercher un, qui soit invariable & tel en même-temps, qu'en faisant usage des loix qu'on sçait par le raisonnement & l'observation être suivies par la Nature dans l'augmentation des effets de ce genre, on puisse en tirer le rapport que suivent entr'eux les effets observés qu'on lui compare. Voulez-vous, par exemple, mesurer combien la lumiere s'affoiblit par la réflexion ou en traversant plusieurs milieux diaphanes? Vous prendrez pour terme de comparaison une ou plusieurs bougies, constamment de même grosseur, dont vous égalerez la lumiere à celle des différens objets lumineux, dont vous voulez comparer les lumieres; en approchant les bougies plus ou moins du plan deſtiné à recevoir ces lumieres; alors vous eſtimerez le rapport des lumieres de ces objets lumineux par la raiſon inverſe des quarrés des diſtances où vous aurez été obligé de reculer ces bougies, pour que leur lumiere pût égaler celle des objets lumineux, parce que c'eſt un principe démontré dans l'optique, que la quantité de rayons qui tombe d'un point lumineux ſur un plan, diminue dans le même rapport que le quarré de la diſtance du plan au point lumineux augmente. C'eſt par cet ingénieux artifice que M. Bouguer a trouvé que la proportion des lumieres de la Lune aux hauteurs de 66 & de 19 degrés eſt d'environ 3 à 2. Voici pour plus de clarté le détail de ſes expériences. Lorſque la lune avoit 19 degrez de hauteur, il reçut ſa lumiere perpendiculairement ſur un papier blanc & en même-temps la lumiere de quatre bougies ſur un autre papier blanc. Enſuite il fit varier la diſtance des bougies juſqu'à-ce qu'il lui parût, que leur lumiere ſur le papier étoit égale à celle de la lune ſur l'autre papier, & il trouva que la diſtance des bougies au papier étoit alors de 50 pieds, Il répéta la même expérience lorſque la lune fut à 66 degrés de hauteur. Il obſerva, que dans cette poſition ſa lumiere étoit égale à celle des mêmes bougies à 14 pieds de distance au papier. La proportion de ces lumieres est donc comme le quarré de 50 au quarré de 14, ou en nombre rond environ comme 3 est à 2. Par de semblables expériences il découvrit encore, que la lumiere de la pleine lune est environ 300000 fois plus foible que celle du soleil, en prenant plusieurs milieux entre plusieurs expériences.

S'AGIT-IL de connoître à quelle opération servent certaines parties, retranchez les s'il est possible, ou tâchez de suspendre leur action par quelque moyen, & selon l'effet qui en résultera, vous découvrirez leur usage. Les étamines, retranchées des Plantes, ont appris, que leur présence étoit indispensable pour féconder les semences, & faire parvenir le fruit à sa perfection. Des gouttes d'eau appliquées sur les stygmates d'une Chenille & qui, en les bouchant la faisoient mourir suffoquées, ont prouvé qu'ils étoient des ouvertures de trachées, & qu'ils servoient à la respiration de l'Animal. En interrompant dans les corps organisés le cours de certains fluides, on peut souvent découvrir par les suites de cette opération leur origine, leur marche, & leur influence. Des ligatures, par exemple, faites aux nerfs, privant du sentiment &

du mouvement les seules parties inférieures à la ligature dans lesquelles ils se distribuent, de maniere cependant qu'en déliant les nerfs on peut leur rendre le sentiment & le mouvement, établissent assez clairement, qu'il se meut dans les nerfs un fluide subtil, que ce fluide part du cerveau, que cet organe en est le reservoir, le siege de nos sensations, & la cause de nos mouvemens. De fortes ligatures faites aussi aux Arbres pour interrompre le cours de la seve ont prouvé évidemment par les bourrelets, qui se forment au-dessus & au dessous de la ligature, qu'il y avoit une seve ascendante & une seve descendante, quoiqu'on ne puisse pas conclure de-là, qu'il y a dans les Arbres une circulation de seve proprement-dite.

Les expériences, que l'on fait pour découvrir le procédé de la Nature peuvent conduire à beaucoup d'autres; car en voyant les divers effets, qu'on lui fait opérer en différentes circonstances, il peut arriver qu'on en soupçonne la cause, & qu'ensuite on cherche des expédiens pour reconnoître si ces soupçons sont justes. Par exemple, après avoir vu qu'il se formoit au haut de la ligature, faite à une branche d'Arbre un bourrelet beaucoup plus considérable, que celui qui se faisoit au dessous de la ligature, il étoit naturel de se demander, si ce n'étoit point la pefanteur, qui produifoit cette abondance de feve defcendante. Pour voir fi cette conjecture étoit jufte, on courba la branche fur laquelle on avoit fait la ligature, de maniere que fa tête fût en bas & que le bourrelet fupérieur ne pût plus fe former par une fuite de la pefanteur de la feve. Cependant il ne laiffa pas de fe produire, & de furpaffer l'autre bourrelet; ce qui prouva que la pefanteur de la feve ne contribuoit pas fenfiblement à cet excès. On comprend, qu'une expérience peut ainfi fournir à un efprit pénétrant l'occafion de faire une longue fuite d'expériences, qui naitront les unes des autres, & qui l'aideront à toujours mieux dévoiler la marche de la Nature.

Il eft vrai, qu'on ne peut pas toujours efpérer un tel fuccès, mais au-moins eft-il certain, qu'en faifant opérer la Nature en différentes pofitions, en donnant même un peu au hazard dans le choix qu'on en fait, on parvient fouvent à découvrir dans le temps qu'on s'y attend le moins des variétés remarquables dans les effets qu'elle produit. Quelque-fois la quantité de l'effet depend de caufes auxquelles on ne s'aviferoit guere de penfer, ou le fuccès de l'opération tient à des points contraires à toutes nos idées, & qu'il auroit été impoffible de trouver, fi par une heureufe rencontre on n'avoit furpris la Nature sur le fait. D'ailleurs il y a dans la Nature des richesses cachées, une fécondité prodigieuse, qui n'attend que le moment favorable pour se montrer. Il ne s'agit quelquefois que de retrancher une partie, qui s'opposeroit au développement des germes; l'orme qu'on a êtêté produit de nouvelles branches, qui sortent d'un espace de six lignes; chaque demi-pouce de son tronc pourroit en donner autant, dès qu'on feroit à l'Arbre un retranchement au-dessus de lui, & qu'on lui permettoit par-là de développer les germes qu'il contient. En considérant que ces branches peuvent se charger de semences, qui elles-mêmes pourroient donner des Arbres, on est conduit à des calculs immenses sur l'extrême fécondité des Plantes. Si on ne s'étoit pas avisé de diviser de la même maniere le Polype, on n'auroit pas vu dans ces Animaux une fécondité aussi admirable. Dans ce genre d'expériences tout l'art pourroit consister à savoir retrancher la partie qu'il conviendroit d'ôter, pour donner lieu à la Nature de mettre au jour ce qu'elle peut faire à certains égards & non à d'autres. Car son pouvoir pourroit avoir été ainsi limité par son puissant Auteur. Les Ecrévisses peuvent bien produire de nouvelles pattes à la place de celles qui leur tombent, tandis qu'elles ne pourroient recouvrer de nouvelles queues; les Animaux terrestres, qui sont pourvus de dents, ont jusqu'à un certain âge l'espérance de voir celles qu'ils perdent se renouveller, quoiqu'on n'ait encore rien remarqué de semblable à l'égard de certaines parties. Il peut ainsi y avoir dans les corps organisés un fond de ressources singulieres, soit pour réparer leurs parties, soit pour opérer dans la suite les changemens nécessaires, soit pour suppléer aux accidens les plus imprévus, sans qu'on puisse pourtant les découvrir que par des expériences extrémement variées, parce qu'elles sont peut-être où l'on ne penseroit pas à les chercher. On ne se seroit pas attendu avant qu'on l'eût observé, que dans une semence qui germe, la radicule tournée vers le ciel sauroit toujours se courber vers la terre malgré tous les efforts qu'on feroit pour la diriger en haut, ou qu'un ergot de Poulet, qui n'est pas plus gros qu'un grain de chénevi, étant inséré dans la crête coupée d'un jeune Cocq, deviendroit une corne semblable à celle des Bœufs, & formeroit sur le crane de l'Animal une espece d'articulation, ou qu'en plantant des Arbres dans une situation entierement renversée, les branches dans la terre, & les racines dans l'air, on les verroit reprendre dans cette étrange position, de façon que les branches produisent des racines, & les racines des feuilles; ou que des Plantes destinées à tenir à la terre par leurs racines, & même des Arbres pourroient subsister dans l'eau pure & y croître; ou qu'un Arbre entièrement écorcé étant mis à l'abri du desséchement de l'air pourroit recouvrer son écorce & se rajeunir en quelque sorte. Ce ne sont là que de petits échantillons des ressources cachées, que la Nature tient en reserve. Ne doutons point, qu'elle n'en ait une infinité d'autres; mais elles ne se trouveront qu'en contredisant à propos ses opérations, en lui présentant différens obstacles, en la mettant dans des situations, où elle soit reduite à faire voir ce dont elle est capable pour se tirer d'embarras. Par exemple, en faisant en sorte que des Plantes ne soient absolument fécondées que par des étamines tirées de végétaux de différentes especes, en les confiant à différens terreins, qu'on composeroit à son gré par divers mélanges qui n'ont pas été essayés, en les arrosant d'eau chargée de divers principes en différentes proportions, en variant de milles manieres leur culture, en gênant quelque-fois le cours ordinaire de leur végétation, on pourroit non-seulement s'instruire sur ce qui contribue à leur prospérité, mais encore leur procurer peut-être des variétés imprévues, comme dans leurs fruits certains goûts, certaines couleurs, certaines figures, ou d'autres propriétés. Après avoir produit par ces divers procédés, & surtout par la communication des poussieres séminales étrangeres, les changemens, dont on vient de parler, sur différentes especes de plantes, il seroit en particulier bien intéressant de s'assurer par des expériences décisives & très-variées, s'il est possible qu'il se forme de nouvelles especes qui se reproduisent constamment sous la même forme comme le croient d'habiles botanistes; ou si les Plantes singulieres, qui en naîtroient, ne seroient jamais, comme le pensent d'autres naturalistes, que des individus extraordinaires, monstrueux, ou des mulets viciés dans leurs tiges, dans leurs fleurs, ou dans quelqu'autre de leurs parties, & non de nouvelles especes. De même combien de connoissances ne pourroit-on pas acquérir sur la génération des Animaux, en faisant un plus grand nombre d'essais sur le mélange des différentes especes. Par ce moyen on verroit un jour plus distinctement la part qu'a chaque sexe à la génération. Telle est l'adresse & l'esprit de ressource & d'industrie, qu'il faut apporter pour suivre & découvrir les opérations de la Nature dans les changemens, qu'elle produit chez un objet. Cependant il ne feroit connoître qu'imparfaitement sa marche, si on se bornoit toujours à examiner uniquement l'objet principal de ses observations. Il faut souvent porter ses regards sur l'état des objets environnans, & remarquer ce qui s'y est passé avant, pendant, & après la production du Phénomene qu'on examine.

III. Ces sortes d'observations réitérées aussi souvent qu'il est possible peuvent fournir des marques, qui aideront à prévoir certains changemens, ou peuvent répandre de grandes lumieres sur les causes des effets de la Nature. Mais il ne faut pas se hâter d'en tirer de pareilles conséquences. Cette précipitation ne seroit propre qu'à nous égarer. De ce qu'un Phénomene a plusieurs fois précédé, accompagné ou suivi un autre, il ne s'ensuit pas, qu'il en sera toujours de-même dans la suite, parce que la production du premier dépend peut-être d'un concours de causes, qui ne se trouvent pas toujours réunies dans le temps, que tout ce qui est requis pour produire l'autre, a lieu. Par exemple, de ce que plusieurs Cometes se sont montrées avec des queues brillantes après leur périhélie, lorsque ce passage s'est fait fort près du Soleil, & qu'elles ont été vues peu de temps après, il ne faudroit pas en faire une regle générale, & s'attendre à voir toujours le même Phénomene dans toutes les Cometes, qui auroient un tel Périhélie; cette regle seroit souvent démentie par l'observation, parce que la production de la queue peut dépendre, non-seulement de la proximité de la Comete au Soleil, mais encore du volume de son Atmosphere ou d'autres circonstances, qui sont entierement inconnues. Aussi la Comete de 1593 quoiqu'elle eut passé onze-fois plus près du Soleil que la Terre, & eût été apperçue quelque temps après le passage par le Périhélie, ne parut qu'avec une très-petite queue. Au-reste, quoiqu'un Phénoméne n'annonce ou ne suive pas toujours un autre, il est cependant utile d'observer toutes les fois que cela arrive dans les mêmes circonstances; car ces sortes de remarques peuvent servir à estimer le degré de probabilité, qu'a un événement futur, comme nous le ferons sentir dans la *II. Partie.* On ne seroit pas non plus en droit de conclure d'abord de ce qu'un Phénomene en accompagne toujours un second, que l'un est la cause de l'autre, parce qu'ils peuvent dépendre tous deux immédiatement de la même cause. Pour rendre la conclusion juste, il faudroit auparavant faire voir, que l'un contient la raison suffisante de l'autre. Je vois des feuilles de pêcher roulées & en même temps couvertes de fourmis. J'aurois tort d'attribuer aussitôt à ces animaux le dépérissement de l'arbre comme bien des gens l'ont fait avec précipitation. Je trouve une raison suffisante de la langueur où il tombe & de la présence des fourmis dans les pucerons, qui rongent les bourgeons & attirent ces insectes, qui recherchent avec avidité leurs excrémens mielleux, sans nuire d'ailleurs à l'arbre. Lors-même que l'état de certains corps influe sur un effet, il ne faut pas non aussi-tôt le leur attribuer tout-entier, car il pourroit se faire qu'il ne leur fût dû qu'en partie. Ce n'est pas qu'on ne puisse reconnoître en plusieurs cas si un objet, qui influe sur un effet, y contribue en tout ou en partie; nous verrons dans la *II. Partie* que l'entendement peut quelque-fois déterminer exactement ce qui lui est dû, quand il a les *donnée* nécessaires. l'Observateur doit donc recueillir les faits avec soin, & sans y mêler ses conjectures, remarquer attentivement l'état des autres corps environnans jusqu'à ce qu'il soit bien assûré de la marche constante des Phénomenes, & qu'il soit en état de prononcer sur leur liaison nécessaire ou accidentelle. Ainsi, par exemple, dans l'histoire qu'il fera des variations de l'air correspondantes aux changemens, qui arrivent dans les végétaux, il doit se borner à les décrire avec exactitude, & ne donner les conséquences, qu'il pourroit en tirer, qu'après les avoir vérifiées par un grand nombre d'observations. Il doit même alors bien distinguer ces conséquences de la description des Phénomenes. Car la description pourroit être vraie, tandis que la conséquence seroit fausse; on pourroit rejeter celle-ci sans que la description perdît rien de sa vérité, parce qu'il a, peut-être, mal raisonné & conclu sur trop peu de faits.

IV. C'est ce qui me conduit maintenant à établir ici, que pour découvrir un jour plus sûrement la marche & les divers effets de la Nature, il est nécessaire de prendre des mesures pour transmettre à nos successeurs de longues suites d'observations continuées sans interruption. Il faut les accumuler pour l'usage de la Postérité. Les observations & les expériences qu'on fait en divers temps sur les mêmes objets présentent souvent des résultats différens, parce que des causes étrangeres peuvent même sans que nous nous en doutions venir dans la suite modifier ce qu'on avoit trouvé auparavant. Si on s'avisoit moins rarement de considérer le même Phénomene pendant une longue suite d'années, les variétés, qu'on y trouveroit, étant comparées avec soin meneroient enfin à mieux connoître la maniere, dont les causes se combinent & operent. Quand, par exemple, on feroit en différentes années l'analyse du terreau, il pourroit arriver que par une suite des vicissitudes de l'air ou des exhalaisons, qui s'élevent des entrailles de la Terre, on n'en retirât pas toujours les mêmes principes,

&

& qu'à force d'y faire attention, on trouvât des rapports sensibles entre ces sortes de variétés, & la fertilité des terres en diverses années; ce qui éclairciroit un jour bien des points concernant les causes, qui contribuent à cette fertilité.

Il est d'autant plus nécessaire d'être toujours en haleine & prêt à observer la Nature en tout temps, qu'il y a, bien des Phénomenes, qui ne se présentant que rarement & ne durant que quelques moments échapperoient aisément à des yeux distraits, & peu exercés à se porter sans-cesse d'une infinité des côtés pour tout saisir avec empressement. Tels sont bien des Météores curieux des Parhélies, des Paraselenes, des Couronnes, des Arcs en Ciel lunaires ou singuliers, & d'autres Phénomenes de ce genre, qui seroient peut-être apperçus plus fréquemment, si on dirigeoit plus souvent ses regards vers le Ciel. Il y a même quelque-fois des corps toujours permanens, qui ne pouvant être découverts que dans certaines circonstances demandent à être guettés continuellement pour saisir le moment favorable qui permet de les voir. Telles sont les Cometes, dont plusieurs ne peuvent être apperçues qu'à l'aide du Télescope, & qui de plus ne se montrant jamais que dans une petite partie de leur orbe, doivent être suivies incessamment pour qu'on puisse déterminer avec précision leur distance au Soleil, le lieu de leur perihélie, celui de leurs nœuds & l'inclinaison de leur orbite à l'Ecliptique. Telle est encore l'Atmosphere solaire, qui soit à cause de sa position oblique, ou des changemens surprenans, qu'elle souffre de temps en temps, quant à son étendue & sa clarté, n'est pas toujours également visible & a eu différentes reprises. Nous pourrions mettre dans le même rang le Satellite de Vénus, qui s'il existe réellement, & n'est pas une illusion optique causée par les verres des lunettes, exige des circonstances particulieres pour être apperçu; car il n'a été vu que trois fois en quatorze ans & s'est ensuite échappé aux regards curieux des Astronomes pendant plus d'un demi siecle; un habile Géometre, ayant soupçonné les causes qui le dérobent à nos yeux, a fait voir clairement qu'il pouvoit exister, & ne se faire voir que rarement.

Enfin il y a tel corps dans la Nature qu'on a toujours regardé comme permanent & qui peut-être ne l'est pas. On sait qu'il a disparu dans le ciel des étoiles qui ont été observées par les anciens & qu'il en a paru de nouvelles. Des faits de cette Nature ne peuvent être découverts sûrement que par des observations continuées avec exactitude.

Il est aussi essentiel de redoubler ses efforts,

& de suivre pendant long-temps le même genre d'observation, parce qu'il y a bien des mouvemens qui ne peuvent devenir sensibles, & être déterminés exactement qu'en comparant ce qui a été remarqué pendant une longue suite d'années sur le même sujet. Par exemple, les Mers sont sujettes à abandonner successivement, & par degrés insensibles certaines côtes, ou quelquefois à en couvrir d'autres peu-à-peu. Ces changemens se faisant d'une maniere très-lente, ce n'est qu'après des siecles écoulés, qu'on est étonné qu'il n'y a plus d'eau dans des endroits, qui étoient autrefois des Ports de Mer, où les Vaisseaux abordoient. De combien les eaux de la Mer baissent-elles ainsi en un temps donné? va-t-elle regagner d'un côté ce qu'elle perd de l'autre, ou cette diminution est-elle réelle, comme l'ont prétendu de grands hommes qui ont cru, ou que les eaux de la Mer se retiroient dans des cavernes qui par l'action des feux souterreins se forment dans les entrailles de la terre, ou que la partie des eaux de la Mer élevée en vapeurs, qui sert à la végétation, est perdue pour la somme totale des eaux, & se convertit en terre par la putréfaction des végétaux? Ce sont là tout autant de questions qui ne peuvent être éclaircies que par des observations faites dans toutes les parties de notre Globe, & continuées pendant plusieurs siecles. Il faudroit pour connoître la marche de ces diminutions, que sur toutes les Côtes, & dans toutes les Mers connues on eût recours aux précautions qu'a prises, M. CELSIUS, qui s'étant convaincu, que les eaux de la *Mer-Baltique* décroissoient en *Suede*, a fait tracer sur une roche une ligne, qui marque jusqu'où venoit alors la surface de l'eau, afin qu'on pût voir désormais le progrès de la diminution des eaux dans un temps donné. Le Ciel étoilé nous offre bien des mouvemens, qui ne peuvent être constatés ou déterminés avec précision, que par la comparaison d'anciennes observations. Sans cette attention, on ignoreroit les périodes d'occultation, ou d'apparition, que présentent certaines étoiles. HIPPARQUE n'auroit point reconnu la précession des Equinoxes, & ses successeurs n'en auroient pas déterminé la quantité avec plus de justesse, s'ils n'avoient comparé leurs propres observations sur la position des Etoiles avec celles des Anciens sur le même objet. Il y a encore plusieurs mouvemens très-lents qu'on soupçonne, comme la variation de l'obliquité de l'Eclyptique à l'Equateur, &c., qui ne pourront être constatés, que par la comparaison de beaucoup d'observations faites avec plus de précision, que n'en apportoient les Anciens, & assez éloignées les unes des autres pour qu'elles puissent rendre senfibles des quantités, qui sont presque imperceptibles, quand il ne s'agit que d'un petit intervalle de temps, & dont l'extrême petitesse donneroit alors un juste sujet de craindre, qu'elles ne fussent une suite des erreurs inévitables dans les observations. Lors-même que les mouvemens des corps célestes n'ont pas cette lenteur extrême, il est toujours très-prudent de n'en conclure la quantité moyenne, que de la comparaison de plusieurs observations, qui doivent être distantes unes des autres le plus qu'il est possible, afin que non-seulement l'erreur s'il y en a, mais encore l'effet des inégalités périodiques deviennent insensibles, en se partageant sur un grand nombre de révolutions. Mais on sent assez, que pour que cette méthode ait cet avantage, il faut que les observations anciennes, qui servent de terme de comparaison soient exactes. Aussi la précision des anciens Astronomes étant bien au-dessous de celle des modernes, on n'est pas peu embarrassé à décider, s'il y a plus à gagner pour l'exactitude de la détermination des mouvemens moyens, en employant des observations plus anciennes, mais moins précises, ou en se servant d'autres, qui avec moins d'ancienneté, paroissent avoir été faites avec une plus grande précision.

Au-reste dans la comparaison qu'on fait entre d'anciennes observations, pour déterminer les temps périodiques des planetes, il convient de choisir, autant qu'on le peut, celles qui ont été faites dans les points où l'on sçait que les inégalités déjà connues reviennent à-peu-près les mêmes, afin que l'inégalité s'exerçant également sur les deux observations, qui servent à déterminer le retour de la planete à un même point du ciel, la révolution n'en soit point altérée ; & de-là il résultera encore cet avantage, c'est que si en ce cas la révolution éprouve quelque altération, on aura occasion de reconnoître une inégalité inconnue & différente de celle qu'on avoit prévue. C'est par cet artifice qu'on est venu à-bout de trouver les temps périodiques de la terre & des autres planetes, & de reconnoître que les révolutions moyennes de Saturne & de Jupiter avoient des variations assez petites à la vérité, mais qui ne laissoient pas de devenir sensibles après plusieurs centaines d'années, ce qui les a fait nommer séculaires : de-même que les équations qui servent à les corriger ; cependant par les nouvelles comparaisons faites par M. de la Lande entre des observations de différentes dates & le calcul tiré des tables, on a été forcé de convenir, qu'outre l'inégalité connue causée dans

Saturne par l'attraction de Jupiter, il y a une autre inégalité dans les révolutions moyennes de cette planete; que cette nouvelle inégalité va en augmentant, que sa marche a eu un accroissement extraordinaire depuis une trentaine d'années, sans qu'on puisse encore en déterminer ni les causes ni la loi.

Ainsi c'est surtout pour reconnoître jusqu'où peut aller la constante uniformité de la Nature à travers bien des variétés & des inégalités, que les longues suites d'observations sont absolument nécessaires. Il n'y a qu'elles seules qui puissent, quand cela est possible, les reduire à une espece de régularité, en découvant la loi qu'elles suivent, & les circonstances où elles arrivent. Les Astronomes ont souvent occasion de s'en appercevoir dans les mouvemens des Satellites & de la Lune en particulier. Pour saisir la marche de ces sortes d'irrégularités, il ne suffit pas de chercher pendant une seule révolution les écarts des lieux observés dans les différens points de l'orbite d'avec ceux, qui ont été calculés par les Tables. Souvent une irrégularité dépendant de la combinaison variable de plusieurs circonstances, ne se trouve pas toujours la même dans les lieux semblables de plusieurs révolutions comparées entr'elles. Telle est la seconde inégalité de la Lune, qui est occasionnée par son aspect avec le Soleil, & qui dépend de la position de la ligne des Apsides avec la ligne des Conjonctions & Oppositions. La difficulté de corriger les Tables par des observations augmente bien plus, quand il y a ainsi un grand nombre de diverses espèces d'irrégularités, qui dépendent de différentes circonstances. On sent assez qu'elles doivent souvent se confondre ensemble, qu'il n'est pas aisé de distinguer ce qui est exactement dû à chaque circonstance, qu'il faut ainsi un nombre prodigieux d'observations, qu'alors pour déterminer, d'après elles, les coëficiens des différentes Equations lunaires, il faut choisir adroitement les circonstances où plusieurs de ces coëficiens n'influent pas sur le lieu du Satellite tandis que d'autres y influent, afin qu'on ait moins d'Equations à résoudre & d'inconnues à déterminer à la fois. Tout cela est assez compliqué, & s'est même trouvé tel dans la Lune à un si haut degré, qu'après les travaux d'un grand nombre de siecles, rien n'a plus servi à guider les Observateurs que l'estimation des forces qui agissent sur la Lune & la détermination des effets, qui doivent résulter de la maniere dont elles exercent leur action en différentes positions. Il peut arriver, que ces sortes d'observations long-temps continuées fassent voir des Périodes, qui en fipiſſant, ramenent les circonſtances, dont dépenpendent les irrégularités au même état où elles étoient au commencement, enſorte que les mêmes inégalités doivent ſe renouveller enſuite dans le même ordre, & peuvent être prédites, quand on les a obſervées pendant la période précédente. C'eſt ainſi que les principales inégalités de la Lune dépendant de ſa poſition ſoit à l'égard de ſon Apogée, & de ſon Nœud ſoit à l'égard du Soleil, & ces circonſtances revenant, à un certain degré, les mêmes au bout de 223 Lunaiſons, on trouve que les irrégularités, qu'on a obſervées dans une période peuvent ſervir à prédire non pas à la vérité rigoureuſement, comme le croyoit HALLEY, mais ſeulement juſqu'à un certain point celles de la période immédiatement ſuivante.

DANS les mouvemens, dont nous venons de parler, il y a un Méçaniſme, qui mérite notre attention, & qui nous donnera lieu de faire des remarques utiles à l'Art d'obſerver. Si le mouvement de la Lune n'étoit compoſé que du rectiligne, & de ſa tendance vers la terre, elle ſe mouvroit dans une Ellipſe exacte, dont la Terre occuperoit un des foyers, & on y aſſigneroit aiſément le lieu de la Lune pour un temps donné, en y coupant des Aires proportionnelles aux temps. Ainſi, tant de mouvemens compliqués

& d'irrégularités, que l'on remarque dans les mouvemens de cet Astre, ne viennent que de l'addition d'une troisieme force, savoir celle du Soleil, qui agit sur elle différemment en diverses positions. Selon les calculs de M. CLAIRAUT, il en naît vingt-deux Équations dans la Théorie de cette Planette. S'il y avoit ici une complication d'un plus grand nombre de forces, qui pussent chacune produire des effets sensibles, quelle foule de nouvelles équations n'en verroit-on pas résulter! On auroit sans doute bien de la peine à les démêler exactement: on ne trouveroit pas facilement des Périodes, qui ramèneroient avec précision les inégalités dans le même ordre (*). Cependant la difficulté, qu'on auroit à y parvenir, ne mettroit pas en droit de regarder tous ces mouvemens singuliers comme arrivant au hazard, mais on devroit simplement conclure, qu'il faudroit plus d'observations & de sagacité, pour trouver les loix qu'elles suivroient. Cela

---

(*) À la vérité, dans les Satellites de Jupiter, qui sont soumis à un grand nombre d'attractions, on a trouvé après des observations nombreuses & assidues, qu'une Période de 437 jours satisfait assez bien aux inégalités du premier & du second Satellite; mais il faut remarquer, que dans leurs mouvemens les inégalités doivent être moins sensibles, tant à cause de leur proximité de Jupiter, que parce que leur mouvement est extremement vif. Cette Période ne peut s'appliquer aux deux derniers. Ils en exigeroient une autre, qui n'a pas été encore découverte. Voyez là-dessus les Mémoires de l'Académie Royale des Sciences, pour l'année 1763.

doit nous apprendre à ne pas prononcer témérairement, que les phénomenes qui ne semblent présenter que de la bizarrerie ne peuvent être ramenés à aucune espece de régularité. Si on ne découvre pas d'abord les loix que suivent ces irrégularités, ou la Période qui les rameneroit peut-être dans le même ordre, cela peut venir de ce qu'il y a un concours de circonstances, qui se mêlent ensemble, & influent sur les effets d'une maniere très-compliquée, ou qui demeurent long-temps à passer par les combinaisons qu'elles doivent subir avant que de revenir au même état qui avoit lieu au commencement. Qu'on ne désespere donc pas de trouver un jour de l'ordre, où il semble au premier coup d'œil qu'il n'y a point. Qu'on n'aille pas se moquer de ceux qui voudroient chercher certaines loix dans les changemens, que l'Atmosphere subit à l'égard de la chaleur des vents ou de la pluie (*). Plusieurs mouvemens réguliers, qu'on a remarqué dans l'Atmosphere, ont fait soupçon-

(*) Depuis la premiere Edition de cet Essai, M. Toaldo Professeur d'Astronomie dans l'Université de Padoue, a publié un Ouvrage curieux, où ayant comparé de longues suites d'observations météorologiques, il fait déja entrevoir les loix qu'on peut espérer d'y découvrir. Il trouve, par exemple, que les sommes des quantités d'eau tombées, prises de neuf en neuf ans, sont presque toujours égales ; ce qui rentre dans la révolution du périgée de la Lune ; astre qui ne peut qu'influer sur les changemens arrivés dans l'Atmosphere.

ner avec raison, que les autres changemens, qui par leur bisarrerie apparente confondent l'Observateur, peuvent être l'effet d'un concours de causes, qui se compliquent d'avantage selon des loix déterminées quoique plus difficiles à découvrir. Ce qu'a écrit la-dessus M. DE MAIRAN est trop lumineux pour que nous ne nous fassions pas un devoir de le rapporter ici: ,, *l'Asie, l'A-*
,, *frique & l'Amérique* nous fournissent mille
,, exemples de grandes contrées, où il tombe en
,, certains temps de l'année des pluies réglées
,, auxquelles on s'attend, & sur lesquelles il est
,, rare qu'on se trompe. Ces contrées sont pour
,, la plûpart comprises entre les Tropiques, ou
,, ne s'en éloignent pas beaucoup. L'*Europe*
,, qui en général ne nous offre rien de pareil,
,, occupe au contraire le milieu d'une Zone tem-
,, perée ; mais aussi ses parties les plus septen-
,, trionales sont assez régulierement chargées
,, de neiges pendant sept à huit mois de l'an-
,, née, & l'été qui succede à ce long hyver est
,, communément uniforme ; les Vents sont tou-
,, jours plus réglés par leur durée, par leur di-
,, rection, & par le temps de l'année, où ils
,, soufflent dans la Zone torride, & dans la
,, Zone Polaire que nous connoissons, que dans
,, la Tempérée, qui est entre les deux extrêmes.
,, On observe quelque chose de semblable dans
,, les variations du Barometre qui disparoissent

« presque entierement sous l'Equateur. Or si
« le déreglement des Pluies, des Vents, & des
« Saisons peut être ramené à quelque chose de
« fixe & d'uniforme dans les extrêmes, n'est-il pas
« à présumer, que la même constance & la mê-
« me uniformité subsistent dans les climats mo-
« yens, qui en participent, quoique sous une
« forme plus compliquée & plus difficile à dé-
« mêler ? Ne nous lassons donc point, *ajoute-*
« *t-il*, d'observer tous ces Phénomènes, d'en
« rechercher les liaisons & les causes. »

CEPENDANT dans ces sortes de recherches, qui ont pour objet l'ordre que suit la Nature prenons garde que trop de goût pour la Symétrie ne nous jete dans un travers d'esprit qui peut donner du ridicule. N'allons pas, comme il est arrivé à de grands hommes, imaginer des harmonies, des régularités, & des proportions chymériques. Tenons ici un juste milieu, & ce milieu se trouve en recueillant assez de faits pour que la postérité puisse un jour, en les comparant avec ses propres observations, découvrir, si cela est possible, la marche de la Nature, & voir sa régularité à travers mille variétés. Quoiqu'il en soit, ces longues suites d'observations seroient au moins indispensables pour avoir un jour des idées moins hazardées sur plusieurs de ses opérations ; qui très-sûrement ne s'achevent qu'au bout d'un grand nombre d'années, & peut-être de plusieurs siecles. Qu'est-ce, par exemple, qui se passe dans les Mines? qu'elle est leur origine, comment croissent-elles, par quels degrés le Métal se perfectionne-t-il? Pour satisfaire à tous ces points, il faudroit peut-être les visiter pendant des siecles & transmettre à la postérité tout ce qui s'y remarqueroit. Ainsi faute de ces sortes d'observations nous manquons souvent de Théories raisonnables.

Mais pour accélérer le moment précieux où la postérité pourra tirer parti de ces longues suites d'observations, que ceux qui y travailleront, ne soient pas uniquement passifs dans la description des phénomenes; que plûtôt à mesure qu'ils dresseront leurs tables d'observations, ils interrogent vivement la Nature suivant la méthode indiquée dans le second Article de ce Chapitre. C'est par là qu'au lieu de s'appésantir sur des circonstances inutiles, dont on surcharge quelquefois les longues suites d'observations, ils réussiront à démêler & inférer dans leurs tables celles, qui ont la plus grande influence, & qu'ils ne pourroient y omettre en observant avec un peu d'adresse, sans laisser pour eux & leurs successeurs un voile impénétrable sur les mysteres de la Nature. Qu'ils marchent ici sur les traces des Astronomes. Rarement leurs longues suites d'observations restent long-temps infructueuses entre leurs mains. Toujours en travaillant à grossir leur ample recueil d'observations, ils cherchent en même-temps l'occasion de vérifier les vues qui se présentent à eux en chemin-faisant pour les communiquer enfin lorsqu'elles auront pris la consistence nécessaire. C'est ce qui leur a valu de grandes découvertes au moment qu'ils s'y attendoient le moins. Ainsi en observant assidument les satellites de Jupiter ils y trouvèrent une inégalité, qui par les circonstances où elle arrivoit toujours, leur fit enfin comprendre, qu'elle ne pouvoit absolument s'expliquer, qu'en reconnoissant que la lumiere du soleil ne parvient pas de cet astre à nous en un instant, mais demeure environ sept minutes à faire ce trajet.

Les observateurs ont aujourd'hui de grandes facilités pour former & conserver ces longues suites d'observations à la faveur des Sociétés permanentes répandues en *Europe*, qui tous les jours se multiplient & s'étendent de proche en proche. Ce sont-là des établissemens, dont l'art d'observer ne peut absolument point se passer. JOSEPH croyoit que Dieu avoit accordé aux Patriarches une longue vie, pour les mettre en état de perfectionner l'Astronomie, & de découvrir les Périodes célestes, comme celle de 600 ans, qui ramene avec tant de précision les Lunaisons dans le même point du Ciel & dans le même ordre. Mais malgré la briéveté de notre vie, les Sciences ne laissent pas de jouir du même avantage au moyen de ces Sociétés, qui subsistent toujours quoique leurs Membres se renouvellent. La mort a beau interrompre les recherches des hommes, ces Sociétés peuvent en suivre le fil, guider les Observateurs, leur fournir des vues, leur donner des extraits fideles des suites d'observations dont elles sont dépositaires, & faire par là qu'informés de tout ce qui a été découvert ils puissent diriger leur travaux en conséquence; aussi dès que l'Ecole d'*Alexandrie* fut fondée par les *Ptolomées*, l'Astronomie, qui exige plus qu'aucune autre Science des travaux continués prit une face bien plus brillante chez les Anciens, & depuis que vers le milieu du siecle passé de célebres Académies eurent pris naissance quels progrès immenses, non-seulement elle, mais encore les autres Sciences, n'ont-elles pas fait? Ces sociétés reconnoissant qu'elles doivent aux Sciences toute leur existence, en font leur gloire & leurs délices, se regardent comme chargées d'une dette immense envers elles, & ne négligent rien pour s'en aquiter dignement. Les membres de ces compagnies trouvent agréablement réunis dans des assemblées,

blées, où préſident la douceur & l'amitié, tous les ſecours qu'ils ne chercheroient qu'avec bien de la peine dans les ouvrages & le commerce des ſçavans. Il s'inſpirent réciproquement ce ſentiment vif & délicat du vrai, qui ſuffit pour diſſiper ces fauſſes lueurs que l'imagination préſente quelquefois dans la retraite pour fonder des ſyſtêmes chimériques. Mais ce qui rend ces Sociétés, d'autant plus précieuſes aux Obſervateurs, c'eſt qu'elles leur ménagent la protection des Princes dont ils ne peuvent être privés ſans manquer les occaſions les plus favorables. l'Art d'obſerver entraine, ſoit pour l'aquiſition des inſtrumens ſoit pour des expériences des dépenſes qui ſurpaſſent les forces des particuliers. Il exige auſſi des voyages qui ne peuvent être entrepris qu'à grands frais & ſans la munificence des Souverains; car nous allons montrer, que s'il faut obſerver ſans interruption en divers temps, il faut auſſi dans bien des occaſions obſerver en divers lieux pour découvrir la marche de la Nature.

V. Ces ſortes d'obſervations ſont néceſſaires pour éviter des aſſertions trop générales, car il arrive ſouvent qu'un effet obſervé dans un endroit n'a pas lieu dans un autre, ou ne s'y montre qu'avec des différences fort remarquables. Il y a ainſi des Phénomenes très-curieux, qui ne

I

peuvent être apperçus, que par la comparaison d'observations faites en divers pays. C'est par exemple ce qui mit HALLEY en état de remarquer, qu'il y avoit sur la surface de la Terre une ligne irréguliere, qui unissoit ensemble tous les points, dans lesquels la Boussole indique exactement le Nord, de voir que d'un côté de cette ligne la variation de l'aiguille est Nord-est, que de l'autre elle est Nord-ouest, & d'autant plus grande qu'on s'éloigne plus de la ligne de non-déclinaison, enfin de tracer sur le Globe les lignes qui unissent tous les points d'égale variation; & comme tout ce systême de lignes n'est pas immobile mais variable, si on réiteroit souvent de semblables observations dans les divers lieux de la Terre, on pourroit peut-être, un jour, connoître la marche de tout cet assemblage de lignes, & en tirer parti dans la suite pour la recherche des longitudes. Ces comparaisons d'observations, faites en diverses contrées, servent d'autant plus à étendre nos lumieres sur les procédés de la Nature, que les différences, qu'on y remarque dans le même Phénomene, font souvent naître sur la cause de ces variations des soupçons, qui peuvent inviter à des recherches, & des travaux de la plus grande conséquence. C'est ainsi que la différence, que l'on trouva à diverses latitudes dans la longueur du

Pendule qui bat les secondes donna lieu, aux sublimes spéculations des Huyens & des Newton, sur les effets de la force centrifuge causés par la rotation de la Terre, à la détermination qu'ils firent par différentes routes de la figure de notre Globe, & à la vérification qu'on fit dans la suite de leurs raisonnemens en mesurant dans les Climats les plus éloignés divers degrés du Méridien. De même en observant comment la culture de la même espece de Plante varie en diverses contrées, en voyant les ressources, qui y ont été imaginées pour la préserver de divers inconvéniens particuliers au climat, en comparant la qualité des Fruits & des Plantes qui y croissent, à combien d'expériences & de conséquences ne seroit-on pas conduit, qui pourroient répandre beaucoup de lumieres sur ce qui a rapport à la végétation.

Il y a d'ailleurs bien des expériences & des observations, qui peuvent être faites avec plus de succès sur un même objet dans un lieu plûtôt que dans un autre. Par exemple, dans nos pays méridionaux, nous ne sommes peut-être pas placés heureusement pour tenter des expériences sur la matiere connue sous le nom d'Aurore Boréale, parce que nous n'en voyons que les parties supérieures assez peu élevées sur l'horizon. Mais il seroit peut-être possible d'en tenter dans les pays voisins du pole, qui la voient pour ainsi dire dans sa racine, qui en sont si fort inondés de tout-côté, qu'elle y paroit au Zénith, & embrasse tout l'hémisphere. Là, ne pourroit-on pas essayer par divers procédés, d'exercer sur cette matiere le même pouvoir qu'on déploie sur la foudre? Les pays septentrionaux sont encore plus propres à faire des expériences qui demandent une grande intensité de froid. On peut plus aisément y obtenir un froid artificiel extrême, pour y exposer les fluides rebelles à la congelation: aussi est-ce à *Petersbourg* qu'on a réussi à geler par le moyen du froid artificiel le Mercure, qu'on ne croioit pas auparavant en être susceptible. Il y a en Astronomie bien des déterminations qu'on peut faire avec plus d'exactitude, & moins d'erreurs à craindre dans un lieu plûtôt que dans un autre; la déclinaison de l'Ecliptique se détermine plus exactement dans les environs de l'Equateur, parce que le Soleil ne s'éloignant jamais dans ces endroits, que fort peu du Zénith, la Parallaxe & la refraction n'affectent que légerement les hauteurs méridiennes de cet astre, & c'est une des raisons, qui engagerent en 1672. une Compagnie célebre à envoyer un Astronome à la *Cayenne*. Je ne parlerai point ici de l'usage des observations correspondantes pour déterminer avec précision les

Parallaxes. C'eſt ce qui ſera développé dans le *Chapitre* ſuivant. Je ne finirois point, ſi je voulois montrer plus en détail la néceſſité des obſervations, faites en divers lieux, pour trouver la marche de la Nature. Par quel autre moyen apprendroit-on la direction des Montagnes, celle des bas-fonds & des îles, qui ſont peut-être des prolongations des Chaînes de Montagnes, celles des Courans, des Fleuves, & des Vents, & tant d'autres points ſemblables, qui influent ſur les changemens, auxquels eſt ſujet le Globe Terreſtre, & qui donnent le branle aux plus grandes révolutions Phyſiques.

Comment connoître autrement la prodigieuſe variété des mœurs, de coutumes, des réligions, des reſſources, des commerces reſpectifs, des forces des différens peuples qui habitent la ſurface de la terre, & s'approprier les arts mécaniques que leurs différentes néceſſités ont enfantées, leurs pratiques nouvelles pour nous, & ingénieuſes dans ceux qui nous ſont connus, les progrès dans les ſciences dont ils peuvent ſe glorifier, leurs idées heureuſes dans la légiſlation & le gouvernement, ces arts importans qui dirigent l'homme en ſociété vers le bonheur, leurs plantes, leurs animaux qui pourroient ſuppléer à nos divers beſoins ou procurer des agrémens que la Nature a quelquefois placés à des miliers de lieues loin de nous, en faire le choix, & les transporter de bonne heure chez nous, sans attendre que quelque heureux hazard ne vienne peut-être que fort tard les transplanter parmi nous, comme il est arrivé à l'égard des vers à soie? Il seroit bien à désirer, que les navigateurs & les voyageurs se prêtassent toujours avec empressement à ce genre d'observation.

Toutes ces observations correspondantes pourroient se faire aisément, si l'amour des lettres passoit de proche en proche, & comme par une heureuse contagion de l'*Europe* chez les autres Nations, & pouvoit les engager à fonder, à l'imitation des *Européens*, des Sociétés permanentes pour observer & sonder la Nature. Alors une lettre suffiroit pour obtenir par toute la Terre tous les éclaircissemens qu'on souhaiteroit; on n'auroit plus besoin de songer à des voyages dispendieux. Mais l'état de la plûpart des Peuples situés hors de l'*Europe* ne nous permet guere de rien attendre de semblable de leur part. Cependant considérant, que différentes nations de l'*Europe* ont des Etablissemens & des Colonies dans les divers climats de la Terre, j'ai souvent pensé, si elles ne pourroient pas dans les lieux de leurs dominations instituer des Sociétés munies d'instrumens nécessaires pour observer. Là, ces Sociétés pourroient éclairer les Naturels du Pays. Là, elles formeroient des Observateurs, sans qu'on eût besoin dans la suite d'en épuiser l'*Europe* pour les y envoyer. Le zele & l'ardeur, que les Princes *Européens* montrent pour tout ce qui a rapport aux Sciences sembleroient nous promettre que ce plan n'est pas impraticable. Mais, helas! les Guerres & d'autres intérêts, qui attirent encore plus l'attention que l'avancement des Sciences y mettront toujours bien des obstacles. Combien de projets, qui quelque utiles & glorieux qu'ils soient, restent long-temps sans exécution! On seroit fort heureux, si enfin on pensoit tout de bon à les réaliser. A la faveur de ces institutions on auroit bientôt toutes les pieces de comparaison, & les différens échantillons de Minéraux, de Plantes, & d'Animaux, qui nous aideront à reconnoître & déchiffer les vestiges, qui restent des changemens arrivés autrefois dans notre Globe; car c'est-là un nouveau genre d'observations, qui demandant bien des comparaisons, & des précautions, mérite de nous occuper quelque moments.

VI. Par une suite des Déluges, des Inondations, des tremblemens de Terre, de la violence des Volcans, de l'action des feux souterreins, & d'une infinité d'autres accidens particuliers, il est arrivé sur la surface, & dans la croute extérieure de notre Globe une multitude de révolutions & de changemens antérieurs à tous les monumens Historiques, ou sur lesquels ils ne nous apprennent au moins rien de bien détaillé, & dont nous ne pouvons par là-même nous former de justes idées, qu'en considérant attentivement les vestiges, qui en subsistent encore aujourd'hui. Tantôt on voit des corps, qui portent des marques évidentes de l'action du feu; tantôt les couches de la Terre nous semblent brisées, rompues, séparées, pour ne recommencer qu'à une grande distance à être rangées avec quelque régularité; tantôt on y rencontre des corps étrangers: ces corps sont des parties & des ossemens d'Animaux terrestres, où des Végétaux qui sont enfouis à une grande profondeur & sont souvent originaires de contrées bien éloignées du pays, où ils ont été ensévelis. On y découvre surtout une immense quantité de Coquillages, & d'autres corps marins, qu'on ne peut se dispenser de reconnoître pour appartenir à la Mer. Car comme on l'a très-bien remarqué, la similitude des accidens, qui arrivent aux Coquilles qu'on trouve actuellement dans la Mer avec ceux, qu'on voit évidemment être arrivés aux Coquilles fossiles, prouve incontestablement, que ces dernieres ont aussi existé autrefois dans la Mer. Ces corps ensévelis dans la terre présentent des différences remarquables dans la maaiere dont ils y ont été conservés. Les uns sont restés tels, qu'ils étoient au commencement, & sans altération sensible, comme beaucoup de Coquillages, qui semblent n'avoir éprouvé aucun changement. D'autres ayant été pénétrés par un suc lapidifique, par des parties Métalliques ou Pyriteuses, ont été Pétrifiés ou Minéralisés. Ceux-ci après s'être détruits n'ont laissé que de simples empreintes, & de legeres délinéations de Poissons, de Plantes, d'Insectes, tracées sur des pierres. Ceux-là étant creux, après avoir servi, comme il est arrivé à plusieurs Coquilles, de moules pour façonner le dépôt, qui y étoit entré, se sont consumés avec le temps, & ont laissé un noyau parfaitement ressemblant à leur figure intérieure. On rencontre encore d'autres sortes d'incrustations, qui enduisent l'extérieur des corps, & des Stallactites, qui sont dues à des dépôts faits par l'eau, qui distille goute à goute, ou qui court ou qui est stagnante ; enfin on observe des pierres peintes, sur lesquelles on voit différentes figures & couleurs produites par des vapeurs Minérales. Voilà différentes especes de changemens, qu'il n'est pas toujours aisé de bien démêler, & qu'on est quelquefois sujet à confondre ou entr'eux, ou avec d'autres corps, qui ont une toute autre origine. Il ne faut pas ici peu d'attention au Naturaliste, pour n'être pas la dupe de plusieurs ressemblances, superficielles, à la vérité, mais capables de séduire au premier coup d'œil. Aussi allons nous faire d'après les meilleures Observateurs quelques reflexions pour le diriger dans ce travail.

Et d'abord pour commencer par ce qui offre plus de facilité, les corps ou les terrains formés par des alluvions se distinguent par les caracteres suivans de ceux qui sont l'ouvrage des Volcans & des feux souterreins. Les premiers présentent une sorte de régularité & d'uniformité. Ce sont des couches continues, qui ne sont interrompues, que par des sinuosités, qui ressemblent aux ondulations d'un fluide. L'action de ces alluvions est décélée par les Coquilles & autres corps marins qu'elles peuvent avoir déposés, ou par la figure de différens corps, qui sembleroit supposer qu'ils ont été roulés par les eaux, ou par l'arrangement des couches, qui sont disposées selon leur gravité spécifique, quoique pourtant des circonstances particulieres, puissent quelquefois troubler cette disposition. Mais les effets des feux souterreins, & des Volcans, n'offrent rien de semblable; ce ne sont que des débris de matieres brulées, calcinées, fondues, vitrifiées, qui sont entassés pêle-mêle, & avec assez de confusion. C'est sur ce principe, pour donner un exemple intéressant de ce que nous venons de dire, qu'on a jugé avec raison, que THEOPHRASTE s'est trompé quand il a avancé, que l'Ocre avoit été soumis à l'action des feux souterreins, la position de l'Ocre, & des différentes matieres, qui l'accompagnent dans les Ocrieres, étant trop réguliere pour pouvoir être l'ouvrage des Volcans, & annonçant plûtôt des dépots formés par alluvion, d'autant plus que le gravier qui se trouve au-dessus de l'Ocre, ressemble plus au gravier de la Mer, qu'à des matieres brulées. Au reste, depuis qu'on a observé avec plus de soin qu'on ne faisoit autrefois, on a trouvé que les bouleversemens & autres changemens opérés par les Feux souterreins ont été plus fréquens qu'on ne croioit communément. Des laves, des matieres semblables à la terre cuite, à des écumes & des Scories, ou à des corps fondus, ou à du Maclefer, des pierres-ponces ou calcinées, des restes d'entonnoirs & des cendres, ont prouvé à des yeux attentifs, que dans l'*Appennin* & en *Auvergne* il y a plusieurs Montagnes, qui quoique tranquilles aujourd'hui doivent avoir brulé autrefois & causé bien des ravages par leurs erruptions. Il ne faut pas douter, que si on portoit ailleurs le même esprit d'observation, on n'eût souvent occasion de reconnoître ainsi des vestiges de Volcans éteints, & de s'instruire par là de ce qu'on auroit à craindre de leur part s'ils venoient à se rallumer, comme il est arrivé quelquefois dans le temps, qu'on vivoit sans précaution, & dans une entiere sécurité.

S'IL est aisé de discerner les effets du Feu, il ne l'est pas toujours autant de reconnoître les corps organisés, qui ont été petrifiés. Il est arrivé plus d'une fois qu'on a regardé comme tels des pierres qui n'avoient pas été formées de cette maniere. De vrais cailloux qui par leur forme extérieure avoient quelque ressemblance avec des Melons, des Poires, des Pommes, des Figues, des Raisins, ont été pris pour des fruits pétrifiés. De même des pierres fibreuses ou feuillées, qui au premier coup d'œil sembloient porter des marques d'organisation, & représenter certains bois, ont été long-temps confondues avec les bois pétrifiés, & ce n'est que dans la suite, que des Observateurs plus exacts, ayant considéré que ces pierres filamenteuses étoient disposées dans la terre par bancs comme les autres pierres, se sont assurés par un examen plus sévere, qu'elles n'ont jamais appartenu au regne Végétal. Des incrustations ou des Stallactites pourroient aussi aisément en imposer. M. GUETTARD parle d'une piece du Cabinet de M. le *Duc de Chaulnes*, qui à la premiere inspection ressemble très-bien à un morceau de Raie, dont on auroit enlevé la Peau & les Chairs, & duquel il ne resteroit que les arrêtes. Quoiqu'on y voie le luisant particulier à cette espece de Poisson, sa couleur & les nœuds qui interrompent d'espace en espace la longueur de ces arrêtes, il trouve cependant que ce n'est qu'une Stallactite formée par une eau qui ayant coulé d'abord uniformément, & ensuite par filets & de temps en temps, a produit ces arrêtes & ces nœuds, qui ne sont que la terminaison de chaque crue. Il fait aussi mention de certaines incrustations qu'on prendroit d'abord pour des Planches de Sapin pétrifiées, tant on y découvre bien les fibres & les nœuds du bois, les traits même de la Scie; mais en les grattant ou s'apperçoit aussi-tôt que tout cela n'est qu'apparent, & l'on fait d'ailleurs que ces prétendues Planches doivent leur origine à des dépôts pierreux qui se sont exactement moulés dans des auges de Sapin, qui conduisent de l'eau à certains moulins. Pour éviter des illusions semblables, il ne faut pas s'arrêter à un examen superficiel, mais il faut encore visiter l'intérieur des corps en les coupant en divers sens. Il faut voir, par exemple, si ce qu'on prend pour du bois pétrifié, porte dans les différentes sections qu'on en fait, des marques sensibles de l'organisation particuliere aux Végétaux, comme seroient des branches bien réelles, des nœuds, des vestiges d'écorce, des couches concentriques, qui forment le corps ligneux, un changement de direction dans les fibres vers les nœuds & les bifurcations des branches ou des fibres, qui de temps en temps plus ou moins serrées, forment ce qu'on appelle des Veines, &c. Au reste, il convient de remarquer avec un habile Observateur, qui a donné un excellent Mémoire sur ce Sujet, que les différentes espèces de bois ne peuvent pas toutes, après leur pétrification, offrir des marques également sensibles d'organisation, que ceux dont la substance ligneuse semble plus uniforme, comme sont les Saules & les Peupliers, en doivent présenter de moins frappantes, que cependant en les examinant scrupuleusement, on ne laissera pas de trouver des caractères d'organisation, qui décéleront leur origine. Avec cette attention on ne risquera pas, comme on l'a fait assez souvent, de mettre au rang des bois pétrifiés des Madrépores, qui ont aquis par leur séjour dans la terre plus de dureté qu'ils n'en n'avoient naturellement. On pourra toujours trouver entr'eux beaucoup de différence, les Madrépores n'étant pas recouverts, comme les Arbres d'une couche ou écorce différente du reste de la substance, & présentant d'ailleurs dans leur intérieur une structure différente à bien des égards de celle des bois. Il ne fera peut-être pas inutile de remarquer ici, que la partie pierreuſe enveloppe quelquefois ſi étroitement, ou a ſi bien pénétré les particules végétales, que celles-ci ne peuvent être attaquées par des acides, ni changées en charbon par la calcination, & qu'ainſi il ne faudroit pas croire, qu'il n'y auroit qu'une fauſſe apparence de pétrification, lorſque l'eſpece de charpente, de tiſſu, ou d'organiſation végétale, qui annonceroit dans une pierre une pétrification de bois ne feroit point altérée par de ſemblables épreuves. M. FOUGEROUX parle d'un bois converti en Agate très-dure, qui conſervoit des caracteres d'organiſation bien marqués, tels que les cercles concentriques, les inſertions, la diſtinction même de l'aubier & du bois, & qui ne fut point altéré par les moyens, dont nous avons parlé. Il obſerve d'ailleurs avec raiſon, que quoique les parties du bois aient ſervi de moule à la ſubſtance pierreuſe, ce qui appartient au végétal, peut-être enlevé peu-à-peu par l'eau à meſure qu'il ſe pourrit, & ne laiſſer enfin qu'un ſquelette très-léger.

QUAND les corps ſe ſont conſumés avec le temps, & n'ont fait que laiſſer leur empreinte ſur les pierres, le Naturaliſte doit auſſi apporter beaucoup d'attention pour diſcerner celles qui ſont véritablement telles d'avec les figures de

Plantes, qu'on voit sur des Dendrites, ou ces pierres herborisées, qui font voir comme des ramifications de Plantes. Ces dernieres figures ne font point dues à des impressions de Plantes, mais seulement à des dissolutions Métalliques, qui en s'insinuant dans la pierre, en se divisant & se subdivisant en un grand nombre de petits courans, qui ont eux-mêmes leurs rameaux ont laissé des traces, qui présentent des apparences de branches. Lorsque ces prétendues représentations de Plantes ont pénétré, comme dans les pierres de *Florence*, toute l'épaisseur de la pierre, que d'ailleurs on y voit d'autres tableaux bisarres, comme des apparences de châteaux, il n'y a sans doute point de danger, qu'on les prenne pour des empreintes de véritables Plantes. Mais lorsque la dissolution n'a fait que courir entre les lits de pierres, & laisse sur leur surface les ramifications, dont nous avons parlé, un Observateur imprudent pourroit se laisser surprendre, & prendre pour des vraies empreintes ce qui n'auroit été que l'effet du cours de la dissolution Métallique. Il évitera peut-être bien des surprises au moyen des considérations suivantes. Il est bien permis de soupçonner que les figures sont de vraies empreintes, quand on y remarque de petits Sillons que le corps de la Plante a du former. Car un dépôt métallique ne ne devroit naturellement que s'étendre sur les pierres, & les maculer sans les creuser. Cependant il ne faut pas s'attendre que ces Sillons soient toujours bien sensibles. Il peut y avoir des Plantes fort menues & déliées qui ne feroient, sur tout étant seches, que des impressions très-superficielles. Les vraies empreintes s'annoncent au jugement d'habiles Naturalistes par des faisseaux confus, des branches rapprochées confondues les unes dans les autres, froissées & chiffonées, & en effet on conçoit qu'à cause de la flexibilité, & de la souplesse de la Plante elle doit avoir éprouvé des effets semblables, lorsqu'elle a été engloutie par la matiere pierreuse & comprimée entre des corps durs. C'est encore selon SCHEUCZER une raison de croire, que la figure est occasionnée par une Plante, quand elle représente les Plantes entieres & leurs parties, des feuilles avec leurs Vaisseaux, ou Nervures, enfin des Fruits. On ne pourroit pas attendre des effets aussi réguliers d'un courant qui se mouvroit au hazard. La démonstration devient complette, quand on reconnoit une Plante, qui ressemble parfaitement à ces empreintes; & lorsque parmi les différentes figures, qu'on trouveroit représentées sur une pierre, il y en auroit au moins quelques unes dont on reconnoîtroit l'Analogue, ou la figure bien décidée de quelque Animal, ce seroit une présomption que les autres figures ont aussi une origine semblable, & sont dues à l'empreinte de quelque Plante étrangere, qui nous est encore inconnue. Car nous sommes bien éloignés d'avoir encore toutes les pieces de comparaison, qui seroient nécessaires pour reconnoître surement les différens corps étrangers au regne Minéral enfouis dans la terre, ou qui y ont laissé quelques monumens d'eux. C'est ce qui rend très-difficile cette partie de l'Histoire Naturelle, & qui peut souvent exposer à donner à divers fossiles des origines différentes de celle qu'ils ont. Cela est d'autant plus aisé, que souvent un Animal, ou une Plante, ayant été rompu & divisé par divers accidens, il n'en reste que des parties dispersées au hazard qui sont ou empreintes sur des pierres ou pétrifiées ou autrement altérées. Or comment reconnoître sûrement que ces parties ainsi mutilées & changées, tirent leur origine du regne Animal ou Végétal, quand on n'a jamais vu les corps organisés, auxquels elles ont du appartenir. On ne peut souvent former que des conjectures plus ou moins problables, & il faut être assez reservé jusqu'à ce que quelque heureux hazard vienne nous fournir les véritables pieces de comparaison, comme en effet cela arrive de temps en temps. C'est ainſi qu'un heureux hazard ayant procuré à M. GUETTARD un poiſſon de mer connu ſous le nom de *Palmier marin*, il s'eſt convaincu que les pierres étoilées & les encrinites, dont on ignoroit la formation, avoient été produites par les débris de la charpente oſſeuſe de ce poiſſon, qui ont formé les cavités où ſe ſont depuis moulées ces pierres.

VII. Voyons à préſent, comment en obſervant la marche de la Nature, on peut trouver les moyens de rendre ſes opérations favorables aux corps organiſés, ou de remédier aux dérangemens qui y arrivent, ou de préſerver d'altération ce qu'on voudroit conſerver dans le même état. En ſuivant attentivement les altérations, qui ſurviennent aux corps qu'il faudroit conſerver ſains, on peut ſouvent démêler les cauſes qui contribuent a ces altérations, & travailler alors avec plus de ſuccès à en prévenir les effets. Si les Phénomenes bien obſervés nous découvrent dans le corps dont il s'agit des principes actifs, qui par leur développement y cauſent des mouvemens inteſtins, & deviennent des germes de corruption, il faut alors s'aider de tout ce que l'expérience & l'obſervation peuvent nous fournir de lumieres ſur la maniere d'anéantir ou de retarder ces différentes opérations de la Nature, qui tendent à l'altérer. On peut selon que la Nature de ce corps & l'usage auquel il sert le permettent, le placer en différens milieux ou le combiner avec divers ingrédiens, & varier encore beaucoup d'autres circonstances, pour choisir celles, qui sans trop de dépense sont les plus propres à suspendre l'activité des principes de corruption qu'il porte dans son sein. On peut aussi recourir aux cas analogues, qui peuvent fournir des vues & diriger les essais. C'est ainsi qu'un Naturaliste célebre voyant, qu'en arrêtant au moyen d'un vernis la transpiration des Crysalides, il pouvoit retarder leur Métamorphose, & les conserver long-temps dans ce même état, se crut fondé à croire que le même moyen pourroit servir à conserver sans altération des œufs qui à cause du petit Animal tout formé qu'ils renferment peuvent être regardés comme des Crysalides, & en effet en leur appliquant le même vernis, qui lui avoit servi pour les Crysalides, il eut un plein succès. Mais quand à ces principes intérieurs de corruption, & aux circonstances, qui en favorisent le développement, l'observation nous découvre encore qu'il se joint des causes extérieures, comme des Insectes & d'autres accidens, qui en peuvent dissiper les parties, & y porter la destruction, cela demande de nouvelles considérations: car il faut alors voir par différentes expériences

& combinaisons, comment chacune de ces choses peut-être éloignée, ou son influence diminuée avec le moins d'embarras & de frais possibles. Souvent c'est faute de bien envisager tout ce qui se passe, & d'observer scrupuleusement la marche des accidens, qui tendent à altérer les corps, qu'on manque de ressources pour les préserver & les conserver dans le même état. Si on s'y étoit rendu attentif, on auroit peut-être vu, que la Nature ne demandoit qu'à être aidée pour en venir à bout. C'est ainsi, qu'on a laissé long-temps les malades respirer dans des Sales d'Hôpitaux un air infecté par des vapeurs malignes, qui s'exhalent de tant de corps infirmes, sans savoir comment y remédier, parce qu'on ne s'étoit pas avisé de considérer, que ces vapeurs tendant par leur Nature a s'élever vers le plafond, pouvoient aisément s'échapper en leur ménageant une issue vers le haut au moyen d'un dome ou d'une coupole, comme on l'a exécuté depuis quelque temps dans des Hôpitaux. De-même, combien de fleuves & de rivieres ravagent les campagnes, & éludent tous les efforts, qu'on fait pour les contenir dans leurs lits, parce que sans étudier assez la nature du terrain où ils coulent, sans examiner, si autrefois ils étoient sujets aux mêmes inondations, & si elles sont venues de quelques changemens arrivés dans ce qui a rapport à leurs cours, comme le degré de vitesse de leurs eaux, la profondeur, la largeur de leurs lits, les dépots, & les engorgemens, qui peuvent s'y être formés, on emploie des remedes, qui ne conviennent pas à la nature du mal, tandis qu'on néglige les ressources que pourroient fournir de telles observations.

Cette maxime, que la Nature doit être secondée à propos pour en prévenir les écarts, devroit sur-tout être présente à l'esprit du Cultivateur Philosophe, qui par ses observations cherche à perfectionner les regles de l'Agriculture: car son but ne doit pas être de procurer aux Plantes une végétation favorable par toute sorte de moyens. Ceux qui entraineroient trop de dépense absorberoient tout le bénéfice. Il doit s'attacher à ceux qui, après la déduction des frais de culture, peuvent procurer la recolte la plus avantageuse; & pour les découvrir il faut qu'il épie toute l'opération de la Nature afin de l'aider dans les pas difficiles, & de lui préparer un heureux succès par ses travaux. Etudier le génie de la Plante, qu'on veut élever, observer le développement de toutes ses parties, remarquer tout ce qui peut le favoriser ou y mettre obstacle, afin de varier en conséquence ses cultures, déterminer par ses observations & ses experiences la nature du Sol, qui convient à la Plante, le temps & la saison, où il est à propos d'en confier la semence à la terre; voilà sans-contredit la meilleure méthode pour trouver des procedés surs & peu couteux tout ensemble. En ne forçant rien, en faisant ensorte que le travail secret de la Nature se prette au nôtre, en cherchant uniquement à placer nos Plantes dans les circonstances propres à faciliter leur marche, dès qu'une fois nous y sommes parvenus, tout le reste se fait aux frais de la Nature, sans que nous nous en mêlions. Mais qu'on prenne garde de juger légérement des circonstances favorables à la Plante. Il faut, pour les reconnoître sûrement, observer plusieurs fois la marche d'une même espece de Plante. Une seule expérience ne suffit pas pour prouver la bonté d'un procédé. Comme les années varient beaucoup, & que plusieurs accidens imprévus peuvent venir à la traverse, il s'écoule bien du temps avant qu'on puisse parvenir à des résultats, sur lesquels on puisse compter. Mais a-t-on enfin découvert par des observations assidues ce qu'il y a de constant dans les rapports qui se manifestent entre ce qui se passe dans l'atmosphere & dans les Plantes, il est souvent facile d'en déduire des regles sures & certaines pour aider la végétation. Voyez-vous par exemple, que les alternatives subites de chaleur & de fraîcheur, les raréfactions & les condensations successives de l'air, qu'on éprouve dans les temps pluvieux, changeans, orageux du printemps & de l'été, favorisent toujours l'accroissement des Plantes, en contribuant à diviser & préparer dans la terre la seve avant qu'elle passe dans les racines, & en la mettant en mouvement dans les vaisseaux de Plantes, vous en pourrez tirer sur l'arrosement des regles que l'expérience confirmera. Vous en conclurez avec M. du HAMEL, qu'il n'est jamais plus avantageux d'arroser, que lorsque le temps semble menacer d'un orage. En effet s'il ne tombe point d'eau, vous fournirez à la plante une seve sur laquelle agiront les différentes altérations de l'air, & s'il en tombe elle seroit souvent en trop petite quantité pour pénétrer jusqu'aux extrémités des racines des Plantes un peu considérables.

Ainsi le cultivateur philosophe, sans se presser de conclure fait toujours des efforts constants, pour arriver à des critiques judicieuses, & faciliter le travail de la Nature. Il saisit tout ce qui peut lui fournir des ouvertures à cet égard. Il y a mille faits petits en apparence, qui peuvent fournir les vues les plus heureuses. C'est ainsi que les racines que poussent les grosseurs, qui se forment vers l'insertion des grefses, dès qu'elles sont à portée de terre, firent soupçonner à un Physicien Cultivateur, que les bourrelets analogues à ces grosseurs, qui après de fortes ligatures se produisent dans les branches aux extrémités de l'écorce, pourroient devenir des préparations utiles, pour assurer le succès des boutures en leur faisant pousser plus facilement des racines, ce qui lui réussit à merveille. Voilà comment le Cultivateur doit habilement varier ses procédés, pour s'en tenir enfin à celui que la Nature approuve. S'il s'agit d'éloigner une maladie des Plantes, il examine soigneusement, dans quelle partie réside le mal, & dans quel temps elle lui arrive ordinairement; il tâche de voir ce qui se passe alors, & s'il n'y auroit pas moyen d'écarter par de nouveaux soins ce qui donne lieu au désordre. Quand il entrevoit dans la Nature des ressources, pour dissiper la maladie, ou remédier à l'accident, qui est survenu à la Plante, il prend garde de ne pas troubler ses opérations par des soins mal placés & imprudens. Il travaille seulement à agir de concert avec elle; par exemple, pour faciliter la réunion des plaies des Arbres, il peut bien diminuer leur transpiration, qui s'opposeroit à la reproduction, & empêcher le contact de l'air qui causeroit un desséchement contraire à la cicatrisation des plaies, mais il interromproit l'opération de la Nature, s'il y appliquoit des appareils trop ferrés. En un mot, il ne doit jamais oublier, que toute la science du Cultivateur consiste a seconder la Nature quand il le faut.

C'est aussi la grande fin, que se propose un Médecin prudent dans la cure des maladies, qui affligent le genre humain. Il observe toutes les allures de la maladie; selon les cas il modere les mouvemens de la matiere morbifique on lui obéit, il digére ses crudités, il évacue ce qui est mûr par les voies indiquées par la maladie même, il favorise l'expulsion de ce qui doit être chassé, il se regle & se dirige sur les mouvemens de la Nature plûtôt qu'il ne la trouble par de téméraires efforts. Faisant une étude méditée des faits, qui sont parvenus à sa connoissance, & donnant une attention particuliere aux secours que l'art ou le hazard lui offrent, il trouve des remêdes convenables. C'étoit là au jugement d'un grand Maître la méthode d'HIPPOCRATE, & celle qu'il faut prendre pour modele. Au reste, il faut avouer que le Médecin peut plus difficilement augmenter ses lumieres que le Cultivateur. l'Humanité ne lui permet pas de faire différens essais. La timidité & la circonspection, avec lesquelles il est obligé d'employer les remedes lui permettent rarement d'en trouver de nouveaux. l'Ouverture des cadavres de ceux qui font morts de quelque maladie, n'offre qu'un fecours affez imparfait pour découvrir le véritable fiege des maladies, leurs caufes, & leurs effets. Il y a beaucoup de maladies, où les ouvertures de cadavres n'apprennent rien. D'ailleurs il eft fouvent fort difficile de diftinguer ce qui a été la fuite de la maladie d'avec les premiers défordres qui l'ont caufée. Néanmoins il feroit à défirer que les médecins euffent par-tout plus de facilité qu'ils n'en ont à recourir à ce moyen, pour s'éclairer s'il eft poffible fur le fiege & la nature des maladies fingulieres qu'ils ont été appellés à traiter. Car quand ils pourroient quelque-fois arriver par la diffection à des connoiffances fûres à cet égard, il en réfulteroit un grand avantage, c'eft qu'en s'attachant à bien décrire & fpécifier les fymptomes de ces maladies, ils parviendroient peut-être à les reconnoître dans la fuite & à éviter au moins s'ils ne peuvent les guérir ou en retarder les progrès, de faire prendre aux malades beaucoup de remedes défagréables & inutiles qu'ils n'adminiftroient que parce qu'ils ne connoiffoient pas bien quelles étoient les parties attaquées ou les caufes des maladies. Par un prognoftic plus fûr ils apprendroient à mettre à couvert l'honneur de leur art. Ils auroient de fréquentes occasions de voir & de constater bien des faits nouveaux sur la liaison, l'usage & la dépendance mutuelle des parties, qui pourroient diriger & leurs raisonnemens & les opérations de chirurgiens. C'est ainsi que M. LIEUTAUD ayant découvert vers la partie postérieure de l'entrée du cou de la vessie un tubercule charnu & arondi inconnu avant lui, qu'il appelle luette, comprit que lorsqu'elle venoit à s'enflammer, par quelqu'accident, elle devoit boucher absolument le passage à l'urine, qu'elle le refuseroit aussi alors à la sonde creuse, si on tentoit de l'introduire pour soulager le malade, & que cet obstacle ne pouvoit être surmonté que par le moyen des injections. En effet cette méthode qu'on ne seroit pas avisé de pratiquer dans le cas d'une trop grande plénitude de la vessie & que lui avoit dictée la nouvelle connoissance anatomique qu'il venoit d'acquérir de cette partie lui réussit parfaitement. On pourroit alléguer bien d'autres exemples pareils. On sçait que la médecine a déjà retiré plusieurs avantages des collections que d'habiles médecins ont faites des observations anatomiques, qui peuvent donner des lumieres sur la connoissance & la guerison des maladies.

Ils auroient une nouvelle occasion d'éclairer cette science, si on exécutoit enfin ce qu'on a souvent désiré, mais toujours proposé inutilement, de tirer parti des criminels condamnés à mort, en faisant sur eux l'essai de plusieurs opérations chirurgicales trop hardies pour qu'on ait osé les mettre en pratique, ou l'expérience de certaines matieres, dont il seroit à-propos de connoître les effets sur le corps vivant, avant qu'on pût penser à s'en servir en médecine. Il y a bien des préparations, qu'on regarde comme des poisons, ou comme trop violentes, qui étant adoucies, pourroient devenir fort salutaires & même des spécifiques contre des maladies très-facheuses, mais on n'ose pas s'en servir & en faire des essais. S'il n'en résultoit aucun inconvénient sur des hommes vivans, on seroit encouragé à les employer dans certains cas, où ils paroîtroient applicables & propres à aider la nature à se dégager. Il semble qu'en laissant aux criminels la liberté de choisir l'expérience proposée, ou le supplice qu'ils ont mérité, & en leur accordant la grace s'ils résistoient à ces essais, il n'y auroit rien là qui choquât les principes de l'humanité.

Les animaux-mêmes pourroient être aussi propres à subir quelque-fois des expériences, qui répandroient du jour sur la pratique de la médecine. Lorsqu'ils seroient susceptibles par inoculation de quelque maladie épidémique qui attaque les hommes, on pourroit faire sur eux différens essais, qui tendroient à indiquer la nature de ces maladies & la maniere de s'en garantir. Ce sont de semblables expériences qu'on a dernierement proposé de faire dans les lieux infectés de la peste sur des especes d'animaux qu'on sçait être susceptibles de cette terrible maladie par inoculation. On vouloit qu'après leur avoir appliqué du pus pestiféré avec différentes substances, on remarquât les cas où il prendroient la maladie & ceux où ils en seroient garantis, afin qu'on pût découvrir par-là quelles de ces substances seroient les plus propres à mettre à l'abri de la contagion.

Etant si difficile de perfectionner la Médecine par expérience, il seroit bien à souhaiter qu'on recueillit avec plus de soin tous les faits, qui ont rapport aux maladies peu connues ou qui sont épidémiques. Il faudroit que dans tous les pays les Médecins fussent obligés d'en donner des descriptions détaillées, qui seroient conservées avec soin dans des dépots publics, pour qu'on pût y recourir dans le besoin. Là ils marqueroient les signes de la maladie, les symptomes qui l'accompagnent, & le traitement qui a le mieux réussi. Mais pour que ces descriptions devinssent utiles, il faudroit que les maladies fussent si bien caractérisées, qu'on ne pût pas les les méconnoître, quand elles reviendroient, & qu'on prît garde d'exagérer le succès des remedes. Pour prévenir encore mieux les mauvaises applications, & mettre nos successeurs mieux en état de connoître la source des maladies, & ce qui influe sur l'œconomie animale, il faudroit en décrivant une maladie épidémique tenir compte de tout, non-seulement des variations arrivées dans la chaleur, dans la quantité de pluie, qui est tombée, dans la direction & la force des vents, mais encore remarquer quels sont les tempéramments particuliers de ceux, qui ont été le plus tourmentés par la maladie, quelles sont les mœurs, la maniere de vivre, & les occupations des habitans, si avant l'épidémie il est arrivé des changemens à quelqu'un de ces égards, si les alimens dont ils ont usé ont été altérés, si ces épidémies ont été precédées de maladies contagieuses dans les animaux; si des inondations extraordinaires ou d'autres causes ont produit des eaux croupissantes en plus grande quantité qu'à l'ordinaire, &c. &c. Il seroit même bon de rechercher par des expériences

Chymiques, & en voyant l'effet de l'air fur certains corps qu'on expoferoit à fon action, s'il n'a point été altéré dans fes principes, comme dans l'acide univerfel, qui y eft répandu. Cette recherche feroit d'autant plus intéreffante, qu'on a toujours foupçonné que les maladies les plus contagieufes, comme la pefte, étoient occafionnées par des émanations alkalines. Auffi comme les contraires doivent être guéris par les contraires, les vapeurs, que dans ces triftes circonftances on a en tout temps cherché à répandre dans l'air, ont toujours été de la nature des acides. Hippocrate confeilloit alors aux Athéniens l'ufage des feux entretenus dans les rues avec des bois réfineux & aromatiques, dont les huiles & les réfines abondent en un acide qui fe dégage dans la combuftion. Il n'y a pas même long-temps qu'on a propofé de corriger la conftitution de l'atmofphere dans les lieux peftiférés avec l'acide fulphureux qu'on y répandroit en faifant bruler du fouphre ou de la poudre à canon fur des tours, des terraffes & d'autres endroits élevés, d'où les vapeurs pourroient fe répandre dans la maffe de l'atmofphere.

On devroit encore obferver, fi dans les épidémies les liqueurs qu'on expofe à l'air fe chargent d'un plus grand nombre d'infectes qu'à l'ordinaire.

car une trop grande multitude de ces petits animaux, répandus dans l'air en certaines saisons & en certaines années, pourroit, étant avalés en grande quantité, causer divers désordres dans les corps des animaux. En un mot, il faudroit porter ses regards de tout côté, pour voir exactement & rapporter fidellement ce qu'on auroit vu.

Quel avantage immense ne retireroit pas la médecine des relations & des recherches qu'on feroit & qu'on conserveroit ainsi dans tous les pays de l'Europe sur les circonstances, les traitemens & les causes des maladies soit épidémiques soit peu connues, si des compagnies de médecins choisis étoient chargées par tous les gouvernemens de les comparer de temps en temps entr'elles, afin d'en tirer sur chaque sorte de maladie des maximes qu'elles pourroient encore rectifier, lorsque les mêmes maux reviendroient, en remarquant quels changemens il faudroit apporter aux premiers résultats. Par ce moyen elles viendroient à bout de se procurer un jour des histoires exactes sur les principales maladies qui affligent le genre-humain, & dissiperoient de plus en plus l'obscurité, les difficultés, les doutes & les incertitudes qui accompagnent en tant de manieres différentes la pratique de la médecine. Si Hippocrate étendit avec tant de succès les connoissances de ses prédécesseurs, il le dut en grande partie à l'attention qu'il eut de disperser ses enfans, son gendre & un grand nombre de ses disciples dans toutes les parties de la Grèce avec ordre de lui faire parvenir tout ce qu'ils remarqueroient d'intéressant sur leur art, afin qu'après avoir comparé leurs différentes relations, il pût en tirer de justes conséquences.

VIII. Jusqu'ici je n'ai parlé que de la maniere d'observer les changemens, qui ont les corps pour objet. Il reste à considérer l'esprit d'observation qu'il faut apporter, quand il s'agit des changemens qui arrivent dans notre ame, & chez les Sociétés humaines. Cependant après ce qui a été dit dans le *Premier Chapitre* sur la maniere d'observer ce qui les concerne, il ne sera pas nécessaire de m'étendre beaucoup sur ce sujet. J'ajouterai seulement ici quelques réflexions. Comme nos inclinations, notre façon de penser & d'agir sont sujettes à varier selon les âges, selon les différens états de la vie, la prospérité & l'adversité, selon les nouvelles maximes ou coutumes, qui s'introduisent parmi les hommes, il est du devoir de chacun de s'observer assez exactement pour qu'il n'en résulte aucun désordre dans sa conduite & sa maniere de juger. Il faut se former de bonne heure des principes assez fixes & assez solides, pour qu'on puisse toujours malgré toutes les vicissitudes humaines conserver le même caractere de droiture & d'intégrité. Il faut par des exercices convenables & adaptés aux différentes situations de la vie, par lesquelles nous passons, & que nous ne pouvons éviter, mettre à profit tout ce qui peut contribuer à améliorer notre caractere, à perfectionner nos facultés intellectuelles, & à en prévenir le dépérissement.

Les révolutions qui arrivent dans les Sociétés humaines présentent encore à l'Observateur un spectacle interressant & instructif. Quelques soins, que la Politique puisse prendre pour que par une juste balance des Pouvoirs il résulte du conflict d'une infinité de vues particulieres le repos public, le bon ordre, & le plus grand avantage universel, néanmoins on parvient rarement a cet équilibre tant désiré. Il se fait ordinairement des révolutions, ou en bien ou en mal. Les ressorts d'un Gouvernement se perfectionnent ou s'usent insensiblement. La prospérité d'une Nation, sa population, son agriculture, son industrie, son commerce, ses occupations générales, ses besoins, l'influence, qu'elle éprouve à tous ces égards de la part des peuples environnans, varient en différens temps;

on y voit les mêmes viciffitudes dans les mœurs, le goût & les fciences; une étude fait place à une autre; les langues fe policent ou fe dénaturent & fe dégradent. Ce n'eft pas un petit travail, que d'obferver avec précifion la marche & l'origine de ces fortes de changemens. Ils font fouvent amenés peu-à-peu par une multitude de circonftances particulieres à un Peuple, & par une longue fuite d'événemens, qu'il n'eft pas permis de féparer ou de combiner à fon gré, mais dont il faut fuivre exactement le fil pour ne pas s'égarer, & faire de mauvaifes applications de ce qu'on aura cru remarquer.

L'Observateur peut, en remarquant les changemens, qui arrivent dans les langues, profiter de ce qu'ils ont d'avantageux, ou fe préferver du mauvais goût d'un fiecle. Mais pour fe mettre en état de le faire avec difcernement, il doit en étudiant les meilleurs modeles acquérir un tact affez fin, pour fentir ce qu'il y a de vicieux & de bifarre dans les mauvais tous qui s'introduifent, & pour diftinguer les vraies beautés de celles, qui n'ont qu'un faux éclat.

Etant une fois parvenu à ce point, il pourra, en faifant attention à l'état actuel de la langue d'une nation, fe former des idées affez juftes des progrès de la raifon chez elle. Il trouvera encore, pour diriger son jugement à cet égard, un nouveau secours dans la considération suivante. Les notions générales, qui sont le fondement de tous les raisonnemens des hommes, ne peuvent s'acquérir & être mises en œuvre, qu'autant qu'on les attache à des mots destinés à les désigner : car autrement ces idées s'échapperoient bientôt, & d'ailleurs toutes les fois qu'on voudroit s'en servir, on seroit reduit à faire un dénombrement exact de ce qu'elles renferment ; ce qui jeteroit dans les pensées des hommes une confusion & un embarras, qui les mettroient hors d'état de raisonner avec facilité. C'est aussi ce qui est confirmé par l'exemple de ceux, qui après avoir été par une suite de divers accidens privés dès leur naissance du langage & d'autres signes que le commerce des hommes peut procurer pour y suppléer en partie, n'ont pu jouir de cet avantage que dans un âge avancé. Toujours on a vu, qu'auparavant ils menoient une vie purement animale, tout occupés des objets sensibles & présens. Ils étoient au commencement embarrassés à raisonner, n'ayant pas encore eu le temps de faire à l'aide du langage une assez grande provision d'idées générales si nécessaires pour cette opération de l'esprit. Ainsi plus on trouvera dans une langue de termes qui servent à exprimer des notions générales formées par abstraction, plus elle sera parfaite, & donnera une idée avantageuse de la pénétration & de l'étendue des connoissances d'une nation. M. EULER remarque dans ses lettres à une princesse d'Allemagne, qu'on n'avoit autrefois chez les Russes aucun mot pour exprimer ce que nous nommons *justice*, & qu'il n'a été introduit parmi eux que dans la suite. L'absence de ce mot n'annonce-t-il pas dans les Russes de ce temps-là un peuple, qui étoit alors si accoutumé, à être gouverné par les volontés arbitraires d'un despote, qu'ils n'avoient pas même songé à s'élever aux premieres notions qui concernent les droits de l'humanité, puisqu'on ne sauroit presque penser aux idées de la justice, sans avoir un mot pour les exprimer.

CHAPITRE III.

Comment à travers les illusions des sens on peut estimer avec sûreté tout ce qui a rapport aux grandeurs, distances, figures & arrangemens des Corps, distinguer leurs mouvemens réels des apparens, & reconnoître les courbes qu'ils décrivent.

I. Les illusions, dont nous allons parler, sont dues au sens de la Vue, cet Organe, auquel cependant l'Observateur est obligé de recourir plus qu'à aucun autre, parce que sa sphere s'étend infiniment plus loin que celle des autres sens. S'il nous trompe quelquefois sur les grandeurs, les distances, les figures, & les vrais mouvemens des corps, c'est qu'il ne nous les fait pas connoître immédiatement. Ses objets propres sont la Lumiere & les Couleurs. Tout le reste se conclut de la combinaison de plusieurs circonstances, ensorte que si nous combinons mal, nous risquons de nous tromper. C'est en touchant, en maniant les objets, en étendant les bras, en nous transportant d'un lieu à l'autre, que nous avons peu-à-peu pris dès notre enfance l'habitude de tirer ces conclusions, avec tant de promptitude que nous le faisons le plus souvent sans peine & sans nous en appercevoir. l'Expérience a donc été notre premier maître sur la maniere de se servir du sens de la Vue. C'est elle qui nous a appris à distinguer un globe d'un cercle par ses ombres latérales, à ne pas juger aussi-tôt de la grandeur d'un objet par l'angle sous lequel on le voit, mais à l'estimer en combinant cet angle avec sa distance apparente, parce qu'elle nous a fait sentir, que plus un objet s'éloigne, plus l'angle, sous lequel on le voit diminue. Cette même expérience nous a rendu capables d'évaluer les distances par l'attention que nous donnons, soit au plus ou moins de distinction avec laquelle nous voyons l'objet, soit à ses différens degrés d'éclat, de lumiere ou d'obscurcissement, soit au nombre des corps intermédiaires placés entre lui & nous, soit à l'inclinaison que nous sommes obligés de donner aux axes optiques, pour les diriger vers le même point de l'objet, soit enfin à la connoissance, que nous avons de la grandeur réelle, que doit avoir l'espece d'objet, dont il s'agit, & dont la diminution apparente suppose un certain éloignement. Tous ces moyens réussissent assez bien, quand les objets sont voisins, mais sont-ils éloignés, nous nous représentons leur distance ordinairement plus petite, qu'elle n'est en effet, parce que la plûpart des parties intermédiaires de cette diſtance échappent à notre vue. De-là tant d'illuſions optiques, par exemple, les objets éloignés placés ſur un plan horizontal, paroiſſant à l'obſervateur toujours plus près qu'ils ne ſont réellement, lui ſembleront s'élever à meſure qu'ils s'éloigneront davantage. Les parties éloignées de la Mer lui paroîtront donc fort au-deſſus de l'horizon, quoique, s'il les obſerve avec un niveau, il les trouvera au contraire un peu plus baſſes que ce même horizon. Il rapportera à une même ſurface la Lune, le Soleil, les Planetes, les Étoiles, quoique ſituées à des diſtances ſi prodigieuſement différentes, & ſe trompera groſſiérement ſur leur grandeur, s'il en décide par les apparences. Il faut donc que l'Obſervateur dans tous les cas où il s'agit de corps fort éloignés recoure à des moyens plus exacts, que ceux, dont on ſe ſert ordinairement pour juger des diſtances.

II. C'est un Probleme fort connu en Géométrie, que celui qui apprend à découvrir la diſtance d'un objet au moyen d'un triangle, dont un des angles ſe termine à l'objet, & dont on connoit la baſe & deux angles. Mais afin que la ſolution de ce probleme ſoit praticable, il faut que cette baſe ait une proportion aſſez ſenſible avec la distance, à mesurer, pour que l'angle qui se forme vers l'objet dont on cherche l'éloignement ne soit pas insensible : car si cela étoit, le triangle s'anéantiroit & se changeroit, pour ainsi dire, par rapport à nous en une ligne droite, qui ne nous feroit rien connoître. Or souvent ce n'est pas un petit embarras, que le choix d'une base assez grande pour rendre cet angle observable. Vu l'immensité de l'espace, on conçoit qu'il peut y avoir des distances si grandes, que l'épaisseur entiere de notre Globe s'évanouiroit par rapport à elles ; & c'est ce qui arrive à l'égard des Etoiles fixes, qui par conséquent, de quelque lieu de la Terre qu'on les voie, seroit comme vues par la même ligne-droite. Mais quand cette épaisseur de la Terre peut être vue sous un angle assez sensible depuis l'Astre, dont on cherche la distance, comme il arrive à la Lune ou à Mars en opposition, deux Observateurs peuvent assez s'éloigner l'un de l'autre sur un Méridien terrestre, pour qu'ils puissent rapporter cet Astre au Ciel à différentes distances d'un même point fixe, comme d'une même Etoile fixe qui n'éprouve point de variation semblable ; & cette différence de distance une fois observée, les met en état par un calcul aisé de déterminer la Parallaxe, c'est-à-dire, l'angle sous lequel le demi-diamêtre terrestre seroit vu depuis l'Astre, & d'en tirer par la résolution d'un Triangle sa distance en demi-diamêtres de la Terre.

A l'égard des autres astres, comme *Jupiter*, *Saturne*, les Etoiles, où cette Parallaxe est trop petite pour être observée, il faut chercher une base plus grande que le demi-diamêtre de la Terre, afin qu'elle ait un rapport plus sensible avec leur distance. On peut par exemple essayer le demi-diamêtre de l'Orbite terrestre, & chercher par observation, sous quel angle il seroit vu depuis ces Astres, afin d'en déduire la proportion de leur distance au Soleil avec le demi-diamêtre de l'Orbite terrestre. Cette méthode réussit très-bien pour toutes les parties du Système Solaire, mais la distance de l'Astre pourroit devenir si grande, que la Parallaxe de l'Orbe Annuel seroit même insensible à son égard, & c'est là le cas de toutes les Etoiles fixes, qu'on a observées jusqu'à-présent dans l'intention de la trouver. Mais comme parmi cette grande multitude d'Etoiles, qui brillent dans le Ciel, il est vraisemblable, qu'il y en a quelqu'une, qui est beaucoup plus proche de nous que les autres, il pourroit arriver qu'en multipliant ces sortes d'observations, on en rencontrât enfin une dont les mouvemens apparens découvriroient la Parallaxe de l'Orbe Annuel.

Quoiqu'il en soit, quand la distance d'un Astre est si grande, qu'on manque de moyens directs pour l'estimer avec quelque précision, on peut au moins, en attendant qu'il s'en présente quelqu'un, recourir à différentes observations ou hypotheses probables propres à nous en donner quelques idées. En voyant, par exemple, que les Cometes, qui se meuvent dans l'espace situé entre les Etoiles & nous, demeurent des siecles à achever leurs révolutions, en remarquant que les Téléscopes, qui grossissent deux ou trois cent fois plus les objets ne nous font pas voir les Etoiles sous un plus grand diametre qu'à la vue simple, & les rendent seulement plus brillantes, en supposant comme il est vraisemblable qu'elles sont autant de Soleils, qui éclairent des Planetes, & que quelqu'une d'entr'elles ne cede pas en grandeur à notre Soleil, & en estimant dans cette supposition la proportion des distances du Soleil & de l'Etoile à nous par le rapport inverse de leurs diametres apparens: en faisant, dis-je, toutes ces considérations, on parvient au défaut d'une méthode plus exacte à se former quelque idée du prodigieux éloignement des fixes.

UN examen profond des différens effets, que les Parallaxes doivent produire en divers cas conduit souvent, quand ces effets sont assez sensibles pour être observés exactement, à trouver des moyens nouveaux pour déterminer les Parallaxes ou les rectifier. Si par exemple une Parallaxe doit avancer ou retarder sensiblement pour différens lieux de la Terre l'apparition d'un Phénomene qu'on peut prédire, ou si elle doit faire que la durée du Phénomene soit sensiblement différente pour certains endroits de notre Globe, on peut adopter la Parallaxe, qui par le calcul, donne pour ces divers endroits les mêmes différences de temps, qui y auront été observées soit pour le moment de l'apparation soit pour la durée du Phénomene; (*) & c'est par cette méthode subtile, que les Astronomes de nos jours travaillent à rectifier la Parallaxe du Soleil, en observant la différence que cette Parallaxe & celle de *Venus* produisent dans le temps où cette Planette en conjonction écliptique avec le Soleil paroit entrer sur son Disque, ou la différence qu'elles causent dans la durée de ce passage sur ce même Disque en divers lieux de la terre, dans lesquels cette différence

---

(*) Ceci s'écrivoit en 1769, année dans laquelle les Astronomes observerent le passage de Venus sur le disque du soleil.

a dû être la plus sensible. De même l'illustre CASSINI, en examinant les divers effets des Parallaxes, trouve une méthode ingénieuse pour déterminer à l'aide d'un seul Observateur la Parallaxe d'une planete: comme la Parallaxe ne doit point affecter l'Ascension droite d'un Astre lorsqu'il est dans le Méridien, tandis qu'elle doit l'affecter dans un Vertical, sur tout si ce Vertical est éloigné du Méridien, il observe l'Ascension droite de l'Astre dans l'une & l'autre position, & en tenant compte du mouvement propre de l'Astre entre les deux observations, il trouve par une simple soustraction des deux Ascensions, l'effet de la Parallaxe sur l'Ascension droite de l'Astre situé dans un Vertical, & de là il deduit sa Parallaxe horisontale: Méthode qui lui réussit très-bien, pour déterminer celle de *Mars*. Voilà comment un Observateur ingénieux & éclairé porte par tout ses regards pour rectifier ses jugemens sur les distances. Il fait faire usage de tout ce qui peut aider à juger à peu près du lieu qu'occupe le Phénomene. En voyant, par exemple, que les Cometes participent au mouvement diurne apparent des Astres, il juge aussi-tôt qu'elles sont au-delà de notre Atmosphere. En observant ensuite, qu'elles n'ont aucune Parallaxe diurne sensible, il les place au-dessus de la Lune. Enfin remarquant, qu'elles sont toutes affectées du mouvement de la Terre, comme le font les Planetes, il conclut que lorsqu'elles sont visibles, elles descendent dans les Regions Planétaires.

III. L'Observateur apporte la même attention pour juger avec exactitude de la figure des corps. L'Expérience vulgaire, qui lui feroit assez bien discerner celle des corps, qui sont à sa portée ne suffiroit pas pour le diriger, lorsqu'il s'agiroit d'objets trop vastes pour être embrassés d'une seule vue, comme le Globe de la Terre, ou qui seroient éloignés, & tout ensemble environnés de circonstances propres à produire des apparences singulieres. Ainsi, rien ne seroit plus bisarre, que les apparences qu'offriroit un Anneau mince vu de loin, qui environneroit un Globe sans le toucher, qui en même-temps changeroit de situation par rapport au corps lumineux, qui l'éclaireroit, & à l'Observateur, qui le considéreroit. Ce ne seroit qu'en comparant avec soin toutes ces bisarres apparences suivant sa situation par rapport au Spectateur & au corps lumineux, qu'on viendroit à-bout de découvrir la véritable forme du corps. Nous en avons un exemple remarquable dans l'Anneau de *Saturne*, qui comme un nouveau *Protée* échappoit à toutes les conjectures des Astronomes, qui ne pouvoient rendre raison de ses apparences surprenantes. On eut besoin d'un homme aussi pénétrant que Huygens, pour conclure des apparences de *Saturne* dans ses différentes situations, qu'il étoit environné d'un Anneau. Il faut donc que dans les cas embarrassans, où l'on reste incertain sur la vraie figure des corps, une sérieuse considération de tous les Phénomenes, qui paroissent en dépendre, & de toutes les circonstances où ils arrivent dirige l'Observateur dans cette recherche. C'est par les changemens, qu'il observe dans la distance de son Zenith à une même étoile fixe, suivant qu'il avance vers le Nord ou le Midi sur un même Méridien, & en comparant ces changemens de distances avec le chemin qu'il a parcouru & mesuré exactement, qu'il s'assûre que la Terre n'est pas plane, qu'elle est plûtôt ronde, que cependant sa rondeur n'est pas parfaite, & qu'elle est un peu applatie vers les Poles.

IV. Il faut aussi beaucoup de circonspection, pour démêler le vrai arrangement des corps. S'agit-il de découvrir leur disposition sur une surface, soit qu'ils y soient réellement placés, ou qu'ils y paroissent seulement rapportés par une suite des illusions optiques, comme il arrive aux Astres, qui paroissent attachés à une même surface Sphérique, on sent bien que si on n'y procede pas avec ordre, on mettra beaucoup de confusion dans ses descriptions, sur-tout si
l'objet

l'objet ne peut-être faifi d'un coup d'œil, telle qu'eft la furface de la Terre. Pour établir la pofition de ces corps fur une furface, il eft néceffaire de déterminer leur diftance à deux autres points fixes, ou à deux lignes différemment pofées, & dont la fituation foit fixe fur cette furface; & quoique l'angle que font ces deux lignes puiffe être pris à volonté pourvû qu'il foit invariable, il vaut cependant mieux choifir deux lignes, qui faffent un angle droit, afin de rendre les conftructions & les calculs plus faciles. C'eft la route, que prennent les Aftronomes & les Géographes, pour déterminer fans confufion la pofition des Aftres, ou des divers lieux de la Terre. Ils cherchent également, quoiqu'en employant des noms différens leur diftance à l'Equateur & à un grand cercle perpendiculaire, qui paffe par un point déterminé; & pour né parler ici que des longitudes & latitudes, employées par les Géographes, combien n'ont-ils pas reconnu d'erreurs & d'illufions dans la maniere, dont on repréfentoit les Côtes les plus fréquentées, depuis qu'ils ont fçû prendre exactement la longitude des lieux par des Phénomenes Celeftes, dont l'obfervation eft la plus inftantanée, & la plus à l'abri des illufions optiques, tels que font les Eclipfes des Satellites de *Jupiter*, vues en même temps de différens lieux, qui comptent alors différentes heures. Cependant comme les observations Astronomiques, les plus exactes ne donnent pas même une précision suffisante, lorsqu'il s'agit de déterminer par leur moyen la situation des lieux peu éloignés les uns des autres, les moindres erreurs sur le temps y tirant trop à conséquence, il seroit bien à souhaiter, que pour construire des Cartes exactes des différens Pays de l'*Europe*, on imitât par-tout les grands travaux exécutés en *France*, pour obtenir de bonnes Cartes de ce Royaume. Après y avoir déterminé beaucoup de points par d'excellentes observations Astronomiques, on ne s'est pas contenté d'y établir la position des autres lieux par une simple estime toujours sujette à mille illusions, mais en traçant à travers le Royaume une Méridienne, à laquelle on a rapporté une infinité d'endroits par plusieurs suites de Triangles liés ensemble par le moyen des objets vus successivement les uns des autres. Il est aisé de comprendre, combien il importe de connoître ainsi le dedans d'un Royaume, afin de faciliter le Commerce par des routes nouvelles, par des canaux, & une infinité de moyens que les seules circonstances locales bien connues peuvent déterminer.

Quand les corps dont il faut déterminer l'arrangement ne sont pas placés sur une même surface, ou qu'il ne s'agit pas de les considérer comme y étant rapportés, pour réconnoître les différens intervalles qui les séparent, & la place de l'Observateur parmi eux, il faut afin d'éviter les illusions optiques, lorsque l'Observateur ne peut en approcher, qu'il envisage les corps de différens points de vue, qu'il considere avec soin toutes les apparences, qu'il réunisse tous les Phénomenes, les compare entr'eux & choisisse la disposition, qui s'accorde le mieux avec eux, & qui les représente tous. Ainsi l'Observateur voyant par les phases de *Venus*, que cette Planete éprouve avec le Soleil des conjonctions supérieures & inférieures, & que de plus elle ne peut s'en éloigner au delà d'un certain Arc, tandis que les Phénomenes lui montrent, que *Mars* entre en opposition avec le Soleil & ne peut éprouver que des conjonctions supérieures avec cet Astre, il conclut que la Terre où il reside, est placée entre les Orbites de *Venus* & de *Mars*.

V. Venons à présent à la maniere de distinguer les mouvemens vrais des apparens. On ne nous donneroit aucune lumiere là-dessus, si on se contentoit de dire avec quelques Philosophes, que le mouvement vrai est le transport d'un corps rélativement à un point de l'espace immobile dont il s'éloigne, puisque les parties de l'espace sont si parfaitement semblables entre elles qu'on ne peut les discerner les unes des autres, & qu'elles ne peuvent par là-même donner aucune prise à l'Observation pour y trouver un terme de comparaison propre à estimer le transport d'un corps. Le mouvement d'un objet ne se manifeste à nous que quand il change de place à l'égard d'un corps que nous croions immobile; mais comme nous pouvons juger mal à propos que celui ci est immobile, il peut arriver que nous attribuions à un autre corps, un mouvement, qu'il n'a point. Si, par exemple, deux ou plusieurs corps sont emportés par un mouvement commun, auquel un troisieme ne participe pas, ce dernier paroîtra souvent avoir le mouvement des autres en sens contraire, parce que ceux-ci ne changent pas de situation entr'eux. Ainsi quand les nuages passent rapidement sous la Lune, s'ils conservent entre eux leur même situation, ils paroîtront fixes tandis que la Lune semblera courir trés-vite dans un sens opposé. Il pourroit même se faire que la plûpart des mouvemens que l'Observateur appercevroit dans les objets situés hors du lieu, où il réside ne fussent qu'apparens & uniquement causés par son propre mouvement, qui leur feroit changer de situation à son égard. C'est donc une question, qui intéresse beaucoup l'art d'observer, d'examiner à quelles marques on peut discerner un mouvement réel de celui qui n'est qu'apparent. Voici quelques remarques, qui peuvent servir à cet usage dans plusieurs cas.

1. Lorsque l'Observateur est assûré de son propre mouvement, qu'il en connoit la quantité & la direction, il n'hésite point à regarder comme apparens les mouvemens des autres corps, qui ne participent pas au sien, quand il voit clairement, qu'ils en sont une suite nécessaire soit pour la quantité ou la direction du mouvement. Car l'expérience lui apprend tous les jours que si l'œil est mu sans qu'il s'en apperçoive, il transporte ce mouvement aux corps extérieurs, & juge qu'ils se meuvent en sens contraire, quoiqu'ils soient en repos. Ainsi tout homme, qui reconnoit la rotation de la Terre autour de son Axe ne doute point, que le mouvement diurne des Astres ne soit qu'apparent.

2. On est assûré, qu'un mouvement est vrai toutes les fois, qu'il se décele par quelque effet réel. On sait, par exemple, qu'un mouvement réel circulaire est toujours accompagné d'une force centrifuge, qui vient de la tendance des

corps à se mouvoir en ligne droite. Si donc on voit des effets bien marqués de cette force centrifuge, c'est une preuve de la réalité d'un mouvement circulaire. Ainsi l'élévation de la Terre sous l'Equateur, & la retardation du pendule, qui augmente à mesure, qu'on s'en approche étant un effet sensible de la force centrifuge, causée par la rotation de la Terre sur son Axe, sont une confirmation très-forte de la révolution diurne de notre Globe. Pour chercher avec succés quelque effet propre à constater un mouvement commun, dont on ne s'apperçoit pas, il faut être muni de bons principes de Mécanique, car autrement on risqueroit de s'arrêter à des effets, qui ne doivent point en résulter; ce qui seroit propre à jeter dans l'erreur. Ainsi comme l'action mutuelle des corps dépend uniquement de la vitesse respective, avec laquelle ils' approchent les uns des autres, il est visible, qu'elle n'est point affectée par un mouvement commun à tous, ensorte qu'on ne pourroit tirer de ce qui leur arrive dans leur choc aucune preuve ni pour ni contre ce mouvement commun, comme quelques Observateurs ignorans avoient tenté de le faire à l'égard du mouvement de la Terre. l'Observateur a d'autant plus besoin ici d'invention & de connoissances approfondies, qu'il y a des mouvemens communs, qui semblent d'abord ne pouvoir se rendre sensibles par aucun effet, & qui cependant peuvent être rendus tels par certaines expériences adroites, qui donnent prise à l'observation & au calcul. Par exemple, il importe beaucoup aux Navigateurs de découvrir si leur Vaisseau est entrainé par quelque Courant; mais comment reconnoître si le Courant existe, & dans ce cas comment en déterminer la vitesse? Le Loch, ordinaire instrument destiné à mésurer le Sillage d'un vaisseau, étant un morceau de bois attaché à une ficelle & qu'on laisse tomber à la Mer, obéit lui-même au Courant, & par là-même la portion de la ficelle étendue depuis le morceau de bois jusqu'au Navire, au lieu de la vitesse absolue du vaisseau ne fait connoître que sa vitesse respective à l'égard du Courant. Néanmoins M. Bouguer a sçu, par quelque changement, en tirer parti pour constater l'existence du Courant, & en mesurer la vitesse. S'étant convaincu par plusieurs raisons que les Courans variables, qui sont les plus dangereux, ceux qui sont constans étant assez connus, ne s'étendent qu'à une profondeur médiocre, il imagina une nouvelle construction de Loch telle, qu'en faisant descendre une de ses parties jusqu'à la partie inférieure & immobile de la Mer, le Loch ne prit que telle portion qu'il voudroit de la vitesse du Courant, tandis que le Loch ordinaire recevroit toute la vitesse du Courant, ensorte que si on prend en même-temps la vitesse du vaisseau avec l'un & l'autre Loch, la différence, qu'on trouvera entre les vitesses qu'ils donneront avertira de l'existence de Courant, & fournira en même-temps le moyen d'en calculer la vitesse.

3. On a lieu de croire, qu'un mouvement n'est qu'apparent, si on trouve dans la nature des forces actuellement en action & suffisantes pour produire un mouvement réel capable de causer l'apparence qu'on observe. Ainsi, pour en donner un exemple, les Etoiles ont un mouvement en longitude d'Occident en Orient de 50″ par an ; & ce mouvement peut-être ou réel ou une simple apparence occasionnée par la retrogradation des points équinoctiaux. Or trouvant par le calcul que l'attraction de la Lune & du Soleil sur l'espece d'anneau formé par l'élévation des parties de la Terre sur l'Equateur doit faire rebrousser les points équinoxiaux d'une quantité précisément égale à celle que suppose l'observation, je juge que la retrogradation des points équinoxiaux est réelle, & que le mouvement de 50″ par an apperçu dans les Etoiles n'est qu'apparent.

4. Lorsque dans des mouvemens, que

j'aurois de bonnes raisons de croire réguliers, je vois d'un côté des apparences singulieres, bisarres, & qui étant regardées comme réelles supposeroient une complication de Machines, ou une disposition contraire à l'ordre, à la simplicité, & aux loix, qui s'observent dans l'Univers, & que d'un autre côté j'apperçois que toutes ces bisarreries & ces embarras s'évanouissent en admettant un mouvement réel beaucoup plus simple, moins rapide, qui ne contredit aucune vérité Physique, qui rendant raison d'une infinité de Phénomenes redonne à la Nature sa beauté primitive, & contre lequel on ne peut faire aucune objection raisonnable, c'est là un motif très-fort pour croire que ce mouvement réel existe dans la Nature. Nous avons de ceci un exemple remarquable dans le Systême Solaire. Tout y est en désordre, confus, & compliqué en niant le mouvement de la Terre, mais tout y devient clair, & rentre dans l'ordre en l'admettant.

5. QUAND on trouve dans des corps, qu'on a lieu de croire immobiles, quelque petit mouvement dont on ne peut expliquer toutes les circonstances par un mouvement réel à nous connu, ce n'est pas d'abord une raison suffisante pour croire qu'il n'est point apparent. Car s'il présente des apparences, qui ne peuvent être

produites par les mouvemens réels, que nous connoiffons, cela peut venir, ou de ce qu'il dépend de quelque mouvement réel qui nous eſt encore inconnu, ou de ce que pluſieurs mouvemens réels connus, ſe combinant enſemble, produiſent des effets qui ne s'accordent, ni avec l'un ni avec l'autre confidéré ſeul, mais avec leur combinaiſon. L'aberration des fixes eſt un exemple de ce que nous diſons. Les variations annuelles, qu'on y trouvoit, ne pouvoient venir de Parallaxe de l'Orbe annuel ; car elles ſuivoient des loix très-différentes de celle qu'exige cette Parallaxe. On les voyoit aux extrémités du petit axe de leur Ellipſe apparente dans le temps, où ſi ce mouvement avoit été une ſuite de la Parallaxe, elles auroient du être aux extrémités du grand Axe. Mais un Obſervateur ſubtil conſidérant que la lumiere n'arrive pas à nous en un inſtant, & que quelque rapide que ſoit ſa viteſſe, le mouvement de la Terre ne laiſſe pas d'avoir un rapport ſenſible avec elle, il comprit que de-là il pouvoir réſulter des variations dans les Etoiles ; car ſi ſur la ligne menée de l'Etoile à l'œil on prend une partie, qui repréſente la viteſſe de la lumiere, cette viteſſe peut-être décompoſée en deux autres, dont l'une étant faite égale & parallelle à la viteſſe de l'Obſervateur ne peut en aucune maniere agir sur lui, puisque deux corps, qui se meuvent également vite, & du même sens ne peuvent s'affecter l'un l'autre, ensorte que l'Observateur ne pourra voir l'Etoile que par l'autre côté du Parallélogramme, qui a servi à décomposer la vitesse de la lumiere. Par conséquent il verra l'Etoile dans un lieu différent de son vrai lieu; & en effet toutes les circonstances des variations des Etoiles, connues sous le nom d'aberrations, s'expliquent admirablement bien par cette Théorie. Cet exemple doit en même-temps nous apprendre, que quoiqu'on ne trouve d'abord dans les corps éloignés & immobiles, aucune apparence de mouvement, qui soit occasionné, ou qui s'accorde avec celui de l'Observateur, on ne doit pas aussitôt douter du mouvement de l'Observateur, quand on a de bonnes raisons pour l'admettre: car outre que le grand éloignement d'un corps peut rendre nul par rapport à lui l'espace que parcourt l'Observateur, il arrivera peut-être qu'à force d'observer, on rencontrera un jour quelque effet dont les causes étant reconnues, constateront le mouvement de l'Observateur, comme il est arrivé à l'égard de l'aberration qui a confirmé le mouvement de la Terre.

ENFIN ce même exemple nous apprend, avec quelle circonspection il faut marcher, quand on veut assigner un mouvement réel, comme étant la cause d'un mouvement soupçonné d'être apparent. Il faut que ce mouvement réel soit tel, qu'il puisse servir à le prédire d'avance exactement avec toutes ses circonstances, de manière qu'il n'y ait rien de vague dans cette détermination. C'est pour avoir négligé ces précautions, que de célebres Astronomes avoient regardé les variations, dont nous avons parlé, comme des suites de la Parallaxe de l'orbe annuel, quoiqu'on ait vu depuis qu'elle n'en pouvoient être le résultat. Cette marche circonspecte est d'autant plus nécessaire, qu'il peut y avoir des complications surprenantes de causes, qui produisent dans les mouvemens apparens des corps, des effets très-propres à jeter dans l'erreur sur l'origine de ces mouvemens. Qui sait, par exemple, si en multipliant les observations, on ne trouvera point dans la suite quelque étoile fixe, qui étant non-seulement sujette à l'aberration comme toutes les autres, mais encore à la Parallaxe, s'écartera sensiblement & constamment des regles connues de l'aberration, parce que l'aberration & la Parallaxe, agissant ensemble, devront se modifier mutuellement, que l'une augmentera ou diminuera ou détruira l'effet de l'autre selon les circonstances? Qu'il seroit alors facile, sans un examen attentif, de porter un faux jugement sur l'aberration & la Parallaxe de ces étoiles. Le seul moyen de s'en préserver, & de reconnoître dans les mouvemens apparens de ces étoiles l'effet de la Parallaxe & de l'aberration, seroit d'examiner si les écarts des regles connues de l'aberration, sont ceux que la complication de la Parallaxe devroit produire, & qui ont été déterminés par M. CLAIRAULT dans les Mémoires de l'Académie des Sciences pour 1739.

6. LES illusions sur le mouvement sont sans nombre, & demandent de continuelles attentions pour s'en garantir. Des corps très-voisins qui se meuvent fort lentement comme l'aiguille d'une montre, ou des objets très éloignés, qui se meuvent fort vite comme une Planete, peuvent nous paroître dans un repos parfait, si l'espace qu'ils parcourent dans une seconde est insensible à la distance où l'œil est placé. Pour donc s'assûrer si un corps est réellement en repos, il ne suffit pas de le considérer quelques momens, mais il faut le regarder à des intervalles éloignés. C'est pour avoir négligé cette attention, qu'il y a des Animaux, qu'on a crû immobiles, quoiqu'ils ne le fussent pas. Cette fausse apparence ne venoit que de l'extrême lenteur de leurs mouvemens. Ainsi ARISTOTE a crû, que certains orties de Mer restoient toute leur vie fixées en un même endroit comme

des Plantes. Cependant on a trouvé qu'elles avoient un mouvement progressif, mais aussi lent que celui des aiguilles d'Horloge. Car à peine parcourent-elles un pouce ou deux dans une heure, de sorte qu'on ne peut appercevoir ce mouvement que comme on apperçoit celui de ces aiguilles en remarquant l'endroit où la partie de l'ortie la plus allongée est à une certaine heure, & celui où cette même partie se retrouve à l'heure suivante.

Les mouvemens très-prompts, ne sont pas moins propres à nous en imposer que ceux qui sont extrememement lents. On sçait qu'un flambeau qu'on tourne rapidement présente l'aspect d'un anneau lumineux, qu'une corde en vibration offre la forme d'un fuseau, sans qu'on voie dans l'un & l'autre cas aucun instant de discontinuité, ensorte que les mouvemens de ces corps disparoissent à nos yeux. Toutes ces fausses apparences viennent de ce que, le corps lumineux où la corde emploient moins de temps à revenir au point dont ils étoient partis, qu'il n'en faut pour que la sensation excitée dans l'organe puisse s'éteindre. Tant qu'on ne connoîtra pas exactement la durée de cette sensation de la vue après que la cause qui s'a produite a cessé d'agir, on pourra tomber dans l'erreur, pour avoir négligé cet élement lorsqu'il s'agira de mouvement très-vifs & très-prompts. Nous pourrons croire un corps exiſtant dans un lieu lorſqu'il l'aura déjà quité, & penſer qu'un phénomene dure encore lorſqu'il ne ſubſiſtera plus. Cette nouvelle cauſe d'illuſion fait voir, qu'un corps opaque pourroit paſſer devant nos yeux ſans que nous l'apperçuſſions, ſi ſa viteſſe étoit aſſez grande pour qu'il parcourût la grandeur de ſon diametre en moins de temps que ne dure la ſenſation du fond qui eſt au-delà. Elle montre auſſi, qu'il ſeroit poſſible, que bien des effets paruſſent continus, quoiqu'ils ne le fuſſent pas; erreur, qui pour le dire en paſſant, pourroit auſſi être cauſée par nos autres ſens, qui ſont tous conſtitués de maniere, que les ſenſations excitées par leur moyen ſurvivent aux cauſes qui les ont fait naître.

Pour trouver par expérience combien de temps la ſenſation de la vue ſubſiſte après la ceſſation de la cauſe qui l'a produite, M. D'Arcy a imaginé une machine ingénieuſe qu'il ſeroit trop long de décrire ici. A l'aide de cette machine il ſe propoſoit d'examiner quelle différence pouvoient occaſionner dans la durée de la ſenſation de la vue, ſoit les différentes intenſités ou couleurs de la lumiere, ſoit les variétés dans la diſtance de l'obſervateur à l'objet, afin qu'on pût en conséquence rectifier les observations faites en ces différentes circonstances, ou savoir sûrement si ces différences étoient assez petites, pour qu'elles pussent être négligées sans erreur sensible. Les expériences qu'il a commencées là-dessus, & dont il a rendu compte dans les Mémoires de l'Académie des Sciences, méritent tout-à-fait d'être suivies par les Physiciens qu'il invite lui-même à ce travail si essentiel pour perfectionner l'art d'observer.

7. LORSQU'UN corps éloigné se meut autour d'un Observateur, que je suppose en repos, & être le centre du mouvement de ce corps pour plus de facilité, s'il veut déterminer la marche de ce mouvement, découvrir s'il est uniforme ou inégal, & discerner ce qu'il y auroit d'illusoire & de réel dans ces apparences, il doit d'abord l'observer pendant sa révolution à des intervalles de temps égaux. Alors s'il trouve avec ses instrumens que dans ces temps égaux il parcourt des espaces inégaux, il jugera que sa vitesse est inégale; mais comme le mouvement uniforme d'un corps peut lui paroître devenir plus grand si le corps s'approche de lui ou moindre s'il s'en éloigne, on comprend que cette inégalité peut-être ou optique ou réelle, ou bien qu'il peut y avoir de l'optique & du réel
mêlés

mêlés ensemble. Que fera donc l'Observateur pour démêler ces différens cas? Apprenant de l'expérience que les vitesses d'un corps mû uniformément semblent croître dans le temps qu'il s'approche en raison de ses diametres apparens, il jugera que si les vitesses du corps qu'il observe, croissent en plus forte raison que les diametres apparens, le corps reçoit dans son mouvement une accélération réelle, qui se joint à l'accélération apparente causée par la proximité. C'est par un semblable procédé, qu'on a reconnu que l'inégalité de la vitesse du Soleil étoit en partie réelle & en partie apparente, & qu'on a vu quelle en étoit la marche.

8. QUAND le corps en mouvement décrit une courbe, pour en reconnoître la véritable forme, après avoir démêlé les mouvemens réels de ce corps & les loix suivant lesquelles ils se font, on peut par divers tâtonnemens, & en corrigeant sur l'observation les défauts qu'ont les différentes suppositions qu'on fait, chercher quelle est la courbe qui représente le mieux les mouvemens de ce corps, & la proportion de ses différentes distances au point central. C'est en s'y prenant de cette maniere, que KEPLER découvrit la vraie forme des Orbites Planétaires. Pour procéder avec ordre dans ces sortes de

recherches, il faut commencer par ce qu'il y a de plus simple, il faut que l'Observateur étudie bien son propre mouvement, que par des corrections faites sur des observations long-temps continuées, il en acquiere une Théorie exacte avant que de penser à calculer avec précision les mouvemens, & les dimensions des Orbes des autres corps. Car comme du mouvement de l'Observateur il résulte des altérations singulieres dans les mouvemens de ces corps, pour découvrir toute ce qui appartient à leur orbite, il est nécessaire, qu'il les délivre de ces inégalités, qui leur sont étrangeres. Il faut qu'il reduise les mouvemens, qu'il observe dans ces corps à ceux qui seroient vûs dans le même-temps du point central, & qu'il puisse déterminer leur distance à ce point central pour les mêmes temps; ce qu'il ne peut exécuter avec précision qu'en connoissant exactement son propre mouvement, & les dimensions de sa propre orbite. Cependant pour éviter autant qu'il est possible dans cette recherche des reductions où l'on emploieroit peut-être des élemens dont on ne seroit pas absolument sûr, l'Observateur doit examiner, s'il n'y auroit point des circonstances heureuses, dont il pourroit profiter, où les altérations causées par son propre mouvement s'évanouiroient. C'est ainsi que les Astronomes pour déterminer avec plus de précision les Elémens des Orbites Planétaires, qu'ils savent déjà depuis KEPLER être en général de figure Elliptique, c'est-à-dire, pour trouver toujours plus exactement la grandeur & la position des axes, la distance entre les foyers, & la plus grand équation, profitent du temps des oppositions. Dans ces circonstances les Planetes Supérieures étant vues dans la même ligne, & dans le même point du Ciel, où elles seroient vues du Soleil, tout ce qu'on observe, est pour ainsi dire réel & conforme à ce qu'on verroit depuis le Soleil-même. Ces sortes d'observations ne font, à la vérité, connoître, que la position des lignes menées de la Planete au Soleil sans en déterminer la longueur ou la raison; ce qui semble d'abord être insuffisant pour découvrir par leur moyen les dimensions de l'Orbite Elliptique. Car pour déterminer la grandeur & la position d'une Section conique, il faut avoir la position d'un des foyers & celle de trois points sur la circonférence, ou ce qui est la même chose, la longueur des lignes menées de ces trois points au foyer. Mais ici l'Astronome, quoiqu'il ignore cette longueur des lignes, peut suppléer à ce défaut de connoissance par une condition, qui ne se trouve pas dans le probleme purement Géométrique, c'est que les Secteurs Elliptiques compris entre ces lignes, sont proportionnels aux temps écoulés entre les observations. En faisant usage de cette propriété, il peut par divers tâtonnemens, & des especes de fausses positions trouver enfin l'excentricité, & la position du grand Axe, qui représentent le mieux les intervalles écoulés entre les observations. C'est par cette méthode, que M. DE LA LANDE a déterminé les principaux élémens de l'Orbite de *Mars*. Puis donc qu'on retire tant d'avantage de l'observation des oppositions des Planetes supérieures, c'est travailler à la perfection de l'Astronomie que de donner un grand nombre de leurs oppositions, pourvû qu'elles soient déterminées d'après des observations exactes, car elles ne ne se connoissent pas immédiatement. Cette Science est aussi intéressée à profiter des passages des Planetes inférieures sur le Disque du Soleil pour conclure leur vrai lieu tel qu'il seroit vu par un Spectateur placé au Soleil, & rectifier par là les élémens de leur Théorie, mais malheureusement ces passages ne sont pas fréquens. D'ailleurs comme ils se font toujours très-près du nœud ascendant ou descendant, ils ne donnent jamais que ces deux points opposés de l'orbite, & par-là-même ils ne suffisent pas seuls pour la déterminer, parce qu'il faut au moins trois points pour déterminer une ellipse. Voyez dans les Mémoires de l'Académie Royale des Sciences pour 1766 & 1767 comment M. DE LA LANDE y a habilement suppléé, pour perfectionner la théorie de Mercure, dont on n'a pas des conjonctions dans trois points assez éloignés les uns des autres.

9. LORSQU'UN corps sphérique est vu dans un très-grand éloignement, sa convexité disparoit; nous le voyons comme un disque plat, dont le point du milieu, qui n'est réellement qu'un point de sa surface sphérique, est ce que nous appellons son centre. Si donc un corps se meut sur la surface de ce corps sphérique, la ligne qu'il décrira sera projetée par l'œil sur ce disque, & de cette projection il peut résulter des apparences, qui représenteront d'une maniere très-bizare les lignes décrites par ses mouvemens. C'est ce qui arrive par exemple aux taches qu'on a découvertes sur la surface du Soleil. Leurs mouvemens, qui ont fait connoître que cet astre tourne autour d'un axe en vingt-cinq jours quinze heures seize minutes par rapport à une étoile fixe, s'exécutent réellement ou sur l'Equateur ou sur des cercles qui lui sont Parallelles; mais

à un spectateur placé sur la Terre ils paroissent se faire, tantôt dans des lignes droites, tantôt dans des ellipses plus ou moins ouvertes, selon que le plan de l'Equateur solaire passe en divers temps de l'année par notre œil, ou est plus ou moins incliné à notre rayon visuel. La situation de cet équateur solaire, c'est-à-dire, ses nœuds & son inclinaison à l'Ecliptique étant donnés, on peut déterminer les temps de l'année où toutes ces bizareries apparentes ont lieu, ensorte que réciproquement pour déterminer la situation de cet équateur, il faut choisir celle qui donne un résultat exactement semblable aux apparences observées en divers temps de l'année.

10. Dans la détermination de la figure, de la position des corps, il faut bien faire attention à la nature du milieu à travers lequel on les observe. Car les refractions y apportent souvent de grands changemens, dont il faut tenir compte autant que le permettent les observations, & les expériences, qu'on peut faire sur la force refractive de ce milieu, par exemple la refraction de l'Atmosphere, qui quoique sensible jusqu'au Zénith, est cependant plus forte à l'Horizon, & décroît très-rapidement un peu au-dessus de ce plan en montant vers le Zénith, donne une apparence de figure elliptique au

Soleil & à la Lune près de l'Horizon, le bord inférieur étant plus élevé par la refraction que le supérieur. Aussi, pour connoître les vrais diametres apparens du Soleil & des autres Astres, faut-il mesurer les diametres dans le sens horizontal. La refraction faisant paroître les Astres plus élevés, qu'ils ne sont réellement tant qu'ils ne sont pas au Zénith, les Astronomes y ont égard en prenant leur hauteur, & comme elle varie suivant la constitution de l'Atmosphere, ils forment des Tables de la Refraction Astronomique, tant pour la refraction moyenne, que pour les changemens qu'elle éprouve suivant les hauteurs du Thermometre & du Barometre. Mais ils ont encore bien des doutes à lever sur cette matiere. Quel est l'effet de l'humidité par rapport aux refractions? N'influe-t-elle sur elles, qu'en tant qu'elle altere le poids & la densité de l'Atmosphere, ou est-ce qu'elle modifie encore les refractions en tant qu'elle change la force élastique & réfringente de l'air? Dans le premier cas les variations de refraction seroient proportionelles à celles du Barometre, & les tables qu'on a dressées à cet égard, jointes à celles qu'on a construites pour les changemens relatifs aux différentes hauteurs du Thermometre, suffiroient pour corriger dans les tables la refraction moyenne, afin d'obtenir celle qui a lieu dans le temps qu'on observe, pourvu que toutes ces tables fussent faites avec soin & avec de bons instrumens de Météorologie. Mais dans le second cas, après toutes ces corrections la refraction trouvée par les tables pourroit encore différer des refractions actuelles, c'est-à-dire des refractions trouvées par expérience, & la loi de ces écarts ne sauroit être découverte, qu'en les comparant avec ce qu'indiqueroit un Hygroscope exposé à l'air libre, & dont la construction devroit être telle qu'il pût mesurer les variations de l'humidité d'une maniere déterminée & depuis un point fixe. Cet instrument, dont manquoient les Physiciens, vient de leur être fourni par M. DE LUC, qui l'a en partie inventé, pour mettre les Astronomes en état d'éclaircir les difficultés qui viennent d'être exposées.

MAIS lors-même qu'elles seront levées, ils auront toujours beaucoup à craindre de la part des refractions. Car sans parler de ses variations selon les lieux & les climats, il se fait quelquefois à des hauteurs assez considérables des refractions extraordinaires, qui peuvent beaucoup altérer les observations. M. DE MAIRAN a vu deux fois le Soleil elliptique à la hauteur de dix & de dix-sept degrés, Phénomene qui suppose à cette hauteur une matiere refractive auſſi forte ou auſſi abondante qu'elle l'eſt d'ordinaire tout proche de l'Horizon: ce qui doit engager les Obſervateurs à ſe défier & à ſe tenir en garde contre les effets & l'illuſion des refractions dans les cas où ils n'ont pas coûtume de les ſoupçonner.

11. IL y a encore bien d'autres mouvemens optiques, dont il faut tenir compte dans l'eſtimation des poſitions, & des mouvemens des corps. Telle eſt la Parallaxe, s'il s'agit d'Aſtres où elle ſoit ſenſible; car elle les abaiſſe & les fait paroître moins élevés qu'ils ne ſont réellement. A cette attention ajoutons la précaution ſuivante que l'Obſervateur ne doit jamais perdre de vue. Quand pour meſurer le mouvement d'un corps ou ſon changement de ſituation dans l'Univers il détermine ſa diſtance à des objets ou à des plans, qui lui paroiſſent fixes, il faut pour obtenir de l'exactitude qu'il travaille à s'aſſûrer par tous les moyens poſſibles de tous les plus petits mouvemens que ces objets ou ces plans auxquels il les rapporte, pourroient peut-être avoir ſans qu'il s'en doutât. C'eſt ce qui rend la pratique de l'Aſtronomie très-difficile. Car depuis qu'on a ſçu porter à une plus grande perfection l'art d'obſerver, on a cru appercevoir des variations dans la poſition de l'Ecliptique, à laquelle on

rapporte les corps célestes. De plus, on a trouvé dans les Etoiles plusieurs petits mouvemens tels que la nutation, l'aberration, &c. dont on n'avoit aucune idée il n'y a pas encore long temps, & selon les apparences il s'en faut bien qu'on connoisse a présent toutes les petites inégalités soit optiques soit physiques, qui affectent les Etoiles. Elles ne se découvriront peut-être qu'après une longue suite d'observations, & tant qu'on les ignore elles ne sont que plus dangereuses. Aussi, dans les recherches délicates, l'Observateur doit prendre toute sorte de précautions pour éluder s'il est possible les effets de ces mouvemens qu'il pourroit encore ignorer. S'agit il, par exemple, de déterminer le nombre de dégrés qu'a un Arc du Méridien, il vaut mieux faire observer en même-temps aux deux extrémités de l'arc, l'Etoile dont on se sert pour en déterminer l'amplitude, que de le faire en se transportant successivement & à de longs tervalles de temps aux deux extrémités, parce que l'Etoile pourroit avoir eu pendant le temps écoulé dans ce transport un mouvement inconnu, qui jeteroit nécessairement dans l'erreur. Il seroit de même à propos, pour déterminer le déplacement que pourroient éprouver des plans, qu'on soupçonneroit être sujets à varier d'inclinaison entre eux, de les rapporter au plan qu'on auroit lieu de croire le moins susceptible de déplacement. C'est ce qui fait voir que les Astronomes ont peut-être eu tort d'assujettir les Orbites Planétaires à l'Ecliptique, puisque sa position est elle-même soupçonnée de varier, & qu'on trouve dans notre système des causes Physiques, comme l'attraction de *Venus*, suffisantes pour produire cette variation. Aussi, KEPLER ce vaste Génie, qui a eu les plus grandes vûes, croyoit qu'on auroit mieux fait de choisir pour cet usage l'Equateur solaire, qu'il appelle l'Ecliptique Royale, & c'est en effet le plan qui paroît devoir être le plus immobile de l'Univers, l'action de tout le système Planétaire ne pouvant occasionner dans les Poles du Soleil que quelques légers changemens de position extrêmement lents & d'une très-petite quantité. M. CASSINI fit voir en 1734, qu'en rapportant les Orbites des Planetes à l'Equateur Solaire, plûtôt qu'au plan de l'Ecliptique, elles s'en éloignent beaucoup moins, que le mouvement des Nœuds est bien plus simple, & qu'on trouve une plus grande facilité à déterminer leur mouvement dans le Ciel étoilé.

Conclusion des trois premiers Chapitres.

DE ce que nous avons établi dans les trois Chapitres précédens fur la maniere d'obferver les objets & la marche de la Nature, nous pouvons tirer les Regles fuivantes fur le meilleur choix des méthodes d'obferver dans les cas particuliers qui fe préfentent.

1. ELLES doivent être accommodées à la nature de l'objet qu'on obferve, les plus propres à le faire connoître tel qu'il eft, à écarter toutes les circonftances étrangeres, qui pourroient en déguifer les changemens ou les propriétés & les dérober à nos fens. Il faut foigneufement éloigner toutes les préparations, qui tendroient à l'altérer & à faire illufion, en forte que l'obfervation & l'expérience ne s'exercent que fur ce qui en doit être le fujet. Nous avons vu des exemples de tout cela.

2. POUR parvenir à ce but, quand il fe préfente une méthode à l'Efprit, il faut la foumettre à l'examen le plus rigoureux, & en pefer mûrement tous les inconvéniens. Il faut voir, par exemple, fi elle exige trop d'obfervations d'une grande précifion, fi elle fuppofe des élémens incertains ou difficiles à déterminer, fi elle eft trop compliquée. Il y a des méthodes, qui peu-

vent paroître parfaites & même démontrées dans la Théorie, mais qui ne valent rien dans la Pratique, ou parce qu'elles supposent qu'on pourra évaluer des quantités & des différences trop petites pour être saisies par des sens & des instrumens aussi imparfaits que les notres, ou parce qu'elles sont telles que la plus légere erreur dans l'observation pourroit produire des différences énormes dans le résultat. C'est ainsi que M. LE GENTIL a montré avec combien peu de succés on tenteroit de déterminer le lieu de l'Apogée du Soleil par l'observation des diametres apparens, puisqu'il fait voir qu'une seule seconde d'erreur peut faire varier la position de ce point de près de deux dégrés.

3. POUR des observations de grande conséquence, il ne faut jamais s'en tenir à l'examen d'une seule méthode, mais il est à propos d'en soumettre plusieurs à la plus rigide discution, pour choisir enfin celle qui est sujette aux moindres inconvéniens. Souvent celle qui se présente la premiere, est la moins bonne pour obtenir de la précision, & l'on est quelquefois obligé d'avoir recours à des méthodes fondées sur des Théories profondes. S'il s'agissoit, par exemple, de déterminer la grandeur de l'espace parcouru par un corps pesant en vertu de sa Pesan-

teur dans un temps donné, un homme ordinaire croiroit, que le seul moyen d'y réuſſir ſeroit de le laiſſer tomber d'une grande hauteur connue, & de compter le temps écoulé pendant cette chute: mais pour peu qu'on réfléchiſſe, on voit ſans peine, qu'on n'obtiendroit par là aucune préciſion. Auſſi, pour en venir à bout, a-t-il fallu recourir à une Propoſition aſſez ſubtile, trouvée par HUYGENS ſur le mouvement des Pendules.

4. A-T-ON une fois fait le choix d'une Méthode pour obſerver, il faut dans l'exécution ne dédaigner aucune des attentions & des précautions propres à obtenir toute la préciſion, dont la méthode eſt ſuſceptible. Ainſi dans la *Meſure Géodéſique* d'un Arc du Méridien, faite par le moyen d'une longue ſuite de Triangles, non-ſeulement on porte l'attention juſqu'au ſcrupule dans la meſure de la bâſe, qui doit ſervir de fondement à tout l'édifice, mais encore on évite les Triangles trop aigus où une petite erreur ſur un Angle peut en cauſer une fort grande ſur les côtés; la meſure de chaque angle eſt décidée ſur le lieu-même avec la plus grande exactitude; les trois angles de chaque Triangle ſont toujours déterminés immédiatement, quoique le troiſieme pût être conclu de l'obſervation des deux autres, &c.

5. Lorsqu'il s'agit d'une observation importante, délicate, & dans laquelle il pourroit aisément se glisser de l'erreur, il faut vérifier le résultat. Cela consiste, ou à répéter soi-même plusieurs fois avec soin & de bons instrumens les mêmes expériences & observations, ou à faire observer le même objet par plusieurs autres observateurs exacts, ou à chercher la même chose par plusieurs méthodes différentes qu'on sait être également bonnes, pour prendre entre les différens résultats qu'on obtient par quelqu'un de ces divers procédés un milieu qui forme le résultat le plus probable, comme M. Simpson l'a montré par le calcul des probabilités, ou enfin à voir si certains résultats, qui suivent nécessairement de ce qu'on a trouvé par la méthode employée, & qui peuvent aisément être comparés avec l'observation s'accordent en effet avec elle. On peut choisir suivant le cas celle de ces vérifications, qui est tout à la fois la plus exacte & la plus expéditive s'il se peut. Ainsi après la mesure d'une longueur considérable du Méridien par une suite de Triangles, liés les uns aux autres, il seroit assez embarrassant de recommencer l'opération pour la vérifier; il ne seroit pas non plus praticable d'employer une autre méthode, celle-là étant sans contredit la meilleure de

toutes. Que fait donc l'Obfervateur pour s'éviter toute cette peine? Il conclut de fes Opérations Trigonométriques la grandeur d'un des côtés d'un Triangle fort éloigné de fa bafe fondamentale, & il mefure enfuite ce côté pour voir s'il eft en effet de la longueur, qui a été conclue de l'Opération même ; l'accord lui prouve la bonté de fes Opérations fans avoir eu befoin de tout mefurer de nouveau. Au refte il ne faut regretter ni fon temps ni fes peines, pour vérifier fes obfervations, & les porter à la plus grande précifion. Depuis qu'on eft devenu plus délicat à cet égard, on s'eft élevé à des théories trés-fubtiles. Une des plus belles découvertes de l'Aftronomie moderne, favoir, la mutation de l'axe de la terre, ne roule que fur un réfultat d'obfervations, dont la totalité n'eft que dix-huit fecondes en neuf ans.

6. QUAND on a lieu de croire que la méthode qu'on emploie, n'eft pas tout à fait exacte; pour connoître le degré de confiance qu'elle mérite, il faut tâcher d'apprécier la plus grande erreur poffible, qu'on a craindre, foit dans les cas les plus malheureux, foit dans les cas ordinaires, où l'on a eu la commodité, & le temps de prendre plus de précautions. C'eft ce qu'a fait M. LA CAILLE à l'égard de la Méthode

qu'il

qu'il donna pour déterminer les longitudes sur Mer au moyen de la Lune. Il trouva que dans les cas les moins heureux l'incertitude de chaque détermination de longitude peut-être de trois dégrés, mais que si le Navigateur peut réitérer deux ou trois fois les observations nécessaires, il peut compter d'avoir sa longitude avec une précision d'un degré & demi. Il importe d'autant plus d'évaluer de cette maniere la plus grande erreur possible d'une Méthode, que l'Observateur en étant une fois averti, peut se précautionner contre elle, & prendre garde qu'elle ne s'accumule, & ne devienne enfin trop grande. C'est là une attention, qui est du plus grand usage en Astronomie, où les plus petites erreurs peuvent aisément s'entasser & se multiplier au point de produire enfin des quantités considérables. Aussi les Astronomes, dont la marche toujours sage & circonspecte devroit servir de modele à tous les observateurs, ont sçu se procurer une excellente pierre de touche pour reconnoître facilement en bien des occasions jusqu'à quel point les nouvelles méthodes qu'on propose sont capables d'altérer les quantités qu'ils veulent chercher. En discutant les variations des triangles sphériques, ils ont trouvé le moyen d'évaluer quelle différence peuvent produire dans la quantité cherchée les petites erreurs, qui par une suite des manieres d'obferver qu'on emploie, peuvent s'être gliffées dans les données.

7. Un Obfervateur, qui communique fes obfervations, doit avoir foin d'inftruire fes lecteurs des inftrumens dont il s'eft fervi, d'en donner des defcriptions détaillées, d'indiquer les précautions dont il a ufé, & les Méthodes, qu'il a fuivies pour obferver, afin que la Poftérité puiffe apprécier la certitude de fes obfervations, & avoir des points de comparaifon non fufpects; s'il n'a en vue que l'avancement des Sciences, & l'intérêt de la vérité, il ne doit point craindre d'indiquer les voies qu'il a tenues; cela eft d'autant plus néceffaire, que quand plufieurs Obfervateurs détermineroient une même chofe, & différeroient dans leurs réfultats, on ne fauroit pour lequel d'entr'eux fe déterminer, fi on n'avoit pas les détails fuffifans pour comparer leurs manieres de procéder & les eftimer felon leur jufte valeur. Ce font là des cas, qui arrivent fréquemment. Nous voyons, par exemple, que le célebre Musschenbroek differe beaucoup de Newton, de Whiston & d'autres Phyficiens fur la loi fuivant laquelle l'attraction de l'aimant eft exercée; il établit que cette force décroit en raifon des quatriemes Puiffances des

distances, tandis que les autres prétendent qu'elle décroit comme les cubes de ces distances. On seroit embarrassé à se décider entre des autorités d'un si grand poids, si on ne connoissoit pas les Méthodes différentes qu'ils ont suivies. Tandis que Newton, Whiston & Hauksbé, pour découvrir cette loi, observoient les déviations d'une aiguille aimantée, de laquelle on approchoit un aimant à différentes distances, Musschenbroek mesuroit la force de l'Aimant par des poids, mis dans le bassin d'une balance, à l'autre bras de laquelle l'Aimant est suspendu, & attiré par un autre Aimant, qu'on lui présente à différentes distances. Or il est aisé de voir que la Méthode des premiers est de beaucoup préférable à celle du dernier.

CHAPITRE IV.

Sur le Choix des Instrumens nécessaires à l'Art d'Observer, & sur les Attentions, qu'il faut apporter dans l'usage qu'on en fait.

I. Les sens nous ont été principalement donnés pour reconnoître ce qui pouvoit intéresser notre vie. Ce but n'exigeoit pas que les plus petites parties de la matiere, & les objets les plus éloignés fussent apperçus distinctement. Il n'étoit pas même possible, qu'un même œil réunit ces deux avantages. Aussi la Sphere de notre vue est-elle fort resserrée, si elle n'est secondée par les secours de l'Art. Aussi-tôt que les objets ne sont pas à une juste distance, ou n'ont pas une grandeur raisonnable, nous ne voyons que confusément, & nous sommes exposés à porter de faux jugemens. Il est donc nécessaire, que l'Observateur de la Nature soit muni de Télescopes & de Microscopes, ces Instrumens admirables qui mettent à sa portée, ce qui par sa petitesse ou son éloignement devroit naturellement se dérober à sa curiosité. Le Microscope lui fait voir un monde nouveau, composé pour ainsi dire d'objets infiniment petits, tels que font les pores des corps, les petits mouvemens, les animalcules, & tant d'autres merveilles de ce genre. Le Télescope, l'aide à pénétrer dans les profondeurs de l'Espace, & à y contempler ces vastes corps, qui sont si prodigieusement reculés loin de nous. Il lui découvre des Etoiles & des Planetes, dont l'existence seroit ignorée sans son secours, l'éleve aux grand Phénomenes de la Nature, & contribue à lui dévoiler le vrai Systême de l'Univers. Enfin il le met en état d'observer le passage des étoiles fixes & des planetes par le méridien à midi, avantage très-considérable, car par là il détermine immédiatement la situation du soleil par rapport à des fixes qu'il voit en même-temps, au lieu qu'il ne la trouvoit auparavant qu'à force de calcul. Il peut aussi comparer immédiatement, & avec beaucoup plus de certitude, le mouvement des planetes à celui du soleil. Nous avons toujours supposé l'usage de ces deux Instrumens, mais il y a bien des réflexions à faire sur la maniere de s'en servir le plus avantageusement, & il étoit naturel pour ne pas interrompre le fil du discours de les renvoier au *Chapitre*, où nous avions dessein d'examiner ce qui concerne les Instrumens nécessaires à l'Art d'Observer.

Les Microscopes sont en général de deux sortes, composés ou simples. Les premiers sont formés par la combinaison de deux ou plusieurs verres. Les seconds ne consistent que dans une seule & unique Lentille très-convexe. Ces deux genres de Microscopes ont des avantages qui sont propres à chacun, & dont l'Observateur peut profiter selon les cas, ensorte que nous ne croyons pas, qu'il faille prononcer un jugement général sur la préférence qu'il faut donner à l'un ou à l'autre. Le Microscope composé offrira à l'Observateur un plus vaste champ, c'est-à-dire, lui découvrira dans l'objet un plus grand nombre de parties également grosses en même-temps & tout-à-la fois; ce qui peut le mettre en état de les comparer entr'elles avec plus de facilité. D'un autre côté il trouvera plus de distinction dans les images que lui présenteront les Microscopes simples. Il peut d'ailleurs avec une facilité extrême s'en procurer d'excellens qui grossiront les objets autant qu'il voudra. Si à la flamme d'une bougie on fond de très-petits fragmens de verre, il s'en formera de petits globules, dont les plus transparens & les mieux arondis, étant appliqués entre deux minces plaques de cuivre percées d'un trou moindre que le diametre du globule, fourniront des Microscopes d'une force prodigieuse. C'est à leur secours que le celebre HARTZOEKER doit la découverte des Animalcules dans la semence des Animaux. On peut encore s'en procurer avec plus de facilité au moyen d'une simple goutte d'eau, qu'on met dans un petit trou pratiqué dans une plaque de cuivre, & qui après s'y être arondie tient lieu de verre. Suivant la remarque de M. GRAY on peut dire que cette méthode est excellente pour observer les petits Animaux, qui remplissent certaines liqueurs. Car si on applique au trou de la plaque une goute qui contienne de ces petits Animaux, on les verra extremement grossis & même, selon le calcul qui en a été fait, trois fois & demi plus grossis en diametre que s'ils avoient été mis au foyer des globules. S'il arrivoit que la goutte contînt trop d'Animaux, pour qu'ils pussent être vus sans confusion par l'Observateur, il pourroit, avant que de mettre la goutte dans le trou, l'étendre dans un peu d'eau pure, afin que dans la goutte, qu'il prendroit les Animaux fussent plus séparés & plus distincts.

SOIT qu'il se serve dans ses observations de ces globules de verre, ou de Lentilles d'un court foyer, il est bon qu'il en ait une suite de différente force. Cette force peut s'évaluer par expérience, & par les principes connus de l'Optique & de la Dioptrique. Avec une telle suite il est en état de procéder avec ordre aux observations, & de choisir les Lentilles, qui conviennent le mieux aux divers cas qui se présentent. Il doit d'abord, quand il commence à observer un petit objet, prendre une Lentille dont le champ soit assez grand pour qu'il le découvre tout entier, afin qu'après avoir vu en général l'ensemble, & la situation respective des parties, il puisse les considérer à part plus facilement & sans s'égarer. Pour acquérir l'idée générale d'un animalcule, il pourroit quelquefois tirer grand parti du Microscope solaire. C'est une espèce de Lanterne Magique dans laquelle le porte-objet, au lieu d'être peint, n'est qu'un petit morceau de verre blanc, sur lequel on met l'objet qu'on veut examiner; & dont l'image est projettée fort en grand sur un écran dans une Chambre obscure; là l'Observateur peut le considérer à son aise sans forcer sa vue, en parler en détail avec les assistans, s'en former une idée nette, & en prendre la figure exacte sans même entendre le dessein. Après cette vue générale de l'objet, il peut le diviser en parties, soit par des lignes idéales, soit en suivant les divisions qu'indique la conformation même du corpuscule dont il s'agit. Alors chaque partie devra être observée avec une lentille plus forte que celle qui a servi à représenter l'objet tout entier, & plus les parties seront petites, plus fortes aussi pourront être les lentilles, parce qu'on aura befoin d'un moindre champ pour les découvrir. Cependant comme c'est la distinction qu'il faut surtout chercher, il est bon comme faisoit M. LEEUWENHOEK de rejeter tous les degrés de force par lesquels on ne pourroit pas aussi bien parvenir à ce but. Car il nous apprend dans une de ses lettres, où il parle du grand cas que quelques uns faisoient de leurs verres à cet égard, que quoiqu'il eût depuis plus de quarante ans des verres d'une petitesse extraordinaire, il ne s'en étoit servi que très-rarement, ayant trouvé par une longue suite d'expériences, que les découvertes les plus considérables devoient se faire avec des verres, qui grossissant modérément, représentoient l'objet avec le plus de clarté & de distinction.

SI l'objet est opaque, l'Observateur ne peut employer de forts Microscopes sans l'éclairer extrêmement, parce qu'étant alors obligé de l'approcher fort-près de la Lentille, il s'y répand une ombre très-nuisible à l'observation; or entre les moyens inventés pour l'éclaircir, il n'en est point de meilleur que celui, qui a été imaginé par M. LIEBERKUHN. C'est un miroir concave d'argent extrêmement poli, qui réfléchit la lumiere vers la lentille placée à son centre, ensorte que l'objet opaque est parfaitement éclairé par une lumiere forte & directe. A l'égard des objets transparens, il leur faut en général un moindre degré de lumiere, & il convient même d'en écarter une lumiere trop forte. Au reste, il est à propos d'examiner les objets au Microscope sous divers aspects, sous différens degrés de lumiere, & en diverses positions. Comme les apparences peuvent varier selon la maniere, dont ils réfléchissent la lumiere vers l'œil de l'Observateur, il se procure par ce moyen plusieurs sortes de témoignages, qui étant exactement comparés, peuvent dissiper les illusions, & empêcher qu'ils ne prenne ce qui n'est qu'apparent pour réel, comme des ombres pour des taches noires, des enfoncemens pour des élévations, &c. Dans l'examen d'un même objet il peut essayer, tantôt la lumiere de la chandelle, tantôt celle d'un jour serein, afin de se déterminer pour celle qui représente le plus distinctement; mais il doit éviter de faire tomber sur l'objet les rayons du Soleil ; il en naîtroit une reflexion trop forte & accompagnée de couleurs extraordinaires. Il a beaucoup de choix à faire dans la maniere d'appliquer les objets au Microscope. Il faut, suivant le but qu'il se propose, & la nature de l'objet, y procéder différemment. S'il veut découvrir les allures & les mouvemens d'un Animal, il doit l'appliquer de maniere qu'il ne soit ni blessé, ni comprimé, ni gêné; il lui importe de faire une attention particuliere à la couleur des objets qu'il veut observer, afin de les faire reposer sur des corps, dont les couleurs lui sont le plus opposées & tranchent mieux avec elles; par là il réussira à les voir plus distinctement. Il mettra, par exemple, les corps blancs sur des corps noirs, des noirs sur des blancs, &c. Il manqueroit à une recherche des plus curieuses dans la contemplation des petits objets, s'il ne cherchoit pas à connoître leur grandeur réelle. C'est ce qu'il peut faire en comparant leur diametre vu au Microscope avec celui de quelque petit corps mis à côté, dont la grandeur est connue, & qu'il verroit en même-temps au même Microscope. Ainsi, le célebre LEEUWENHOEK comparoit le diametre d'un Animacule avec celui d'un grain de sable, placé à côté vu au même Microscope dans le même moment, & tel qu'il en falloit mettre cent bout à bout pour faire exactement la longueur d'une pouce. Le reste du calcul est aisé, car on sçait, que les surfaces sont comme les quarrés des diametres, & les solides comme les cubes de ces mêmes diametres. On peut aussi pour mesurer la grandeur réelle des petits objets appliquer le micrometre au Microscope. M. LE DUC DE CHAULNES étoit parvenu par ce moyen à mesurer exactement jusqu'à la quatre-millieme partie d'une ligne.

Il y a aussi sur la maniere de se servir du Télescope quelques réflexions à faire qui méritent de trouver place ici. L'Observateur peut en avoir de différentes especes, qui conviennent à divers usages. Le *Batavique* composé d'un objectif convexe & d'un oculaire concave lui servira fort bien pour les petites distances. Celui qui est formé par la combinaison de quatre verres convexes, sera très-propre à observer dans leur situation naturelle les objets terrestres placés à un grand éloignement. Enfin celui, qui est composé de deux verres convexes, mais qui a l'inconvénient de renverser les objets, est consacré aux Observations Astronomiques.

On sent assez, combien il importeroit de perfectionner ce dernier Télescope, & de pouvoir en augmenter la force de plus en plus sans inconvénient, pour percer le plus profondément qu'il est possible dans les abymes de l'espace, mais il n'est pas aisé de parvenir à ce but. Comme la grandeur de l'image formée par l'objectif est augmentée par le verre oculaire autant de fois que la longueur du foyer de l'objectif contient la longueur du foyer de l'oculaire, il semble d'abord que, sans recourir à des objectifs d'un plus long foyer, on pourroit augmenter cette image autant, qu'on voudroit en prenant un oculaire d'un foyer toujours plus court; mais comme en groſſiſſant par ce moyen l'image de l'objectif, la même quantité de rayons, étendue dans un plus grand eſpace eſt trop diſperſée, l'image perd la clarté néceſſaire & devient trop obſcure. Pour procurer un nombre de rayons proportionné à l'augmention de l'image, il faudroit pouvoir augmenter en même raiſon l'ouverture de l'objectif; mais il faut renoncer à cet expédient, parce que de cet agrandiſſement d'ouverture il réſulteroit l'inconvénient, que les rayons s'écartant trop de l'axe optique, ne pourroient plus être réunis exactement en un point par un verre taillé ſphériquement, & que de plus les cercles colorés, qui ſe voient ſur les bords des Lunettes ordinaires, & qui ſont produits par l'inégale réfrangibilité des rayons de différentes couleurs deviendroient alors beaucoup plus ſenſibles & défigureroient entierement l'image. Ces deux aberrations, dont l'une eſt due à la ſphéricité, & l'autre à l'inégale refrangibilité des rayons colorés, obligeoient donc pour groſſir les images, & ſe former de grandes ouvertures d'objectif, qui malgré leur grandeur ne continſſent cependant pas plus de parties de degrés, de recourir à des objectifs d'un très-long foyer, &

l'on étoit même venu jusqu'à en employer de deux-cents dix pieds de foyer. Mais outre que l'aberration de la lumiere sembloit mettre un obstacle invincible à la perfection de ces sortes de Télescopes, ils étoient d'ailleurs par leur longueur extrême sujets à se courber, ou ne pouvoient pas être placés commodement partout, lors-même que le grand Huygens eut découvert la maniere d'employer les plus longs Télescopes de cent ou deux cents pieds avec un tube de dix pieds seulement. Car il falloit placer sur un long mat vertical l'objectif, dont on dirigeoit l'axe vers les objets au moyen d'un fil délié venant de l'objectif à l'oculaire.

Ces inconvéniens portèrent Newton à imaginer le Télescope à reflexion, qui n'est pas sujet à l'aberration des rayons colorés, & qui avec une longueur très-médiocre peut grossir autant que les plus longues Lunettes dont nous venons de parler. Cette invention a encore reçu dans ces derniers temps en *Angleterre*, de nouveaux dégrés de perfection. Comme sa force & sa perfection dependent sur-tout de la quantité des rayons qui tombent sur le grand miroir, & que cependant dans un miroir sphérique, il n'y a que les rayons voisins du centre qui se réunissent à un même foyer, on y est parvenu à construire des Télescopes d'une plus grande ouverture, en faisant usage de miroirs, dont la figure est différente de la sphérique. Si jamais selon l'idée de M. DE LA LANDE à force de dépense & de méditation on réussissoit à construire de ces Télescopes, qui eussent quelques pieds de diametre, on verroit dans le Ciel des choses toutes nouvelles. On peut dire avec assez de vraisemblance, que nous touchons au moment où la sphere de notre vue va être prodigieusement étendue. Depuis qu'on a eu l'heureuse idée d'employer des verres de différentes densités pour détruire par l'inégalité de leurs refractions, l'aberration due à la différente refrangibilité des rayons, & celle qui vient de la sphéricité, on est venu à bout de construire des Lunettes de sept pieds, équivalentes à des Lunettes ordinaires de trente-cinq pieds. Que ne peut-on pas espérer des efforts, qu'on fait de tout-côté pour perfectionner cette invention admirable, & trouver les matieres les plus propres à composer ces nouveaux objectifs. Un succès complet à cet égard intéresse si fort l'art d'observer, que tous les Observateurs, qui ont assez de génie & de capacité, pour s'occuper de ces recherches devroient ici mettre la main à l'œuvre à l'exemple de HUYGENS, & de tant de grands-hommes, qui ont eux mêmes travaillé de la main pour perfectionner la partie pratique de l'Optique. Quoiqu'il en soit, l'Observateur doit profiter avec empressement de tout ce qui a été découvert la-dessus.

Pour tirer le meilleur parti possible des Verres & des Lunettes, dont il est en possession, il doit recourir à l'expérience, pour régler les ouvertures & les Oculaires. Car plus l'objectif sera parfait, plus les Oculaires qu'il emploiera, pourront être forts sans nuire à la clarté. D'ailleurs comme il y a des cas ou l'observation se fera mieux avec des Oculaires plus foibles, il peut faire des essais là-dessus. Par exemple, ses yeux étant de jour moins sensibles aux impressions d'une lumière foible, il doit alors éviter des Oculaires trop forts, qui en grossissant extrêmement l'image l'obscurciroient trop. De même il réussira mieux à découvrir les Cometes, en rendant fort grande l'ouverture de l'objectif, & en employant d'assez foibles Oculaires, parce qu'il s'agit moins pour cela de se procurer des images exactement terminées, que de rassembler une grande lumière.

Lorsqu'un Phénomene doit être observé en divers lieux par plusieurs Observateurs à la fois, & qu'il s'agit de connoître le temps précis, où il a commencé à être apperçu par chacun, afin qu'on puisse en tirer des conséquences justes, il faudroit pour éviter les différences purement

ment apparentes, employer des Téléscopes de même longueur. Il seroit même bon que leur vue s'il étoit possible fût de même force. Car il ne faut pas douter, que la force de la vue & la différente longueur des Lunettes, ou leur plus ou moins de perfection, n'influent sur le moment où l'on verra le Phénomene. Après le passage de *Venus*, sur le disque du Soleil en 1761. M. CASSINI ayant reduit au Méridien de *Paris* les observations faites aux environs de cette Ville reconnut, combien les observations faites dans le même lieu, où les bons Observateurs étoient en grand nombre, & avoient toutes les commodités nécessaires à la précision des observations, s'accordoient peu entr'elles sur le même moment, où s'étoit fait le contact intérieur, ce qui vû l'habileté & l'expérience des Observateurs, ne pouvoit venir que des différentes longueurs des Lunettes, & de la force de la vue de ceux qui observoient. Il est vrai, qu'il en a résulté des différences beaucoup moins considérables sur le moment où le contact extérieur fut apperçu. Quand on observe un Phénomene céleste, il est encore utile d'avertir de quelle force étoit le Téléscope avec lequel on l'a vu, afin que si dans la suite il devenoit moins visible on pût juger si cette différence est réelle, ou ne vient que de ce qu'on emploie pour l'observer

P

un Télescope plus foible qu'on ne faisoit autrefois. Voici un exemple, qui prouve l'utilité de cette remarque. Le cinquieme Satellite de *Saturne* ayant paru en différens temps devenir plus ou moins difficile à retrouver dans sa digression Orientale, les Astronomes étoient indécis pour savoir s'il y étoit arrivé quelque changement. Mais M. LE MONNIER ayant considéré avec quelle espece de Lunettes on avoit coutume de l'observer en divers temps a trouvé, que ces différences ne venoient que de la différente longueur des Lunettes, qui avoient été mises en usage en divers temps pour l'appercevoir.

Si l'on est curieux de savoir, quel est le plus petit espace, qu'on puisse distinguer dans la Lune, le corps céleste le plus voisin de la Terre, avec un Télescope d'une force donnée, il faut d'abord rechercher, quel est le diametre du plus petit espace, qui pourroit être vu à l'œil nud dans la Lune. Car celui qu'il seroit possible de découvrir avec un Télescope, pourroit être autant au dessous de ce dernier, que le Télescope auroit plus de force que l'œil nud. Or le diametre de l'espace, qui seroit visible à la plûpart des yeux sans Télescope, pourroit ne faire à la Terre qu'un angle d'une minute, & la distance de la Lune à la Terre étant d'environ soixante demi-diametres terrestres, une minute de l'orbite de la Lune supposée circulaire, est égale à un degré entier de la circonférence de notre Globe, ce qui revient à environ 57070 toises de France. Donc un espace, qui au milieu du Disque de la Lune auroit un diametre d'environ 57070 toises de France, pourroit être apperçu depuis la Terre à l'œil nud par la plûpart des yeux, & par conséquent avec un Télescope, qui grossiroit cent fois, on pourroit découvrir dans la Lune une tache qui n'auroit que 570 & $\frac{7}{10}$ toises de France de diametre. M. DE LA HIRE avoit déja fait voir, que Paris étant placé sur le milieu du disque de la Lune, il paroîtroit avec une Lunette qui grossiroit cent fois comme y paroit la Mer des Crises à la vue simple.

EN se servant du Télescope & du Microscope l'Observateur doit ménager ses yeux autant qu'il est possible; qu'il prenne garde de forcer sa vue par une attention trop long-temps soutenue, qu'il ne reçoive jamais dans l'œil l'image du Soleil qu'après l'avoir affoiblie, ou par plusieurs couches de toiles d'araignée bien nettes, mises devant l'objectif, ou par un morceau de glace enfumé, placé entre l'œil & l'oculaire.

II. CE n'est pas assez à l'Observateur d'être muni de Télescopes & de Microscopes; Il y a encore deux Instrumens, dont l'usage est presque général, ou dont il a souvent besoin dans presque tous les genres d'observation. Ce sont 1°. le Barometre, qui nous avertit des variations arrivées dans la pression de l'air, & 2°. le Thermometre, bien nécessaire pour connoître le degré de chaleur, & n'être pas trompé par nos sensations, qui sont insuffisantes pour découvrir en une infinité de cas la présence d'une plus ou moins grande quantité de feu libre dans les corps (*). Il est indispensable de consulter ces deux

(*) En effet l'humidité de l'air, la chaleur des jours précédents, la constitution variable de notre corps & mille autres circonstances peuvent rendre très-vicieux le jugement que les sensations nous font porter sur le degré de chaleur actuelle. En hyver l'air est-il humide & chargé de brouillards, nous le jugeons plus froid que lorsqu'il est serein, quoique le thermometre démontre ordinairement le contraire. Ce faux jugement vient de ce que l'air humide, par une suite de la plus grande affinité du feu avec l'eau qu'avec l'air pur, absorbe une plus grande quantité de notre chaleur naturelle que l'air sec & nous occasionne par cette plus grande dissipation de chaleur une plus grande sensation de froid que ne feroit l'air sec. Après de grandes chaleurs, pour peu qu'elles diminuent, elles nous paroissent modérées, quoiqu'en d'autres circonstances elles nous auroient semblé insupportables. Comme les corps extérieurs nous paroissent chauds lorsque le feu excite dans leurs parties un mouvement plus grand que celui qui est produit par le feu dans les nerfs qui servent au toucher, il résulte de là, que suivant la différente disposition de nos organes, nous pouvons trouver un même corps tiede ou chaud ou froid, quoiqu'il soit également chaud. Les sensations peuvent donc nous tromper dans les cas les plus ordinaires sur les différens degrés de chaleur. Combien plus ne le feroient-elles pas dans les cas extrêmes auxquels nous ne pourrions même exposer les parties de notre corps, sans ce

Instrumens pour juger sûrement de plusieurs expériences, sur lesquelles la pression ou la chaleur de l'air peuvent influer. l'Auteur de l'expérience ne peut être exact ou véridique dans ces cas, s'il n'avertit les Lecteurs que l'expérience ou l'observation a été faite dans un tel état de l'Atmosphere. Faut-il, par exemple, déterminer le degré de chaleur de l'eau bouillante, il est nécessaire qu'il s'assure en même-temps du poids de l'air par le Barometre, parce que ce degré de chaleur n'est constant qu'autant que le poids de l'Atmosphere demeure le même. Veut-il examiner les pesanteurs spécifiques des différentes eaux, il faut que ces expériences soient faites le Thermometre à la main, les divers degrés de chaleur pouvant y apporter des différences à cause des variations de volume qui en résultent. De-même on ne pourroit obtenir avec précision la différence de longueur du Pendule à secondes à diverses latitudes, si dans les expériences, qu'on y auroit faites sur le Pendule, on n'indiquoit pas le degré de chaleur, qui regnoit alors dans ces divers lieux, afin de les reduire toutes au même degré du Thermometre. Comme à

détruire l'organisation. D'ailleurs quand il s'agiroit de donner aux autres des idées distinctes de ce que nous sentions à l'égard de la chaleur, il nous seroit impossible d'en venir à bout par ces paroles.

poids égal de l'Atmosphére la colonne du Barometre doit être plus ou moins longue, suivant le degré de chaleur, dont le mercure est affecté, il faut aussi que l'observation du Thermometre accompagne celle du Barometre, pour pouvoir ramener toutes les observations de ce dernier instrument à une température fixe, & produire par ce moyen le même effet que si le mercure du Barometre étoit toujours au même degré de condensation. C'est ce que M. DE LUC a le premier enseigné à faire avec précision. Mais s'il est nécessaire, de recourir souvent au Barometre & au Thermometre, il ne l'est pas moins que ces instrumens soient d'une bonne construction, que par exemple le Thermometre soit fait sur les meilleurs principes comme ceux d'un FARENHEIT ou d'un RÉAUMUR, & que le Lecteur en soit averti, que dans le Barometre le diametre du tuyau ne soit pas trop petit, qu'il soit chargé par le moyen du feu, & le Mercure bien purifié, que comme la colonne ne sauroit monter sans que le vif-argent s'abaisse de quelque chose dans la cuvette, on ait, pour déterminer la véritable hauteur, une cuvette fort large, ou qu'on y ait égard dans l'observation. Il n'y a que des regles déterminées & connues sur la construction de ces instrumens, qui puissent rendre comparables les observations correspondantes qu'on feroit avec eux, puisque toutes choses d'ailleurs égales, elles varieroient déja entr'elles à raison de leur différentes constructions. Lorsqu'on observe, on doit donner au Barometre une position exactement verticale, de peur que sa hauteur observée ne soit trop grande. Il faut aussi en observant, placer l'œil au niveau de l'extrémité de la colonne de mercure, pour se garantir des effets d'une parallaxe, qui feroit rapporter cette extrémité trop haut ou trop bas sur l'échelle.

III. Outre les Instrumens généraux, dont nous venons de parler, l'Observateur doit se procurer des instrumens appropriés aux divers genres d'observation & d'expériences, dont il s'occupe particulierement. S'il s'agit de décomposer les corps, ou de les soumettre à différentes épreuves Chymiques, il faut qu'il se fournisse des instrumens propres à ces sortes d'opérations. Par exemple, il ne peut procéder à la distillation qu'à l'aide de Vaisseaux d'une structure convenable, & accommodée à la nature des substances, qu'il a dessein de soumettre à cette opération, & des principes qu'il en doit retirer. C'est la une matiere, sur laquelle il peut s'instruire dans les bons Livres de Chymie. S'il veut mesurer des angles, les distances, les grandeurs, les mouvemens, le poids des corps, il a besoin de balances, de mesures exactes du temps, de Quarts de cercle garnis de Télescopes, de Réticules, & de Micromètres.

Mais pour employer avec sûreté ces derniers Instrumens, & sans crainte de se tromper, il faut 1°. les vérifier, c'est-à-dire, examiner s'ils n'ont point dans leur disposition actuelle, ou leur construction, des défauts propres à écarter de la vérité & de la précision. Ainsi l'Astronome, pour la sûreté & l'exactitude de ses mesures examine si la Lunette appliquée au Quart de cercle est bien centrée, si les fils de son Réticule ont exactent la position requise, si les points o & 90° font précisément un angle droit au centre, & si l'axe de la Lunette est bien parallèle à la ligne de 90°. Enfin il examine scrupuleusement les subdivisions, & s'assure de leur justesse par divers moyens que fournit la Géométrie.

2°. Il faut apprécier les plus petites erreurs auxquelles l'instrument qu'on a examiné peut être sujet, pour en tenir compte dans l'occasion. Par exemple, si l'on trouve, que les divisions d'un Quart de cercle ne sont pas exactes, il faut en déterminer l'erreur, & dresser une table, qui apprenne les corrections qu'il faut apporter à chaque hauteur observée avec le Quart de cercle pour avoir la véritable. On peut même afin de mieux connoître le degré de confiance, qu'on doit donner aux obſervations, faites avec un tel inſtrument, examiner comme nous avons vu qu'il falloit faire à l'égard des méthodes, jusqu'où malgré toutes ces précautions pourroit aller la plus grande erreur poſſible, & voir ſi elle peut être réellement négligée ſans conſéquence. Dans les uſages ordinaires de la vie tant de préciſion n'eſt pas néceſſaire. On ſe contente bien alors d'inſtrumens, qui donnent à-peu-près ce que l'on cherche. On jugera, par exemple, ſans crainte de ſe tromper, de la quantité de matière d'un corps par ſon poids, quoique les corps ſoient moins peſans dans l'air que dans le vuide, tandis qu'il peut y avoir des cas où le Phyſicien n'oſeroit prononcer ſans ſavoir auparavant juſqu'où va la diminution du poids abſolu de certains corps peſés dans l'air. De-même dans les affaires de la vie on ſe ſervira de Balances ſans examiner bien ſéverement leur exactitude, ou l'on prendra ſans ſcrupule pour l'arpentage ordinaire une Toiſe, qui ne diffère que d'une ligne de l'Etalon. Mais il pourroit y avoir telle recherche délicate de Phyſique, dans laquelle il importeroit de n'employer une Balance qu'après l'avoir examinée avec toute l'attention poſſible pour décider ſi elle a les conditions requiſes pour donner la plus grande préciſion; ou bien il y a des occaſions, dans les quelles il faudroit comparer si exactement une Toise avec son étalon, qu'elle n'en différât pas même d'une ligne, comme quand il s'agit de déterminer & comparer les longueurs du Pendule simple, qui bat les secondes, dans plusieurs lieux déterminés, ou de mesurer différens degrés du méridien, pour les comparer entre eux, & en tirer des conséquences justes sur la figure de la Terre. Ainsi l'Observateur Philosophe, qui est appellé à chercher ce qui convient exactement aux objets de la Nature, doit toujours, autant qu'il le peut, estimer l'erreur qu'il a lieu d'apréhender de l'imperfection de ses instrumens, afin d'y avoir égard s'il en est besoin.

3°. Par la même raison il est à propos qu'il examine, s'ils ne sont point sujets à des variations, qui pourroient affecter les observations de quelque erreur d'autant plus à craindre qu'il ne la soupçonneroit pas, & après avoir trouvé les causes de ces variations, il doit prendre toute sorte de précautions pour s'en garentir. Ainsi l'Astronome non-seulement s'assûre par de fréquentes observations de la marche de son Pendule par rapport au temps moyen ou par rapport au premier mobile, mais comme les changemens de chaleur peuvent faire varier la longueur des verges de Pendule, qui ne sont composées, que de simples régles de Fer, & par conséquent en altérer la marche sans qu'il s'en apperçoive, il compose la verge de son Pendule de maniere à corriger cette dilatation des Métaux. De même pour éviter les erreurs, que l'allongement des Métaux par l'action de la chaleur pourroit causer dans la mesure des angles, pris avec un Quart-de-cercle, il seroit à souhaiter qu'on construisît toujours cet instrument d'un même Métal comme de cuivre, car cet instrument étant composé de cette façon, cette dilatation ne pourroit apporter aucune variation dans la mesure des angles, puisque toutes les parties s'étendant également, le rapport qui doit être entre elles subsisteroit toujours le même. C'est encore une attention très-importante, de faire reposer ses instrumens sur des lieux fixes & inébranlables, de maniere que l'Observateur n'ait rien à craindre de la part des inclinaisons subites, qui pourroient jeter dans les mesures des erreurs, dont on ne se douteroit pas. Les circonstances locales ont quelquefois à cet égard des influences tout-à-fait singulieres. On sait, par exemple, que l'attraction latérale des montagnes peut causer au fil à plomb une déviation sensible. Aussi soupçonne-t-on avec raison, que de là peuvent venir en grande partie quelques irrégularités qu'on a remarquées dans les accroissemens des degrés de la Terre, en allant de l'Equateur vers les Poles, d'après les mesures prises en Italie & ailleurs.

4°. Il faut beaucoup de combinaisons pour bien juger de la bonté d'un instrument. Il y en a qui au premier coup d'œil annoncent la plus grande précision, mais en les examinant bien de tout côté, on trouve souvent que les grands avantages, qu'ils sembloient promettre sont détruits par des inconvéniens, auxquels on ne pensoit pas d'abord. Tels sont les Gnomons. On les croyoit n'y a pas long-temps admirables pour les recherches les plus délicates de l'Astronomie. On les regardoit comme d'immenses Quarts-de-cercle très-propres à rendre fort sensibles les plus petites variations, comme celle de l'obliquité de l'Ecliptique. Mais en les considérant de plus près, on a compris, que le plus petit mouvement ou le plus petit affaissement produit à la longue par le prodigieux poids de l'édifice, dans le mur qui porte le sommet du Gnomon, étoit capable d'absorber les petits changemens, qu'on espéroit observer par le moyen de ces instrumens. On peut porter le même jugement des autres instrumens auxquels on voudroit donner une grandeur démesurée, pour obtenir une plus grande précision. Il en faut sans doute d'assez grands pour que les divisions soient bien sensibles; mais il faut aussi qu'ils soient assez solides, pour n'être pas sujets à se courber, & par là même il faut éviter tout excès dans leur grandeur, d'autant plus qu'il ne seroit pas alors facile de les manier & de leur donner précisément la position requise pour observer. Il ne faut donc pas beaucoup augurer de ce prodigieux Quart-de-Cercle, qu'ULUG-BEIGH, Prince *Tartare*, fit construire, & dont on dit que le rayon égaloit la hauteur de l'Eglise de *Ste Sophie à Constantinople*, s'il est vrai que ce ne fût pas un Gnomon.

5°. CEPENDANT l'Observateur ne doit pas rester dans l'indolence, & s'en tenir uniquement aux instrumens, dont il est en possession. Qu'il travaille plutôt sans-cesse à corriger s'il est possible les défauts qu'il y remarque; qu'il considere soigneusement sous toutes ses faces le genre d'observation dont il s'occupe, afin de voir & de lever les obstacles qui l'empêchent d'avoir prise sur son objet autant qu'il voudroit, & d'atteindre au degré de précision, dont il auroit besoin pour tirer de justes conséquences de ses observations. Un travail opiniâtre & réfléchi peut le conduire à la découverte des instrumens les plus propres à perfectionner l'art d'observer. Les Méditations de HUYGENS sur les moyens d'obtenir une mesure exacte du temps, qui pût servir aux observations Astronomiques, le firent penser à donner au rouage des Horloges, un Régulateur qui ne lui permît qu'un mouvement uniforme. Le désir inquiet qu'il eut de mesurer plus exactement qu'on avoit fait les diametres apparens des Planetes lui fit imaginer un moyen, qui donna la premiere idée du Reticule & du Micrometre, ces inventions heureuses, qui ont porté tant de précision dans l'Astronomie. Lors-même qu'il se trouve une grande complication de causes qui tendent à rendre très-défectueux un instrument, qui au reste sans ces défauts seroit d'une utilité considérable, il ne faut jamais le perdre entierement de vue, comme s'il étoit tout-a-fait impossible d'y remédier un jour. Quelquefois en étudiant de plus en plus & en différens temps chacune de ces causes d'imperfection, en particulier, en appellant à son secours les nouvelles lumieres qu'on acquiert sans-cesse sur les parties de la physique & de la mécanique qui y ont rapport, en combinant ou corrigeant les vues qu'ont eu sur la perfection de cet instrument les hommes intelligens qui se sont succédés les uns aux autres, on vient peu-à-peu & dans la suite des temps à bout de contrebalancer & de rendre inutiles les efforts des causes qui travaillent à déranger l'instrument en queſtion. Si on né recueille pas foi-même le fruit de ſes travaux là-deſſus, au moins la poſtérité profitera peut-être des idées qu'on lui aura génereuſement conſignées, elle les perfectionnera & exécutera enfin ce qu'on n'avoit qu'ébauché. Nous trouvons une démonſtration de cette vérité dans les montres marines qu'il s'agiſſoit de rendre capables de conſerver invariablement l'heure du port duquel on eſt parti. Il n'y a pas un ſiecle que leur conſtruction étoit regardée comme déſeſpérée, à cauſe du grand nombre de cauſes qui devoient ſur mer rendre leur marche irréguliere. Cependant l'art de l'horlogerie ayant continué depuis lors par les recherches réunies des artiſtes & des ſçavans à faire de nouveaux progrès, la perfection à laquelle il eſt enfin parvenu l'a mis en état de faire aux navigateurs ce préſent important. Tout doit tenir en haleine l'Obſervateur & l'engager dans l'occaſion à inventer de nouveaux Inſtrumens; il gagnera par là de tout côté; ſouvent les méthodes deviennent par ce moyen non-ſeulement plus préciſes, mais encore infiniment moins compliquées & plus faciles. Avant l'application du Téleſcope aux inſtrumens Aſtronomiques, & celle du Pendule aux Horloges, on étoit reduit pour trouver l'Aſcenſion droite des

Etoiles à réfoudre laborieufement des Triangles Sphériques, & à fuppofer qu'on connoiffoit affez bien le mouvement de la Lune ou de *Vénus*, pour pouvoir calculer exactement le chemin que l'une ou l'autre de ces Planetes avoit fait dans l'intervalle de deux Obfervations, tandis qu'aujourd'hui avec les fecours que nous avons la feule obfervation de la hauteur méridienne de l'Aftre, & de l'heure, à laquelle il a paru au Méridien, peut donner avec certitude fon afcenfion droite & fa déclinaifon. De-même l'invention qu'on vient de faire des montres marines, qui confervent invariablement l'heure du port dont on eft forti, procure aux marins une méthode pour trouver les longitudes auffi fimple & auffi fûre qu'il eft poffible de la défirer, puifqu'ils n'ont qu'à comparer cette heure avec celle qu'on obferve dans le navire pour connoître à chaque inftant la longitude du lieu auquel ils font parvenus.

6°. Ce n'eft pas affez d'être fourni d'inftrumens, il faut acquerir, s'il eft poffible, par un long exercice le coup d'œil, l'habileté & l'expérience néceffaire pour s'en fervir convenablement. Il y a même un certain art à employer les inftrumens qui femblent les plus communs & les plus groffiers. Quoi de plus fimple qu'une

Perche,

Perche, qui sert à mesurer une base! Cependant un Observateur peu exercé, pourroit suivre une maniere vicieuse de procéder dans l'application de la perche sur le terrein, qui causeroit à la fin une erreur considérable. Il y a dans la meilleure maniere de se servir des Instrumens des attentions, qui semblent d'abord fort difficiles, mais dont on devient capable par un long usage. Un Astronome, par exemple, s'accoutume très-bien, quoique cela paroisse difficile, à compter si aisément les secondes de son pendule, qu'il peut marcher, observer, écrire, & même converser, sans cesser de compter, & sans se tromper. De-même, un Chymiste habile & exercé, pourra ménager l'activité de son feu avec tant d'art, conduire ses opérations avec tant de prudence, donner si à-propos l'essor à des fluides trop élastiques & trop fougueux qui se dégagent, qu'il conservera ses Vaisseaux, & se préservera d'accidens funestes, dont seroit menacé à chaque instant un Artiste imprudent, & qui manqueroit d'expérience.

7°. A L'EXERCICE & à l'expérience si nécessaires pour se servir avec succès des instrumens, il faut joindre une précaution qui est souvent utile, c'est que toutes les fois qu'il s'agit d'une observation délicate, il faut s'y préparer quand on le peut de bonne heure, afin qu'on puisse prévoir les inconvéniens, auxquels il conviendroit de remédier, & qu'il ne manque rien aux instrumens de ce qui est nécessaire pour obtenir de la précision. Avec cette précaution l'Observateur ne laisse pas échapper le moment favorable, il n'est pas arrêté par des obstacles imprévus, & sûr de ses instrumens, il ne pense qu'à observer exactement. Aussi, quand il s'agit d'observer une Eclipse, ou quelqu'autre Phénomene celeste, auquel on s'attend, les Astronomes prudens s'y préparent la veille ; c'est là un avis qui leur a été donné par l'illustre CASSINI, & qui a été fort approuvé par les plus habiles Astronomes.

CHAPITRE V.

Des dispositions d'esprit, qu'il faut apporter pour observer la Nature.

1. L'Observateur de la Nature doit en approcher avec un ardent desir de trouver la vérité, avec une curiosité courageuse qui se porte avec vivacité sur les objets de ses recherches. Qu'il prenne l'habitude d'y fixer long-temps son attention, pour en étudier successivement toutes les parties & les dépendances, sans montrer jamais aucune impatience à cet égard. S'il ne les envisageoit que d'une vue générale, il se contenteroit trop légérement dans ses recherches, & croiroit avoir pénétré son sujet, tandis qu'il seroit encore inépuisable. Ce n'est qu'en y tournant des regards plus scrupuleux, qu'il sentira naître des difficultés dont il ne se doutoit pas d'abord. Qu'en particulier il acquiere de la facilité à ne pas toujours considérer sous les mêmes faces les objets qui tombent sans cesse sous les yeux, & qu'il se dépouille de cette sorte de répugnance qu'on éprouve assez souvent à les examiner sérieusement; rien n'ayant plus contri-

bué à nous cacher long-temps les merveilles & les secrets de la Nature. Le génie de l'invention ne peut se développer, qu'autant qu'on s'accoutume par des efforts constants à percer hors de la Sphere des idées ordinaires, pour s'élever sans s'écarter du vrai à des vues nouvelles & inconnues. C'est déjà s'être bien préparé à faire des découvertes, que d'avoir pu concevoir l'espérance d'en faire, & d'être résolu à tout tenter pour réussir. Lors-même qu'après tous ses travaux l'Observateur de la Nature a lieu de penser, que peu de chose lui reste encore à découvrir sur un objet, qu'il ne soit pas moins empressé à en faire la recherche plus essentielle peut-être qu'il ne lui paroit, pour en acquérir une connoissance suffisante. Il faut encore qu'il ait assez de force d'esprit, pour renoncer à cette fausse délicatesse qui fait regarder avec une espece d'horreur les objets de la Nature qui sont hideux ou vils en apparence, comme si elle devoit se prêter à nos goûts & à nos caprices. En un mot il doit apporter dans ses recherches un esprit vuide de toute passion, de toute notion, & de tout préjugé propres à former autour des objets des especes de nuages, au travers desquels ils paroîtroient défigurés & différens de ce qu'ils sont en effet.

Quand je dis, que son esprit ne doit être préoccupé d'aucune idée, je ne prétens pas, qu'il doive observer sans vue & sans avoir jamais dessein de mettre à l'épreuve les conjectures que le fil de ses observations pourroit faire naître chez lui. Lui ôter cette liberté, ce seroit lui interdire tout travail suivi, & le reduire à former sans ordre une collection d'observations au milieu desquelles il ne pourroit plus se reconnoître. Un Observateur ne s'égare point lorsque les vues qui s'offrent à lui dans le cours de ses recherches ne servent qu'à imaginer de nouvelles expériences pour interroger la Nature plus vivement, lorsque plein de zele pour le vrai il est toujours prêt à écouter ses réponses, & n'adopte que les conséquences qui sont constamment d'accord avec elles; il ne contracte par-là aucun engagement, qui puisse le porter à faire violence aux observations. Les conjectures, qu'il forme de temps-en-temps, ne sont entre ses mains que comme des troupes légeres qu'il envoie à la découverte, & qu'il retire promptement au moindre danger de s'égarer. Toujours circonspect, il sait douter ou s'arrêter au même point, quand il ne peut suivre la subtilité des Opérations de la Nature.

Pour observer sans préjugé, il n'est pas nécessaire non plus que l'Observateur voie par lui-même, & se défie de toutes les observations & expériences d'autrui. Nous avons déja vu que l'Observateur peut en retirer diverses utilités. S'il ne les connoissoit pas, & n'en tenoit aucun compte, il ne songeroit point à s'ouvrir s'il est possible de nouvelles routes & à pénétrer plus avant, soit en travaillant à mettre dans un plus grand jour ce qui n'a pas encore été mis en parfaite évidence, soit en commençant sa course où les autres ont fini la leur. Il risqueroit de se tourmenter inutilement pour trouver ce qui a déja été decouvert. Ce sont d'ailleurs les travaux d'une longue suite de siecles, qui préparent souvent les découvertes, & les observations les plus importantes. Car comme les phénomenes, qui paroissent les plus simples, sont souvent si compliqués qu'ils ne sont presque jamais apperçus exactement de la même maniere par des yeux différens, en considérant attentivement les rapports qu'ont les faits transmis par un grand nombre d'observateurs sur un même sujet, on sera fortement tenté de concilier les différences qu'on y trouvera le plus souvent, ou d'en dévoiler la cause; on se disposera donc pour cet effet à épier la marche de la nature par des recherches plus fines, qui se lieront naturellement avec les anciennes & concourront directement avec elles, sans aucun vuide, à expliquer son travail secret.

Cependant pour ne pas adopter des observations infideles & peu sûres il est nécessaire d'apporter beaucoup de discernement dans le choix, qu'on fait des Observateurs, qu'on voudroit consulter. Il faut se déterminer pour ceux-là seuls qui ont la réputation bien méritée de s'être attachés à la précision & l'exactitude, de n'avoir jamais négligé volontairement de voir ce qui devoit être remarqué, ni de décrire les ouvrages & les Phénomènes de la Nature tels qu'ils sont, sans les tordre, les altérer ou les changer pour conserver une hypothese chérie qui s'écrouleroit sans cela. Il est à propos, pour mieux estimer le poids de leur témoignage, de considérer sérieusement les précautions, les méthodes & les instrumens, dont ils ont usé dans le cours de leurs observations. Enfin on doit de temps-en-temps les mettre à l'épreuve pour voir si leur exactitude répond en effet à l'idée avantageuse qu'on en a. Mais dans cette vérification de leurs expériences, il faut suivre précisément tous les procédés qu'ils indiquent comme nécessaires pour réussir. Autrement on s'exposeroit au danger manifeste d'échouer, de rejeter mal à propos une expérience d'autrui, & de retarder les progrès de la vérité. C'est pour avoir négligé l'attention, dont nous venons de parler, que MARIOTTE tout versé qu'il fût dans l'art de faire des expériences, ne put répéter avec succès celles de NEWTON sur l'inaltérabilité des couleurs séparées par le prisme, & fut porté à condamner sa Théorie, comme contraire à l'observation. Lors-même qu'on croit avoir suivi tout le procédé de l'Observateur, & qu'on ne laisse pas de trouver un résultat différent, il ne faut pas d'abord conclure qu'il s'est trompé; car nous avons vu dans les Chapitres précédens, que le succès ou le résultat d'une expérience, & d'une observation dépend souvent de tant de circonstances, comme de la saison, du lieu, de l'état de l'air, de l'adresse de l'Observateur &c. qu'il ne faut pas quand on parvient à un résultat différent s'en tenir à un seul essai, mais il est de l'équité de beaucoup varier les tentatives avant de prononcer. Avec les précautions que nous avons indiquées, on peut, en observant, avoir des vues, pourfuivre celles d'autrui, & profiter de leurs observations sans avoir l'esprit préoccupé, & disposé à voir ce qui n'est pas dans la Nature.

II. Mais on tombe dans ce défaut, 1°. toutes les fois qu'on admet sans reserve comme infaillibles les observations des Auteurs célèbres par leur sagacité, leur retenue & leur exactitude, qu'on les reçoit avec le même respect que la vérité-même. Malgré leur habileté, ils peuvent avoir omis dans leurs observations ce qui étoit requis pour éviter l'erreur & l'illusion : aussi est-il arrivé plus d'une fois qu'on auroit manqué tout-à-fait des découvertes importantes, si on ne s'étoit pas enfin avisé de vérifier leurs observations, & de se convaincre de la fausseté de quelques unes. Les Lunettes Achromatiques nous en fournissent un exemple bien remarquable. l'Idée ingénieuse, qu'eut M. EULER de corriger dans les Lunettes les effets de la différente réfrangibilité des rayons colorés par des combinaisons d'objectifs de différente densité fut d'abord jugée comme impraticable par M. DOLLOND, célebre Artiste Anglois, parce qu'il la trouvoit contraire à certaines expériences de NEWTON dont il n'osoit soupçonner l'exactitude. Cependant pressé par plusieurs réflexions qu'on lui suggera, il se détermina à répéter ces expériences qu'il ne cessoit d'opposer; heureusement pour l'art d'observer il les trouva fausses, & les Lunettes Achromatiques devinrent possibles entre ses mains. Il suffit à bien des gens qu'une observation leur soit transmise par leurs Ancêtres, ou soit faite par plusieurs personnes, & soit en quelque maniere populaire, pour qu'ils l'admettent aveuglément & s'imaginent fortement voir la même chose, quelque chimérique qu'elle puisse être. L'autorité du témoignage les éblouit, & devient pour eux une sensation toute commencée qui réalife à leurs yeux les plus grandes illusions. Ainsi on a repété de siecle en siecle, que les Fourmis avoient la prévoyance d'amasser des grains pour l'Hyver. Aussi chacun a cru voir distinctement le même fait; ce n'est que dans ces derniers temps qu'on s'est convaincu de la fausseté de cette observation; & en effet ces prétendus Magasins étoient fort inutiles à un animal qui dort tout l'Hyver. Les grains qu'on leur voit charrier ne leur servent, comme les autres matériaux, qu'à construire leur domicile.

QUAND on est prévenu en faveur de certains Observateurs, & qu'on sait que par leurs observations ils ont obtenu sur un point certain résultat, si l'on entreprend d'observer la même chose, il n'est pas rare, que dans la persuasion où l'on est, qu'on ne peut être exact sans être d'accord avec eux, on dirige ses observations de maniere à s'écarter de la vérité. Car dès qu'on voit que quelques observations tendroient à donner un résultat différent de celui auquel on s'attend, on les soupçonne d'être peu exactes, on est tenté de recommencer, on multiplie par-là les observations, & en ne choisissant que celles qui favorisent ce qu'on pense devoir trouver, on préfere souvent les plus mauvaises. C'est ce qui est arrivé à RICCIOLI sur la mesure de la Terre: on a remarqué avec raison, que s'étant mis dans la tête qu'elle devoit être conforme à certaines déterminations des Anciens, il avoit toujours préféré les observations les plus suspectes, ce qui l'avoit fort éloigné du vrai. Ce n'est pas qu'il ne soit quelquefois très-utile & même nécessaire d'être averti de ce qu'on doit voir dans les objets que l'on considere, pour disposer ses organes de maniere à pouvoir le saisir; car on a souvent occasion de remarquer que l'habitude d'envisager certains objets sous une face plûtôt que sous une autre nous retient les yeux, & nous empêche d'y voir ce que nous y appercevons distinctement dès que nous en sommes prévenus, en sorte que nous sommes surpris de ne l'avoir pas observé auparavant. C'est ce qu'on éprouve tous les jours dans les Beaux-Arts. Un connoisseur qui envisage les ouvrages de l'art, sous plus de faces qu'un homme ordinaire lui fera sentir des beautés ou des défauts, dont il ne se doutoit pas, & qu'il sera étonné de n'avoir pas apperçu par lui-même. On peut apporter des exemples aussi frappans tirés des ouvrages de la Nature. Il n'y a pas long-temps que tous les Naturalistes croyoient voir dans les Coraux de véritables Plantes marines chargées de Fleurs, quoique les analyses Chymiques décélassent leur origine animale, & lorsque M. BERNARD DE JUSSIEU les convainquit que ces prétendues Fleurs n'étoient que des Insectes, ils furent surpris de n'avoir pas vu plutôt des objets aussi distincts & souvent assez gros pour être apperçus sans loupe. Ainsi les contraires peuvent avoir lieu ici; il pourroit y avoir du danger à être averti de ce qu'on doit trouver ou à ne l'être pas; mais pour éviter cet écueil, il n'y a qu'à se mettre dans une telle disposition d'esprit, qu'on soit toujours prêt à consulter & à vérifier avec une parfaite impartialité ce dont on a été prévenu dès qu'on peut y soupçonner quelque illusion.

2°. On s'expose à avoir des préjugés funestes à l'art d'observer, quand après avoir considéré en gros les objets de la Nature, on se livre à un esprit d'hypothèses & de systêmes généraux pour expliquer les Phénomenes particuliers qui se présentent; car alors l'Observateur cherchant à les concilier avec ses idées favorites, & mettant sa gloire à faire des Disciples, ne voit par-tout que sa Théorie; s'il veut vérifier ses conjectures, il n'observe que légérement, il ne prend que les détails qui l'accomodent, & ne pense qu'à écarter tout ce qui pourroit nuire à la fortune du systême. S'il se présente quelque fait contraire à ses idées, il cherche à le plier, & à le tailler de façon, qu'il puisse l'enchasser avec adresse dans le frêle édifice qu'il éleve, ou s'il ne peut en venir à bout, il tachera de rendre le fait suspect, & de lui en opposer d'autres observés sans exactitude. L'imagination, cette maîtresse d'erreurs, joue ici admirablement son rôle. Lorsqu'elle est frappée par quelque objet, elle met tant de vivacité dans ses images, qu'elle fait aisément croire que nous voyons tout ce qui l'affecte; après avoir distingué avec un Microscope les yeux d'une Araignée, l'imagination en est si fort préoccupée, que nous croyons encore voir ces mêmes yeux en la regardant sans nous servir de verres, quoiqu'il soit impossible de les distinguer alors; il n'est donc pas surprenant, que l'imagination une-fois préoccupée d'un système dont l'invention flatte l'amour-propre, nous persuade que nous voyons réellement entre lui & la Nature un accord, qui ne peut être apperçu par tout autre. Ce sont ces préoccupations d'esprit, ces systêmes imaginés en l'air, qui ont égaré DESCARTES, & fait d'une partie de sa Physique un tissu de fables.

3°. ON tombe dans le même inconvénient quand on adopte inconsidérément les hypothèses de quelque Auteur illustre; on se prévient souvent pour elles plus que pour ses propres opinions. L'autorité & la célébrité de son nom en imposent, & font qu'on ne peut sentir ni la foiblesse de ſes preuves, ni la force des raiſons, qui les combattent. On s'y attache ſur-tout quand on eſt du même pays que l'Auteur ; on confond alors ſa gloire avec la ſienne propre, & l'on ſe perſuade que celle de la Nation eſt intéreſſée à défendre la vérité d'un ſyſtême qui y a pris naiſſance ; auſſi combat-on pour lui comme s'il s'agiſſoit du ſalut de la Patrie : quelqu'un propoſe-t-il des expériences ou des obſervations contraires à l'opinion généralement reçue, auſſi-tôt ceux qui ſont eſclaves des préjugés nationaux ne penſent qu'à éluder les conſéquences par mille petites chicanes, ils répandent des doutes ſur l'obſervation, ils font ſemblant de répéter l'expérience, mais ils y procedent avec tant de négligence, qu'ils obtiennent un tout autre réſultat. Alors ils élevent leur voix pour annoncer au monde que ces téméraires Novateurs inventent une Doctrine fondée ſur de fauſſes expériences. C'eſt ce qui eſt arrivé toutes les fois qu'il s'eſt fait de grandes découvertes, qui alloient renverſer les idées reçues. On l'a vu dans le temps que les découvertes de la Circulation du ſang, de la Peſanteur de l'air, de la Gravitation univerſelle, de la Décompoſition de la lumiere, vinrent rectifier les fauſſes idées qu'on avoit en Phyſique. Combien d'efforts ne fit-on pas alors de toutes parts, pour ne pas voir ce que d'autres voyoient clairement! Il faut souvent qu'une génération entiere passe, & qu'il en vienne une autre, composée de jeunes-gens moins asservis à certains préjugés, avant qu'on puisse renoncer à des erreurs qui sont en vogue & sentir l'exactitude des observations qui tendent à établir de nouvelles vérités.

4°. L'OBSERVATEUR de la Nature doit prendre garde, que des passions indignes, une amitié aveugle, la haine ou la jalousie ne favorisent toutes ces préventions, & ne lui troublent la vue dans la discution des observations & des découvertes d'autrui; qu'il ferme sur-tout l'entrée à ces passions, lorsque ses observations roulent sur le caractere des personnes, sur le génie des différens Peuples, sur leur Gouvernement, leurs progrès dans les arts & les sciences. Un esprit prévenu voit tous ces objets à travers un verre coloré qui les lui montre sous les plus fausses couleurs. Il ne juge point avec équité; vous le voyez s'arrêter avec complaisance aux circonstances sur lesquelles la Passion a prise, & glisser légérement sur les autres, qui auroient pu compenser le bien ou le mal, & l'engager à porter un jugement moderé.

5°. IL ne suffit pas d'être vuide de préjugés; il faut encore avoir assez de courage & d'élévation d'esprit pour ne pas craindre de heurter les préjugés des autres & d'en détruire le fondement par de nouvelles observations. C'est ce courage que montrerent COPERNIC & GALILÉE, lorsqu'ils oserent publier un systême fondé sur l'observation, & qui en renversoit un autre, que la force, l'autorité & la superstition défendoient également. Un esprit de dépendance impose silence à la Vérité, en retarde les progrès, & fait qu'on n'ose publier les pas qu'on y a fait. Aussi, en cherchant la Vérité il ne faut pas se proposer l'approbation de ses compatriotes, parce que pour l'obtenir il faudroit souvent suivre l'esprit de la Nation, épouser ses principes, & combattre contre la Vérité.

6°. ENFIN il faut se préserver d'un certain goût pour le merveilleux, qui porte à charger de fables les descriptions, qu'on fait des objets de la Nature. Comme la plupart des hommes ont une grande pente à l'extraordinaire, il y a des Observateurs, qui craignent de leur déplaire en leur présentant des choses trop communes, & qui voudroient réveiller leur attention en leur annonçant des Phénomenes tout-à-fait surprenans. Ils cherchent moins ce qui est vrai que ce qui étonne. Que de fables n'ont pas débité les Voyageurs sur les Mines de Sel de *Wieliczka en Pologne!* L'imagination des Poëtes n'a rien enfanté

enfanté de plus extraordinaire, que ce qu'ils en avoient dit avant qu'elles fussent visitées par un Naturaliste exact & véridique (*). La plus petite circonstance suffit à un Observateur enclin au merveilleux pour faire un Prodige de ce qui ne présente rien que de naturel. On a vu des Raisins garnis de grands filets qui sont les parties d'une Plante parasyte nommée *Cuscute*; aussi-tôt de Scavans Botanistes, dont l'esprit étoit porté au merveilleux, ont pris occasion de faire de ce raisin barbu ou chevelu un monstre du regne Végétal, quoique tout fût dans l'ordre Naturel. Parce qu'il y a certains Animaux, qui portent le nom d'Etoiles de Mer, ARISTOTE & PLINE même ont cru devoir leur attribuer une chaleur semblable à celle des Astres dont ils portent le nom; ils ont dit gravement, que les Etoiles de Mer brulent tout ce qu'elles touchent. Ils auroient parlé plus conformément à l'observation, s'ils avoient dit simplement, qu'elles digéroient très-vîte ce qu'elles ont mangé, comme si elle l'avoient consumé. La Nature présente assez de merveilles aux vrais Physiciens, pour qu'ils ne doivent pas être tentés de les exagérer, & d'en imaginer de chimériques. Qu'ils l'observent attentivement, ils y trouveront sans

(*) *Monsieur* GUETTARD.

R

cesse les traits les plus vrais & les plus piquans tout ensemble.

Mais en se tenant en garde contre le merveilleux, qu'ils n'aillent pas donner dans un défaut opposé en niant avec précipitation & sans un examen suffisant les faits extraordinaires qu'on leur raconteroit ou qui ne leur seroient annoncés que par des bruits populaires. Comme la Nature est assurément féconde en productions surprenantes, il peut arriver quelque fois, qu'en tournant leurs regards sur ces faits, ils les vérifient en effet, ou qu'au milieu des circonstances fabuleuses, dont le vulgaire les charge, ils en trouvent de très-remarquables, qui auront donné lieu aux contes populaires. Lorsque M. De Réaumur s'avisa le premier d'examiner sévèrement si les écrévisses, après avoir perdu leurs jambes, pouvoient les recouvrer, ce fait, dont on ne parloit que sur la foi du peuple qui fréquente le bord des rivieres, étoit regardé par tous les sçavans comme un conte indigne de toute créance. Il ne laissa pas de trouver par ses expériences, que le peuple avoit raison. On croyoit communément sur les côtes de France & d'Angleterre, que les soles étoient produites par une espece d'écrévisse de mer qu'on appelle chevrette. Rien, dit M. De Fontenelle, n'avoit plus l'air d'un conte populaire & absurde,

& ne méritoit mieux qu'un physicien dédaignât de l'éxaminer. Cependant comme on pourroit être la dupe de son dédain, M. Deflandes voulut voir s'il n'y avoit pas du-moins quelque fondement à ce conte. Il en trouva un assez raisonnable dans la physique des pêcheurs & du peuple. Il découvrit par des procédés très-bien imaginés & des observations exactes, que les chevrettes servent à la production des soles, en ce que les œufs de soles ont besoin pour éclore, de s'attacher à des chevrettes, comme tant de plantes & d'animaux connus ne croissent que sur d'autres plantes & d'autres animaux. Les chevrettes font en quelque sorte les nourrices des soles pendant leur premiere enfance, & c'est ce qui les a fait passer pour leurs meres.

CHAPITRE VI.

Sur la Nomenclature & les Méthodes imaginées pour distribuer avec ordre les Productions de la Nature.

I. Nous avons vu dans le *Chapitre Premier* de cet Essai, que les productions de la Nature étoient répandues çà-&-là avec tant de profusion qu'il étoit impossible de les considérer chacune à part, & qu'il falloit nécessairement se borner à décrire ce qui appartenoit constamment aux divers assemblages d'individus, qui avoient assez de propriétés semblables pour qu'on pût à juste titre leur donner le même nom, & en former une même espece. Mais comme le nombre de ces especes est lui-même très-considérable, il seroit à craindre, si on procédoit sans ordre à les décrire, qu'il n'en résultât beaucoup de confusion. La Mémoire pourroit à la fin succomber sous la multitude des descriptions, qui s'accumuleroient sans-cesse. Leur longueur deviendroit à charge; il ne seroit pas aisé de les transmettre toutes à la postérité; on seroit souvent tenté d'en retrancher plusieurs, & de retenir seulement des noms, dont les Lecteurs ignoreroient la signification, ensorte que l'on risqueroit peu-à-peu de tomber dans l'espece de confusion & d'obscurité qu'on reproche à d'anciens Naturalistes, qui emploient fréquemment dans leurs Ouvrages des noms vagues & indéterminés, qui ne peuvent donner aucune idée juste des objets dont ils veulent parler.

11. Aussi les Naturalistes modernes ont-ils cherché avec ardeur quelque Méthode propre à éviter ces inconvéniens. Pour y parvenir ils considérent les rapports de ressemblance, qui sont entre les especes, & les différences, par lesquelles on les discerne. Celles qui sont semblables à certains égards, sont placées par eux dans un même genre; les Genres qui ont aussi certaines qualités communes, sont compris dans une même Famille; ils réunissent encore dans un même ordre plusieurs familles que des caracteres plus généraux y assemblent, & enfin plusieurs ordres dans une même classe. Par cet artifice ils se proposent d'abréger les descriptions; car après avoir caractérisé les différentes Classes, Ordres, Familles, Genres & Especes, ils donnent les marques requises pour reconnoître l'objet dont ils parlent, en disant qu'il appartient à une certaine classe & à telles & telles subdivisions de cette classe; de plus ils tirent de là des Formules ou Phrases abrégées qui en expriment

les principaux caracteres. C'est pourquoi ils appellent Nomenclature cet Art qui apprend à classer, nommer distinctement & arranger systématiquement les différentes substances qu'offre l'Histoire Naturelle. Ces sortes des dispositions & d'ordonnances sont donc destinées par les Naturalistes à mettre dans leurs connaissances un ordre facile à saisir, à donner une idée générale des objets de la Nature à ceux qui étudient l'Histoire Naturelle, à suppléer au défaut de mémoire de ceux qui savent déja, à diriger l'arrangement d'un Cabinet d'Histoire Naturelle, afin qu'on puisse mieux embrasser ce que la Nature a donné pêle-mêle, & promener les yeux avec moins de fatigue parmi ses différentes productions, comme dans une riche Bibliotheque, dont tous les Livres sont distribués avec ordre & avec goût dans les classes qui leur sont propres.

III. Pour qu'on pût en effet retirer de ces distributions Systématiques tous les avantages, que les Méthodistes promettent, & pour que la Nature pût réellement s'assujettir à l'ordre qu'il établissent, il faudroit qu'il fût puisé chez elle-même, & que les caracteres que l'on choisit pour arranger ses productions ne fussent pas entierement arbitraires; autrement on lui feroit violence, & l'on s'exposeroit à en donner les plus fausses idées. Car pour peu qu'on envisage attentivement la Nature, ou peut se convaincre qu'elle observe un ordre réel ; on voit qu'il y a dans ses productions des mélanges gradués d'uniformité & de variété, qui étant bien saisis seroient connoître leur rapport, & le plan d'arrangement, que l'Etre Supreme à suivi dans la Création des êtres. Mais s'il est facile d'entrevoir, qu'il y a un Ordre Naturel, il n'est pas pour cela plus aisé de le réprésenter par nos subdivisions précisément tel qu'il est, parce que nous ne connoissons encore qu'un petit nombre d'objets de la Nature, parce que nous n'avons même qu'une idée très-superficielle de ceux qui ne nous échappent pas, parce que de plus il y a tel objet, qui par une ou plusieurs propriétes nous semble appartenir à une classe, & qui cependant par d'autres qualités nous paroît tenir à une autre classe, & lui convenir tout aussibien. Cette derniere difficulté vient de ce que tout est nuancé dans la Nature. Il y a des Animaux, qui confinent de bien près au genre des Plantes, & d'un autre côté des Végétaux, qui comme les Truffes ne semblent presque pas végéter au premier coup d'œil. Ce n'est pas seulement dans ces divisions générales qu'on apperçoit ces nuances, on les retrouve encore quand on en vient aux subdivisions les plus particulieres. Chaque espece commence par ce qui en a le moins le caractere pour s'élever peu-à-peu & par dégrés continuels à ce qu'elle peut avoir de plus parfait dans son genre. Avec quelle dégradation un Naturaliste habile n'a-t-il pas trouvé, que les Limaçons de Terre & d'eau vont, depuis ceux qui ont la Coquille la plus massive rélativement à leur corps, jusqu'à ceux aux quels elle est suppléée, par une piece dure plus ou moins grande, & enfin à ceux auxques elle manque absolument?

Il faudroit donc, pour représenter le vrai ordre de la Nature, saisir toutes les nuances qui servent à séparer & unir les divers êtres; sans quoi on n'auroit que des divisions imparfaites; on ne connoîtroit que les teintes les plus fortes & point l'entre-deux. Ainsi il n'est pas possible à des êtres aussi bornés que nous le sommes de tracer une esquisse complette du Plan selon lequel les objets de la Nature, sont arrangés, puisqu'il faudroit considérer une prodigieuse multitude d'objets semés çà & là, & discerner une infinité de petites différences pour découvrir parfaitement leur rapport. Cependant on ne doit pas conclure de là qu'il y auroit de la témérité de travailler à entrevoir toujours mieux cet ordre de la Nature; car si sous prétexte que nous n'en aurons jamais une idée complette il falloit rononcer à ce travail, il faudroit auſſi faire le procès à toutes les autres connoiſſances humaines, qui ne pourront de même jamais arriver au dernier point de perfection. Quoique nos progrès dans l'Hiſtoire Naturelle ne feront jamais aſſez grands pour pouvoir ranger les Minéraux, les Végétaux & les Animaux, de façon qu'on puiſſe un jour appercevoir parfaitement, comme dans un tableau raccourci & achevé, les rapports de reſſemblance de tous ces corps leurs différences, l'affinité, & la liaiſon, qui ſe trouvent entr'eux, il eſt cependant très-louable de tendre à ce but, autant qu'il eſt poſſible par des recherches ſoutenues.

IV. Mais a-t-on juſqu'à préſent ſuivi la meilleure route pour parvenir à ce but & déchiffrer l'ordre de la Nature? Il faut avouer qu'on s'eſt trop preſſé d'en diſtribuer les Productions. On y a travaillé avant que d'avoir ramaſſé les matériaux ſuffiſans. On a trop donné à l'imagination. Faute d'obſervations on s'eſt borné à prendre arbitrairement quelques caracteres particuliers, pour claſſer les Etres; de-là il eſt arrivé qu'on a ſéparé dans des Genres très-différens des corps qui avoient une reſſemblance manifeſte, ou réuni dans un même ordre ou Genre d'autres objets trop diſparates pour être mis enſemble, & cela uniquement parce qu'ils différoient ou se ressembloient dans la seule partie qu'on avoit jugé à-propos de prendre pour Caractéristique, comme si la Nature devoit s'assujettir à nos caprices. L'Homme, par exemple, est étonné de se voir dans certain système célebre confondu dans la classe des Quadupedes, & placé dans le même ordre à côté du Sige & du Paresseux. Ces systêmes purement artificiels & si différents de celui de la Nature ont aussi trop occupé les Naturalistes. Ils y ont consacré un temps précieux qu'ils auroient mieux employé à consulter la Nature. De pures divisions ne peuvent suppléer à la connoissance des choses. Cependant les systêmes fameux, qu'ils ont mis au jour, & qu'ils ont annoncés comme des tableaux complets de la Nature ont produit ce mauvais effet, qu'ils ont flatté la paresse & la vanité des hommes. On a cru qu'en les parcourant & en se mettant dans l'esprit leurs distributions & leurs formules abrégées, on pouvoit connoître la Nature, & se dispenser d'observer davantage. Néanmoins on pourroit savoir la Classe, l'Ordre, la Famille, le Genre, l'Espece d'un Objet, & la Phrase qui le caractérise, sans avoir que des notions très imparfaites de quelques unes de ses propriétés souvent-même les plus intéressantes. D'ailleurs comme les parties ou les propriétés isolées, qu'on a prises pour faire ces distributions dependoient du choix de chaque Auteur qui y travailloit, on a vu éclore une infinité de systêmes différens pour ranger les êtres; on y apperçoit des variétés considérables dans l'arrangement, les noms & les Phrases, ce qui cause souvent beaucoup d'embarras, d'équivoques & d'erreurs dans l'étude de l'Histoire Naturelle. Les diverses dénominations employées par les Auteurs de ces systêmes ont quelque fois fait prendre une même Plante pour différentes Plantes, ou au contraire prendre différentes Plantes pour la même. Cependant faudroit-il à cause de ces imperfections rejeter tous les systêmes d'arrangement, qui ont paru jusqu'ici? Je ne pense pas ainsi; mais en s'en servant, il faut les apprécier selon leur juste valeur, & les prendre pour ce qu'ils sont. Qu'on ne les regarde pas comme des guides sûrs pour se conduire sans hésiter, & sans précaution dans le labyrinthe où l'on entre en étudiant l'Histoire Naturelle. Puisqu'ils ne sont que des productions de notre esprit, ils peuvent s'écarter à une infinité d'égards du Plan que le Créateur a suivi dans l'arrangement des êtres; & il ne faut pas douter qu'on ne rencontre souvent, en chemin-faisant, des objets qu'on ne saura où y placer. Ces systèmes ne sont donc que des secours, dont on peut faire usage avec prudence, pour ranger jusqu'à un certain point ſes idées, en attendant qu'on puiſſe les diſpoſer dans un ordre plus conforme à celui de la Nature.

V. MAINTENANT que conviendroit-il de faire, pour ſe rapprocher de plus en plus de cet ordre de la Nature, & en découvrir plus exactement les caracteres diſtinctifs ? Il s'agiroit de multiplier les obſervations, & dans les comparaiſons qu'on en feroit de ne pas s'en tenir à quelques ſignes de reſſemblance arbitrairement choiſis, qui peuvent réunir des choſes très-diſſemblables, mais plutôt de mettre dans une même claſſe les objets qui ont le plus de reſſemblance dans toutes leurs parties ou propriétés. On en feroit ainſi différentes Familles naturelles, qui n'auroient rien qui répugnât avec l'ordre établi dans la Nature, & où l'on pourroit enſuite diſtinguer des Genres en remarquant les différences principales, qui ſe trouveroient entre les objets, qu'on rapporteroit à ces Familles. C'eſt la Méthode qu'à ſuivi avec beaucoup de ſuccès Mr. ADANSON dans les divers morceaux d'*Hiſtoire Naturelle* qu'il nous a donnés. Ce que dit cet Homme habile ſur l'avantage de cette Méthode mérite d'être ici rapporté. ,, Je con,, nois trop, *dit-il*; les défauts des ſyſtêmes ,, pour en admettre aucun........ Je me con,, tenterai de rapprocher les objets ſuivant le plus

„ grand nombre des degrés de leurs rapports,
„ & de leur ressemblance........ Ces objets
„ ainsi réunis formeront plusieurs petites Famil-
„ les, que je réunirai encore pour en faire un
„ tout, dont les parties soient liées intimé-
„ ment........ Si jusqu'à-présent on avoit tra-
„ vaillé à découvrir dans les corps leurs rap-
„ ports, à en faire de petites Familles bien ca-
„ ractérisées, ce que quelques uns appellent des
„ Familles Naturelles, l'Histoire de la Nature
„ seroit aujourd'hui moins obscure, beaucoup
„ plus avancée, & l'on seroit moins embarrassé
„ sur la place que doivent occuper tant d'êtres
„ isolés qu'on ne sait où rapporter, faute d'en
„ avoir fait la description entiere & d'exactes
„ comparaisons."

VI. Une attention qu'on doit avoir dans la Nomenclature est de ne pas employer des mots inutiles & bizarres. Il est à propos de conserver les noms populaires autant qu'il est possible, soit pour ne pas interrompre une tradition précieuse, qui peut transmettre bien des observations intéressantes, soit pour ne pas dérouter les Lecteurs, & leur fatiguer la mémoire sans nécessité. Il y a d'ailleurs bien des objets de la Nature, sur lesquels il importe extrêmement d'avoir des dénominations communes & uniformes. Si, par exemple, les gens de la Campagne qui ramaſſent les Plantes, & les Médecins, qui en préſcrivent l'uſage leur donnent des noms différens & ne s'entendent plus les uns les autres, il peut réſulter de cette confuſion de langage des erreurs très-fâcheuſes. Lors-même que l'eſpece qu'on enviſage & qu'on veut décrire eſt nouvelle, & n'a point encore reçu de nom, il faut apporter un certain choix dans les mots qu'on adopte pour déſigner ce nouvel objet. Il convient alors d'éviter les noms tirés de trop loin, & capables de rebuter par une affectation d'érudition mal placée, de charger la mémoire, & de diſtraire l'attention qu'il ne faudroit donner qu'à la choſe-même. Si quelque mot déjà uſité étoit propre à reveiller l'idée de certains caracteres bien marqués de l'objet en queſtion, c'eſt celui-là même qui faudroit choiſir, lorſqu'il n'en pourroit naître aucune équivoque. C'eſt ce qu'à fait Mr. D'AUBENTON dans l'établiſſement des nouvelles eſpeces de Chauves-ſouris qu'il a découvertes; & l'on ne peut qu'approuver les réflexions judicieuſes qu'il fait là-deſſus. Il n'héſite point à nommer une des eſpeces de Chauves-ſouris qu'il a trouvées, *Fer-à-cheval*, parce qu'elle a au deſſus de la levre ſupérieure une ſorte d'empreinte fort apparente qui reſſemble à celle du Fer-à-cheval, & que le nom seul suffiroit pour la diftinguer de toute autre efpece de chauves-fouris.

VII. QUANT au ftyle dont il faut fe fervir dans les defcriptions, il faut après s'être formé felon les regles dévelopées dans les Chapitres précédens des idées bien diftinctes de l'objet qu'on veut décrire, n'employer que les termes les plus propres à les faire paffer fans équivoque, & avec netteté dans l'ame des Lecteurs. Qu'on en baniffe féverement les fleurs des Rhéteurs & les vains ornemens; ce que l'imagination ajoute répond rarement à la vérité des chofes. Il faut dans le recit qu'on fait de ce qu'on obferve montrer cette fimplicité avec la quelle la Nature même nous le fait connoître par le moyen des fens. Qu'on s'attache uniquement à la précifion. A cela nuiroit tout changement de faits, toute addition ou retranchement de circonftances. Or pour ne pas tomber dans ce défaut, il eft bon d'écrire d'abord tout ce qu'on remarque. Car, fi on le confioit trop long-temps à fa mémoire, on feroit tout furpris qu'au bout de quelque temps l'obfcurité s'y glifferoit, une circonftance s'omettroit, une autre s'introduiroit, bientôt plufieurs parties s'effaceroient, & il ne refteroit à la fin rien que de confus, ou ce qui eft encore plus dangereux, l'idée de l'objet s'étant une fois altérée dans notre mémoire, nous pourrions dans la suite à force de nous le repréfenter dans cet état nous perfuader qu'il eft en effet tel que nous l'imaginons, ce qui nous expoferoit à donner de pures fictions pour de véritables obfervations. Enfin lorfqu'ils s'agit d'un objet un peu compliqué, il eft utile de le deffiner; on en aquiert foi-même des idées plus claires, & en même-temps on en donne aux autres, en un inftant, des idées plus diftinctes que ne pourroient faire les defcriptions les plus détaillées.

INTRODUCTION

INTRODUCTION

A LA

SECONDE PARTIE.

Dans laquelle on examine jusques où l'Art d'Observer peut contribuer à la perfection de l'Entendement.

La perfection de l'entendement, c'est-à-dire, de cette puissance qu'a l'ame d'appercevoir, de réfléchir & de raisonner consiste, 1°. à avoir le plus grand nombre d'idées, qu'il est possible dans l'état d'imperfection où nous sommes; 2°. à pouvoir les comparer avec la plus grande facilité possible à notre nature bornée, pour se procurer par ce moyen, & proposer clairement les connoissances les plus réelles, & les plus conformes à l'ordre qui regne dans la Nature, ou du moins, quand il ne peut parvenir à une entiere certitude, à pouvoir mesurer le plus exactement qu'il se peut les probabilités des choses; 3°. à savoir diriger de la maniere la plus convenable l'imagination, dans tout ce qu'elle sépare ou raproche dans les

Arts, soit pour satisfaire avec goût un sentiment délicat du Beau, soit pour avoir des ressources prêtes dans le besoin, & convertir à nos usages les Productions, & les agens de la Nature; 4°. enfin à s'occuper des considérations les plus propres à rendre l'homme meilleur, & à lui donner de son Créateur les idées les plus majestueuses, les plus capables d'élever ses sentimens, & qui tendent le mieux à le conduire à un bonheur solide & éternel. Que la perfection de l'entendement consiste dans ces quatre Points, c'est ce qui est visible par soi-même, puisque par là il pourra appercevoir, réfléchir, raisonner & combiner le mieux qu'il est possible. Cela paroîtra encore plus clairement par les dévelopemens, où nous allons entrer dans les quatres Chapitres suivans, pour faire voir, jusqu'à quel point l'art d'Observer peut se perfectionner à ces quatre égards.

CHAPITRE I.

Jusques où l'art d'Observer peut contribuer à augmenter le nombre de nos idées.

I. Un défaut absolu d'idées emporte une ignorance entiere, puisqu'il est impossible de voir les relations qui existent entre les objets, dont on n'a aucune idée. Ainsi, le premier pas à faire pour perfectionner l'entendement humain consiste à lui procurer le plus grand nombre d'idées possibles, afin qu'elles lui servent comme autant de matériaux, sur lesquels il pourra ensuite opérer en les unissant & les combinant. Or toutes les idées des hommes tirent leur origine du sentiment intérieur, & de l'action des objets extérieurs sur les organes des sens. Toutes celles que fournissent la lecture & la conversation dérivent primitivement de cette source. Il faut donc que les hommes continuent à observer assidument, s'ils ne veulent pas que leurs raisonnemens roulent sur le même cercle d'idées.

L'Art d'observer, ce grand instrument destiné à accroître le nombre de nos idées est d'autant plus propre à produire cet effet, qu'étant devenu familier, on peut en faire usage en tout temps, soit qu'on soit seul, en Ville ou à la campagne. On a toujours occasion de faire, ou sur soi-même, ou sur tout ce qui nous environne, d'utiles remarques. La Sagesse & la Puissance infinie de Dieu a si fort multiplié tous ses ouvrages, qu'il y a toujours quelque chose à découvrir. Un esprit Observateur, qui fouille dans tous les recoins, qui saisit toutes les occasions de mieux voir, & s'aide de tous les secours de l'art pour mettre les objets à sa portée, est sans cesse réveillé par la nouveauté du spectacle, il rencontre souvent sous ses pas des faits entierement inconnus, & acquiert de nouvelles idées sur la vaste possibilité des choses, & les combinaisons surprenantes aux quelles les Etres peuvent être assujettis. Il n'y a qu'à parcourir les observations des modernes pour s'en convaincre. Combien de nouveaux objets n'ont-ils pas mis en évidence!

Pour enrichir le trésor de nos idées, il n'est pas nécessaire, que les objets qu'on observe, soient entierement neufs, & n'aient pas encore été considérés. Si l'on veut en rendre le reservoir véritablement riche, il faut que celles de nos idées, dont l'objet est composé, deviennent distinctes autant qu'il est possible, c'est-à-dire, qu'elles nous le repréfentent fous toutes les faces, fous lefquelles il nous eft permis de l'envifager. Il faut qu'elles nous mettent en état de le caractérifer, & de le décrire avec exactitude, pour découvrir tous fes rapports, & le reconnoître facilement fans le confondre avec d'autres objets qui pourroient lui reffembler à quelques égards. Or il n'y a aucune efpece de fubftance dont on ne puiffe rendre l'idée toujours plus diftincte. C'eft par les propriétés, les puiffances paffives ou actives, qui y coexiftent enfemble, qu'on les connoit, & c'eft par la feule expérience qu'on peut acquérir des idées de ces qualités. Mais qui peut fe flatter d'avoir fait toutes les expériences & les obfervations requifes pour les découvrir? Qui oferoit affurer que des qualités & des rapports dont il n'a pas même l'idée ne puiffent un jour s'y manifefter clairement. C'eft aux progrès de l'art d'obferver, qu'on doit la connoiffance de tant de propriétés furprenantes ignorées des Anciens, & qui ont été reconnues dans les corps mêmes les plus expofés à leurs yeux, comme la lumiere, l'air, les corps électriques, le fer & l'acier qu'ils n'auroient pu charger de la vertu magnétique que par le feul attouchement de l'Aimant, tandis qu'on en vient à bout depuis peu en le tenant verticalement, en le chauffant, en le frappant, en le frottant contre d'autres fers en certaines circonstances, ou en l'élevant vers le Nord d'un certain nombre de degrés. Ainsi que ne peut-on pas espérer des nouvelles observations & expériences, qu'on fera dans la suite pour rendre plus distinctes les idées, que nous avons des objets-même les plus communs, lorsqu'on aura porté à un plus haut point de perfection l'art d'observer, & qu'il sera mis en pratique par un grand nombre d'Observateurs qui auront l'adresse, l'activité, les lumieres, & les instrumens nécessaires pour s'y appliquer avec succès!

Les cabinets de physique & d'histoire naturelle, qu'on rend tous les jours plus communs en Europe, sont bien propres à hâter cet heureux moment, & à répandre les idées nouvelles que procure sans cesse l'observation de la Nature. D'Habiles-gens emploient avec succès tout le génie méchanicien qu'ils ont reçu pour meubler les cabinets de physique d'instrumens propres aux expériences, qui en bien des pays viennent aujourd'hui offrir des vérités solides & utiles dans les colleges, où l'on ne présentoit que des spéculations stériles, des définitions seches & surannées. En même-temps ceux, qui possedent ces magnifiques temples de la Nature, où toutes les productions se trouvent rassemblées en petit, se font une gloire philosophique de communiquer leurs richesses à tous les curieux, & de leur procurer des plaisirs plus piquans, en rendant tous les jours le spectacle plus brillant par de nouveaux objets tirés à grands frais de toutes les parties du globe. Là les différentes substances de la Terre viennent elles-mêmes s'offrir à nos regards avides, pour nous exercer sans fatigue à les distinguer, & nous introduire pour ainsi dire dans le sanctuaire de la Nature. Tantôt elles nous font connoître dans quels endroits ou sur quelles especes de corps il faut les chercher; tantôt elles dissipent sur leurs propriétés beaucoup de préjugés & de fausses merveilles de la vérité des quelles on n'auroit jamais osé douter; ou bien en nous montrant sur elles-mêmes les singularités frappantes de la Nature, elles nous apprennent à ne pas d'abord rejeter avec dédain les faits qui choquent nos idées, mais plûtôt à les soumettre à un examen attentif. Tous ces savans recueils, qui ne sauroient être trop favorisés par les princes éclairés qui ont à cœur l'avancement des sciences, deviennent ainsi une excellente école, pour semer de nouvelles idées parmi les hommes, & former désormais une foule d'observateurs instruits, qui pleins d'émulation, ne manqueront pas à leur tour de groſſir le nombre de nos idées par de nouvelles recherches.

II. Cependant quelque flatteuſes & bien fondées que ſoient ces eſpérances, le nombre de nos idées ſera toujours fort au deſſous de celui des objets qui exiſtent dans la Nature, & des propriétés qu'ils poſſedent. Déja il n'eſt pas impoſſible, qu'ils aient des qualités qui pour être reconnues demanderoient des ſens differens de ceux dont nous ſommes en poſſeſſion. Perſonne au moins ne prouvera le contraire. Il y a d'ailleurs une infinité d'objets, qui ſe dérobent à nos ſens par une ſuite de leur petiteſſe ou de leur éloignement. Quelque perfection, que nous donnions aux ſecours que fourniſſent la Catoptrique & la Dioptrique, pour étendre la ſphere de notre vue, il ne ſera jamais poſſible de remédier entierement à ces deux inconvéniens. Il y aura toujours des corps trop éloignés pour être apperçus, ou pour laiſſer voir diſtinctement leurs parties même les plus ſenſibles & les plus groſſieres. De même malgré toutes les peines que nous prendrons pour pénétrer dans l'intérieur des corps dont nous pouvons approcher, nous ne pourrons jamais découvrir immédiatement la groſſeur, la contexture, les vitesses, & autres affections des plus petites particules de la matiere. Il sera seulement possible par de justes conséquences d'en acquerir un jour des idées moins vagues, en continuant à observer, recueillir & comparer avec soin tout ce qui résulte de l'action des corps les uns sur les autres dans les différentes opérations de la Chymie selon le plan que nous avons tracé dans le *Chapitre I.* de la *Premiere Partie.* Mais malgré toutes les ressources de l'art, l'entendement n'aura jamais des idées complettes sur la prodigieuse variété, & les nombreuses propriétés des corps. Il ignorera nécessairement une infinité de rapports, de ressemblances & de différences qui existent entr'eux.

III. Si après avoir considéré ce qui appartient aux corps, nous examinons les idées que peut nous procurer sur nôtre ame la réflexion intérieure, nous trouverons qu'étant bien dirigée, elle peut à la vérité nous donner des idées toujours plus nettes de ses opérations, mais que cependant dans l'histoire qu'elle en donnera, il y aura toujours bien des vuides, qu'on ne pourra remplir que par des conjectures. Car il y a plusieurs intervalles où les opérations & les pensées de nôtre ame sont si foibles, qu'il ne nous en reste aucun souvenir, & qu'il nous est impossible de juger par le sentiment intérieur de l'état où elle se trouvoit alors; tels sont les temps du sommeil & les premiers commencemens de notre vie.

Ce n'est aussi que par des conjectures plus ou moins heureuses, qu'on pourra se former quelques idées du principe sentant qui anime les brutes, comme il paroît assez par ce que nous avons dit dans la *Premiere Partie* sur la maniere de tourner de ce côté ses observations.

A l'égard de l'idée de l'Etre Suprême, ce n'est pas le lieu d'en parler ici, parce qu'il sera plus à propos d'en taiter sur la fin de cet Essai.

Quant à cette suite de Créatures douées de sentiment qui dans d'autres parties de l'Univers peuvent être supérieures à l'homme, & s'élever de plus en plus par des gradations insensibles vers l'immensité du Pere des Esprits, sans que jamais aucune puisse l'atteindre, ensorte que la plus parfaite des Créatures demeure toujours autant au dessous du Créateur, que le fini est au dessous de l'infini, l'observation ne nous en apprend rien que la possibilité de leur existence, quand elle nous fait voir, comment sur la terre l'être doué de sentiment monte insensiblement par divers degrés de perfection depuis les animaux les plus imparfaits jusqu'à l'homme, & nous fait soupçonner par là qu'il pourroit continuer à monter de même dans d'autres parties du Monde.

VOILÀ donc les bornes au delà des quelles le nombre & le degré de perfection de nos idées ne peuvent aller dans notre situation présente; mais comme entre ces limites, & le point où nous sommes encore, il y a un grand espace à franchir, on conçoit que l'art d'observer ne laisse pas d'avoir une vaste carriere à parcourir pour enrichir notre entendement de nouvelles idées, & rendre plus distinctes celles qu'il a déja. Cet accroissement d'idées influe d'autant plus sur l'étendue de nos connoissances, que chaque nouvel objet dont nous venons d'acquérir l'idée, peut être comparé avec les autres que nous connoissons déja, & nous conduire par ce moyen à la découverte d'un grand nombre de vérités intéressantes. Il est vrai qu'il ne nous appartient pas de saisir les rélations qui existent entre toutes nos idées. Mais nous pouvons établir, que l'art d'observer rend cette comparaison de nos idées plus facile, nous aide à parvenir par là à des connoissances d'autant plus précieuses qu'elles sont réelles, c'est-à-dire, d'accord avec la Nature, & au cas que nous ne puissions parvenir à une entiere certitude il nous met souvent en état de choisir ce qu'il y a de plus probable. C'est ce qui donne un nouveau degré de perfection à l'entendement. Car en vain auroit-il des idées, s'il ne sçavoit, en les comparant, en tirer des conséquences ; en vain sauroit il former de longues suites de raisonnemens, si elles ne le conduisoient qu'à des chimeres, puisqu'il resteroit dans une honteuse ignorance au milieu de cet étalage de sçavoir ; & envain parviendroit-il quelquefois à une entiere certitude, & demêleroit il les cas où il ne peut y arriver, si lorsque les besoins & les affaires de la vie ne permettent pas de suspendre entierement son jugement, & de rester dans l'inaction, il ne sçavoit pas mesurer les plus exactement qu'il est possible les probabilités des choses.

CHAPITRE II.

Jusques où l'art d'Observer facilite la comparaison de nos Idées, nous aide par là à parvenir à des connoissances réelles, ou à mesurer les probabilités des choses, lorsque nous ne pouvons arriver à une entiere Certitude.

I. Si des idées distinctes & bien rangées sont nécessaires pour juger facilement, former sans se tromper de longues suites de raisonnemens, & les communiquer aux autres d'une maniere lumineuse, si les réflexions qu'on fait sur les opérations de l'ame, & sur sa marche dans la découverte de la vérité peuvent lui fournir des directions utiles pour faire des déductions rigoureuses, si des principes puisés dans la Nature-même peuvent conduire l'entendement à des résultats qui en soient avoués, si le choix des mots, auxquels l'usage a le plus constamment attaché les mêmes idées, qu'on a dessein d'exprimer, sert beaucoup à bannir du discours toute équivoque, & les faux sens, on peut dire hardiment que l'art d'observer, qui procure ces divers avantages, doit nécessairement donner à l'esprit-humain plus d'aptitude à raisonner avec précision, avec clarté, & à réaliser ses connoissances. Mais ne nous en tenons pas à ces idées vagues & générales, parcourons les principales connoissances humaines pour voir, jusqu'à quel point l'art d'observer peut nous servir à pousser nos raisonnemens, sans contredire la Nature.

II. Et d'abord voyons jusqu'à quel degré il permet au Physicien, de raisonner avec justesse sur l'enchainement des causes & des effets. Les regles que nous avons données, sur cet art, tendent à faire observer, aussi exactement qu'il se peut, tout ce qui précede, accompagne & suit un effet de la Nature, à déterminer avec précision toutes les circonstances qui peuvent y influer, comme les distances, la grandeur, l'arrangement, les mouvemens des corps environnans. Elles apprennent à recourir à des procédés propres à rendre les opérations de la Nature plus sensibles, à la questionner avec un esprit de méthode, qui sans tenir de l'esprit de système & d'entêtement, ce fléau de la vraie Physique, sait cependant profiter de tout ce qu'il entrevoit à travers l'écorce des Phénomenes pour l'attaquer par l'endroit le plus accessible. Elles veulent que, soit par des expériences variées en mille manieres, & des observations faites en divers temps & divers lieux, soit en consultant avec discernement les meilleurs Observateurs, l'on s'affure de ce qu'il y a d'accidentel, de général & d'immuable dans les faits. Or il eft vifible, qu'en fuivant cette route, l'entendement trouve plus de facilité à mettre les obfervations en ordre, à les comparer & à voir leur liaifon, autant que lui permet fon étroite capacité; il eft clair qu'il peut fouvent par ce moyen s'élever d'un Phénomene particulier à un plus général & découvrir quelquefois jufqu'à un certain point l'enchainement des caufes & des effets. Lorfque les rapports qu'on apperçoit entre les Phénomenes font fufceptibles de déterminations exactes, & peuvent être foumis à une jufte mefure, la Géométrie & le calcul de l'infini guidés par la Méchanique préfentent à l'efprit de grands fecours, pour en tirer une multitude de conféquences profondes, pour remonter de Phénoméne en Phénomene jufqu'aux forces qui les produifent, & defcendre enfuite de ces forces une fois déterminées à tous les effets qui en doivent réfulter. Car connoiffant la Loi, fuivant laquelle les changemens opérés dans la Nature arrivent, il peut les repréfenter par des Lignes droites ou courbes, des ordonnées ou des abciffes de courbes, ou par des aires qui fuivent le même rapport; enfuite faifant ufage de toutes les reffources du calcul, pour découvrir ce qui appartient à ces lignes & à ces aires, il peut s'élever à une infinité de connoissances intéressantes sur les grandeurs qu'elles représentent, comme les vitesses, les temps, les espaces, les courbes que décrivent les corps animés par des forces dont la loi est connue. Ainsi NEWTON s'appuyant sur les meilleures observations des Astronomes, & les rapports qu'elles indiquent découvre à la lumiere d'une sublime Méchanique les forces, qui agissent dans le système solaire, en détermine les loix, & en déduit les mouvemens des corps célestes, & les courbes qu'ils décrivent. De-même décomposant la lumiere, & déterminant par observation la refrangibilité de chacun de ses rayons, il calcule toutes les circonstances de l'Arc-en-Ciel; puis trouvant que dans l'un & l'autre cas les calculs donnent des résultats conformes à l'Observation, il est convaincu d'avoir découvert la vraie cause de ces Phénomenes.

Il pourroit arriver que la cause, à laquelle l'observation conduiroit fût très réelle, & influât visiblement sur le Phénomene, dont on veut rendre raison, que cependant elle n'en fût pas une cause totale, mais seulement partiale, c'est-à-dire, qu'elle ne contribuât à sa production que conjointément avec une autre. L'Entendement peut démêler ces cas & éviter un écueil si propre à le jeter dans l'erreur lorsque

l'obserl'obſervation lui fournit les élémens requis, pour calculer l'efficacité de la cauſe qu'il ſait devoir contribuer à produire l'effet dont il s'agit. Car ſi un calcul fondé ſur des principes ſolides donne un réſultat différent de l'effet qu'on obſerve, il en doit conclure qu'il y a dans la Nature quelque cauſe, dont il ne tenoit pas compte qui modifie l'effet de la premiere cauſe; ce qui peut conduire l'eſprit humain à connoître plus exactement les procédés & les reſſorts de la Nature. Car quand il eſt aſſuré, que les principes ſur leſquels il a calculé ſont ſûrs, il doit chercher, d'où vient que l'obſervation n'y répond pas; or ſouvent la Nature de la choſe bien conſidérée le montre & fait connoître une autre cauſe, dont l'action étant jointe à celle de la premiere rend le calcul plus conforme à ce qui ſe paſſe dans la Nature. Par exemple, après avoir calculé les accourciſſemens cauſés à différentes latitudes au pendule à ſecondes par la force centrifuge qui vient du mouvement de la Terre, & avoir comparé ces réſultats avec ceux, qui ont été trouvés par les expériences du pendule, on peut ſe convaincre, que cette force centrifuge n'eſt pas la ſeule cauſe, qui contribue à rendre la Peſanteur moindre vers l'Equateur que pour les grandes latitudes, & que pour rapprocher le calcul des différences obfervées dans la Pefanteur, il faut y joindre une autre confidération, favoir l'attraction mutuelle de toutes les parties de la matiere, qui fait que la Terre étant une fois applatie par la force centrifuge, cette feule figure rend la Pefanteur plus petite à l'Equateur qu'aux Poles, indépendamment de cette force centrifuge.

Ceci doit faire fentir, combien il importe d'obferver exactement, foit avant, foit après avoir employé le calcul pour fonder la Nature. Si l'on veut que les réfultats qu'on en tire, faffent connoître les véritables forces qui exiftent, & les effets qu'elles doivent produire, il faut que l'obfervation fournisse au calcul toutes les données néceffaires ; il eft à-propos de n'y faire entrer ni plus ni moins d'élémens que ceux dont la Nature fait ufage. Auffi, l'entendement ne doit il bâtir fur les conféquences auxquelles le calcul le mene, qu'après les avoir féverement comparées avec l'obfervation, pour être fûr qu'il n'a négligé aucune confidération. L'Obfervation eft tellement la bâfe de tous les calculs appliqués avec fuccès aux Phénomenes de la Nature, qu'on ne peut en faire ufage que pour des fujets qui ne font pas trop compliqués, & qui n'offrent pas des élémens trop nombreux & trop fubtils pour être observés, combinés & appréciés exactement. Autrement sous une apparence de calcul, on n'enfanteroit que des systêmes qui n'auroient aucune solidité, parce que pour donner prise au calcul on seroit forcé de supposer & d'imaginer à volonté, de s'en tenir à quelques circonstances, & de se débarrasser de celles qui rendroient le calcul trop compliqué. Loin d'ici ces téméraires efforts qui ne sont propres qu'à égarer.

Il vaut mieux reserver le calcul pour les sujets, que l'observation en rend parfaitement susceptibles. Alors pour pénétrer avec son secours dans les mysteres de la Nature, l'esprit-humain n'a plus qu'à choisir la route qui présente le moins de difficultés accidentelles, à conduire son calcul avec adresse, à faire une juste application des principes de Mécanique, & à prendre garde de ne pas négliger mal-à-propos des quantités, qui, quelques petites qu'il les crût d'abord, pourroient cependant influer sensiblement sur les résultats, & faire s'il n'en tenoit pas compte, que l'effet qu'il trouveroit fût moindre que celui qu'on observe dans la Nature; ensorte qu'il se persuaderoit alors faussement que la cause à laquelle il a recours est insuffisante. Ce qui est arrivé à trois grands Géometres, en calculant le mouvement de l'Apogée de la Lune, avertit d'y faire attention. Car ils trouverent que les forces qui devoient le produire n'en donnoient que la moitié, & s'ils n'avoient pas reconnu dans la suite que certaines quantités, qu'ils avoient négligées, produisoient l'autre moitié, ils en auroient tiré mal-à-propos de facheuses conséquences contre le syftême de la gravitation.

L'Avantage que l'obfervation procure à l'entendement de pouvoir quelquefois appliquer le calcul aux forces qui agiffent dans la Nature, eft d'autant plus confidérable qu'il en déduit fouvent une infinité de Phénomenes qui ne paroiffoient pas tenir à une même caufe, mais plutôt venir de fources très-différentes. Après les découvertes de Newton fur la gravitation univerfelle, on a été étonné d'en voir découler tant de Phénomenes fi différens, comme les nombreufes inégalités de la Lune, les Marées, le Vent général d'Eft, qui regne entre les Tropiques, la préceffion des Equinoxes, la Nutation, & une multitude d'autres petits mouvemens, auxquels il faut avoir égard pour rectifier les Théories des Planetes. On a eu le plaifir de voir par le calcul, que la force de gravité en raifon inverfe du quarré des diftances, combinée avec différentes viteffes projectiles, peut faire mouvoir les corps céleftes dans des cercles ou dans des ellipfes extraordinairement allongées, que même la viteffe projectile auroit pu être telle qu'ils se seroient mus dans des courbes qui ne rentreroient jamais en elles-mêmes, comme des Paraboles & des Hyperboles. Ces calculs montrent donc distinctement à l'esprit-humain l'extrême simplicité & fécondité de la Nature, qui au moyen d'un petit nombre de principes fait produire tant d'effets différens d'une maniere très-réguliere. C'est ce qui prouve que dans l'explication des Phénomenes, il ne faut pas multiplier les principes sans nécessité, qu'il faut plutôt les réduire au moindre nombre possible, & que rien n'est plus sage que cette regle de NEWTON, que les effets de même genre doivent être rapportés aux mêmes causes : regle importante, qui aide beaucoup l'esprit à s'élever aux Phénomenes plus généraux, qui sont la Clef de plusieurs autres, & à rapporter à certains chefs les faits qu'on observe. Par exemple, après avoir consideré l'ascension des liqueurs dans les tuyaux capillaires, j'y peux rapporter une multitude de faits qui paroissent du même genre, comme l'élévation de l'eau dans un tube plein de sable, qui ne plonge que par un bout dans l'eau, l'humidité qui se communique à un morceau de sucre, à un fil & à d'autres substances dans toute leur étendue, quoiqu'on n'en ait mouillé qu'une extrémité, l'élévation de la seve dans les Plantes, & quantité d'autres effets.

C'est à la faveur de cette regle ou plutôt de l'analogie qui a lieu dans la Nature, & dont elle découle, que l'entendement est mis en état non-feulement de tirer parti des réfultats de la chymie pour obferver & expliquer les changemens qui arrivent fur notre globe, mais encore de profiter des obfervations faites fur ces changemens, pour éclairer & perfectionner cette belle fcience. Ayant une fois étudié avec foin dans nos laboratoires & nos cabinets de Phyfique les propriétés des différentes fubftances qui peuvent être foumifes à notre examen, découvert leurs affinités, mis en évidence leur action réciproque & les effets qui en naiffent quand on les mêle enfemble, nous pouvons conclure par analogie, que les effets qui y ont rapport, & qui s'operent dans quelqu'endroit de la terre, feront dus, au-moins en partie, à l'action mutuelle de ces corps, lorfque nous faurons d'ailleurs, que ces différentes fubftances y abondent, & y font dans des circonftances qui leur permettent de déployer leur activité.

A la vérité nous trouverons fouvent une difparité frappante dans la grandeur des effets opérés par nos chymiftes & ceux qui font dus à l'action de la Nature ; mais ce ne feroit pas un motif fuffifant pour rejeter d'abord l'explication qu'on tireroit des premiers pour rendre raifon de ceux-ci. On conçoit fort bien, que tout est conduit dans nos laboratoires trop en petit, & avec trop de ménagement, pour que les effets qu'on y produit répondent parfaitement à ceux que la Nature opere en grand dans ses vastes laboratoires. Souvent dans les cas particuliers, après un examen attentif & sans donner dans des conjectures vagues, il sera facile d'appercevoir les circonstances qui donnent lieu à la Nature de produire des effets beaucoup plus de grands que ceux que nous pouvons imiter. Je vois dans nos laboratoires de chymie différentes substances sulphureuses, ferrugineuses, pyriteuses, qui étant mêlées ensemble & humectées, fermentent, se décomposent, & produisent une chaleur considérable par une suite du frottement & de la pénétration rapide que causent les différentes affinités des parties qui composent ces matieres. Je sçais d'ailleurs, que cette chaleur, en augmentant le ressort de l'air, & en convertissant l'eau en vapeurs d'une élasticité prodigieuse, peut leur faire soulever de grands obstacles, & j'apprens qu'en effet l'expérience a montré, que des matieres semblables à celles dont j'ai parlé, ayant été humectées & couvertes de terre, l'ont au bout d'un certain temps soulevée, entr'ouverte, & en ont fait sortir des vapeurs sulphureuses & chaudes

T 4

& ensuite des flammes. (*) Quand donc je vois, que les volcans contiennent aussi des matieres sulphureuses, bitumineuses, ferrugineuses &c., qu'ils ont souvent vomi des substances en partie métalliques & de grands volumes d'eau, il est naturel que je conclue des expériences précédentes, que ces matieres venant à fermenter, & l'eau à se raréfier par la chaleur qui en résulte, elles doivent causer & l'embrasement des volcans & leur explosion avant que de se procurer une issue.

Les effets qu'offrent ces terribles phénomenes ne surpassent ceux de nos expériences, que parce que l'action de la Nature n'est pas bornée comme dans nos laboratoires de chymie, ni par la petite quantité ou variété des matieres qui agissent les unes sur les autres, ni par la crainte du danger qui empêche nos chymistes de pousser trop loin les effets qu'ils operent, ni par l'impossibilité où ceux-ci seroient de se procurer au moyen de leurs foibles & petits vaisseaux une assez grande quantité de vapeur élastique qui fût capable de soulever les poids que lancent quelquefois les volcans. Il n'y a donc ici qu'une différence accidentelle du petit au grand.

(*) *Voyez* Dictionnaire de Chymie de M. Macquer au mot Pyrites.

La même chose se remarque encore dans l'exemple suivant. Je suppose que vous avez observé qu'en approchant un tube électrisé à quelques pouces de distance de la surface de l'eau contenue dans un vase de métal, aussi-tôt l'eau s'est élevée en forme de monticule jusqu'à ce qu'il en soit parti une étincelle; après quoi elle est retombée, & le côté qui regarde l'eau s'est trouvé couvert de très-petites goutes d'eau. Cependant vous avez vu ou appris, que si une nuée orageuse, que vous savez d'ailleurs être fortement électrique, passe à une distance convenable de la mer ou d'une grande quantité d'eau, une partie de l'eau est attirée par le nuage, & forme une trombe montante qui se dissipe aussi-tôt qu'il part des coups de tonnerre. La ressemblance de ces deux effets vous conduira naturellement à penser, qu'on peut attribuer avec probabilité la formation des trombes à l'électricité, comme vient de l'avancer dernierement un habile physicien. Si les effets different prodigieusement en grandeur, il est visible que cette différence ne vient que de ce que la matiere électrique est beaucoup plus abondante dans les nuées orageuses que dans le tube électrique.

Voilà comment l'analogie rend les travaux de la chymie utiles à la Physique. Depuis que l'esprit d'observation & de saine Philosophie préside également dans les recherches du Physicien & du Chymiste, ces deux sciences qui avoient été long-temps séparées se réunissent, conspirent au même but, & s'éclairent réciproquement. Le chymiste aide le physicien à saisir les propriétés des corps, à les distinguer, à séparer leurs principes, à les rejoindre à son gré, à trouver leurs rapports, pour rendre raison des grands phénomenes de la Nature. D'un autre côté comme tout s'opere en grand dans la Nature, le physicien fait voir à son tour au chymiste dans les effets qu'elle produit & qu'il lui décrit, une violence, une étendue qu'il n'appercevroit pas dans ses labbratoires & ses petites expériences, il agrandit ses idées, il lui offre des faits singuliers & des variétés dues à des matieres qu'il n'auroit pas aifément imaginées, ou il lui donne occasion de transporter heureusement à des phénomenes délicats, des causes dont il lui démontre sensiblement l'action dans ceux qui sont plus frappans & considérables. C'est ainsi que les perturbations réciproques & les mouvemens des corps célestes, qui frappent si sensiblement les yeux des Astronomes, & que les Physiciens expliquent si complettement par la théorie de la gravitation universelle, ont fait penser aux plus habiles chymistes, que si cette attraction générale a lieu à des distances immenses, & opere de si grands effets, elle doit aussi s'exercer suivant certaines loix qu'ils cherchent entre les plus petits atomes de la matiere à des distances infiniment petites, & jouer le plus grand rôle dans les effets que présentent les dissolutions & combinaisons chymiques.

Cependant l'entendement ne peut user de l'analogie qu'avec reserve, parce qu'il doit éviter les fausses inductions. Quand la nature de la chose ne permet pas de recourir au calcul pour vérifier ce qu'elle semble indiquer, il faut au moins multiplier assez les observations pour qu'on puisse établir légitimement la parité des effets. Ainsi, après que le Phénomene de la commotion électrique eut fait soupçonner que l'explosion du tonnerre n'étoit à la lettre qu'une très-forte étincelle électrique, & offroit en grand la même chose que l'électricité d'un globe en petit, on a mis dans un plus grand jour la ressemblance de ces effets en faisant voir que tout corps capable de recevoir l'électricité par communication étant isolé & exposé à l'air reçoit la matiere électrique des nuées orageuses. Cette identité a encore été confirmée en observant, que le feu du tonnerre, comme celui de l'électricité, suit le plus long-temps qu'il peut les corps métalliques, que l'étincelle foudroyante part quelquefois en partie de terre & en partie de la nuée orageuſe, & que l'explosion ſe fait à la rencontre de ces deux parties, phénomenes caractéristiques de l'électricité. Il faut d'autant plus de circonſpection pour raiſonner par Analogie, qu'il y a des effets qui peuvent être analogues à certains égards & ne l'être pas à d'autres, enſorte qu'on ſe tromperoit bien, ſi on jugeoit entierement de l'un par l'autre. Il ne faut même attribuer aux mêmes cauſes ce qu'ils ont d'analogue, que lorſqu'on voit clairement que les autres circonſtances n'y apportent pas des modifications, & ne demandent pas une opération différente. Ainſi quand on a eu réfléchi qu'il étoit impoſſible qu'une même molécule d'air ſe prêtât tout-à-la fois au divers mouvemens des corps ſonores, qu'elle fît en même-temps différens nombres de vibrations pour repréſenter une Quinte, un Octave, ou un autre ton, & qu'enſuite on s'eſt ſouvenu que la lumiere eſt compoſée de particules différemment refrangibles, & différemment colorées, on a eu, ce ſemble, des raiſons aſſez bien fondées, pour croire qu'il y a de même des particules aëriennes différemment ſonores; quoiqu'il y ait des différences très-grandes entre les ſons & les couleurs, on ne pourroit en tirer une objection plauſible contre cette opinion, parce que ces différences n'exigent pas des procédés différens pour l'effet, dont il s'agit ici ; mais on tomberoit dans des erreurs groſſieres, ſi on pouſſoit trop loin le parallele des couleurs & des ſons, comme l'a montré un habile Géometre. La Nature après avoir pris un certain plan général, fait enſuite le varier de toutes les manieres que demandent les applications particulieres.

Il convient encore de ne pas ſi fort ſe fier aux concluſions tirées de l'analogie, qui paroît même la plus complette, qu'on les regarde comme parfaitement ſûres, à moins que le calcul ne montre que l'effet en queſtion ſuit exactement d'une cauſe actuellement agiſſante à laquelle elle conduit. On n'en deduit le plus ſouvent que des conſéquences plus ou moins probables, & il faut toujours être prêt à les limiter par des exceptions auſſi-tôt que les obſervations faites dans la ſuite l'exigeront. Car quoique la Nature uſe ordinairement de voies uniformes dans la production des effets qui paroiſſent de même genre, elle s'écarte quelquefois de cette regle. Il n'y a pas long-temps, que tous les Naturaliſtes modernes s'accordoient à regarder le concours des individus pour la propagation de chaque eſpece, comme une condition indiſpenſable, & une de ces loix générales, qu'on n'avoit pas encore vu enfreindre à la Nature; mais dans le temps qu'on s'y attendoit le moins les pucerons qui accouchent sans avoir eu d'accouplement vinrent mettre à la loi générale une exception, qui a encore été suivie d'autres.

Cela n'empêche pas, que lorsque les loix que la Nature paroit suivre dans la production d'effets d'un même genre sont établies sur une multitude d'expériences incontestables, il ne faille un examen très-approfondi pour admettre les exceptions à ces loix que sembleroient indiquer de nouveaux faits. Car il peut très-facilement arriver, que les exceptions qu'on observe soient produites par des causes accidentelles, dont la découverte feroit voir qu'elles ne dérogent point aux loix de la Nature déja connues. Il y a quelques années, que le bruit s'étoit répandu, qu'au moyen d'une pompe aspirante, on étoit venu à bout d'élever l'eau par un jet continu à une hauteur de cinquante-cinq pieds, ce qui sembloit mettre en défaut toutes les loix de l'hydrostatique qui ne peuvent permettre à la pression de l'air de l'élever qu'à la hauteur de trente-deux pieds. Mais ce phénomene, tout vrai qu'il fût, examiné avec toutes ses circonstances par des physiciens habiles s'est trouvé rentrer dans les mêmes loix qu'il sembloit contredire. On vit qu'un très-petit trou ménagé dans le tuyau un peu au-dessus de la surface de l'eau où il plongeoit, permettant à l'air d'y entrer sans que ce fût cependant en assez grande quantité pour empêcher le vuide du corps de pompe, il se mêloit dans la colonne d'eau & l'entrecoupoit pour ainsi dire. D'où il résultoit, que cette colonne composée en partie d'air & en partie d'eau n'avoit dans son total qu'un poids moindre que celui de l'atmosphere, & qu'elle pouvoit malgré sa hauteur de cinquante-cinq pieds être enlevée par le poids de l'air, & sortir par le tuyau de décharge. Tout s'est ainsi trouvé d'accord avec les loix de l'hydrostatique.

Après s'être ainsi élevé par des observations soutenues, le calcul & l'analogie, à un fait plus général source de celui qu'on veut expliquer, l'entendement n'est encore monté que de quelques échelons vers la premiere cause; & ce progrès peut aller assez loin avant que d'en venir à une propriété ou loi de la Nature, qui tire son influence de la volonté immédiate du Créateur. Cependant il ne faut pas qu'une curiosité trop impatiente porte à vouloir faire plus de pas qu'on ne peut encore en faire: qu'on n'aspire jamais à monter plus haut, qu'autant que de nouvelles observations y conduiront, à moins qu'on n'aime mieux devenir le jouet des plus frivoles illusions; & quoique notre connoissance de la Nature soit incomplette, tant qu'on ne saisit pas toute la suite des causes & des effets, on ne doit pas mépriser une explication physique, parce qu'on la fait dépendre d'un fait dont on ne peut pas encore rendre raison. Car autrement il seroit impossible de raisonner en Physique, puisqu'on ne peut y obtenir aucune certitude qu'en s'élevant de faits en faits jusqu'à la cause. Aussi tous les jours on emploie pour expliquer plusieurs effets de la Nature, la gravité & l'élasticité de l'air, bien que ces propriétés dépendent d'une cause, qui nous est encore inconnue.

Mais si on doit être content d'avoir pu démêler quelques anneaux de la concaténation des effets, lorsque l'observation ne peut percer au-delà, il faut d'un autre côté prendre garde de donner dans une extrémité opposée. Qu'on n'aille pas prononcer qu'il est impossible à l'entendement-humain de s'élever plus haut. Ce seroit interdire aux hommes des efforts & des tentatives, qui leur dévoileroient toujours mieux la liaison des Phénomenes; si un seul homme ou même un siecle ne découvrent qu'un chainon, un autre siecle parviendra à un second anneau, & par tous ces travaux réunis & conduits selon les meilleures regles de l'art d'observer, on ira peut-être un jour fort loin dans la recherche des causes. Lorsqu'après un orage affreux arrivé

pendant

pendant la nuit Céfar vit les dards de la cinquieme Légion briller d'une lumiere fpontanée, ce fut pour lui & fon fiecle un fait, dont il n'étoit pas alors vraifemblable qu'on pût jamais montrer la dépendance d'avec un autre affez ordinaire. Il étoit refervé à notre fiecle de découvrir, comme nous l'avons vu ci-devant, la liaifon de ce fait avec un phénomene plus général, favoir la trés-grande électricité, qui dans les temps d'orages s'excite naturellement dans une partie de l'Atmofphere. Mais quelle est la caufe qui peut communiquer à l'air une fi forte électricité ? C'eft là un point fur lequel on ne peut encore jufqu'à préfent donner que des conjectures affez vagues. Il faut s'en remettre à ce que le temps & les obfervations de ceux, qui nous fuivront, pourront fournir pour éclaircir cette queftion, & faifir de cette maniere le troifieme anneau de l'enchaînement des caufes & des effets. ,, Le ,, temps viendra, difoit Séneque, où ce qui ,, nous eft caché, fera mis dans un grand jour ,, par les travaux redoublés de nos neveux ou ,, par quelque heureux hazard; le temps viendra où nos neveux s'étonneront que nous ignorions des chofes auffi claires. Notre poftérité faura une infinité de chofes que nous ignorons. La Nature ne découvre pas tout

V

„ à la fois ses secrets. Nous nous croions
„ déja initiés dans ses mysteres, mais nous ne
„ sommes encore que dans le vestibule de son
„ Temple. Ses secrets ne se découvrent pas
„ indistinctement par tout le monde. Plusieurs
„ connoissances sont reservées aux siecles à ve-
„ nir. Séneque parloit comme s'il eût été témoin
de tous les nouveaux pas qu'on a fait de nos jours
dans la recherche des causes. Qu'on ne hazarde
donc jamais des jugemens précipités sur une pré-
tendue impossibilité de s'élever dans la suite à de
nouveaux anneaux de l'enchaînement des causes
& des effets. Il faut encore moins, sous prétexte qu'on ne voit aucune cause mécanique du
Phénomene général, auquel on a recours pour
en expliquer un plus particulier, décider comme
l'ont fait quelques Philosophes, que le premier
dépend de l'influence immédiate de la premiere
cause, & que dans ce point se termine la chaine
des causes & des effets. C'est une prétention
trop orgueilleuse & peu digne d'un Philosophe
qui connoit les bornes étroites de notre esprit.
Car le plus sublime degré de connoissance, auquel
une intelligence créée quelque parfaite qu'on la
suppose pût parvenir sur les ouvrages de la
Nature, seroit de pouvoir arriver à ce premier
chainon, sur lequel Dieu agit immédiatement,

& de pouvoir contempler de ce point élevé l'enchainement des Phénomenes; mais ce raviſſant ſpectacle nous ſera refuſé tant que nous ramperons ſur la ſurface de la Terre au milieu de tant de diſtractions, de ténebres & d'obſtacles qui retardent nos progrès. Les premiers reſſorts de l'Univers ſont ſi ſubtils ou ſi loin de nous, qu'il n'eſt pas ſurprenant que le Mécaniſme particulier dont dépendent certains Phénomenes nous échappe entierement.

Nous ſommes ſi peu capables dans la recherche des cauſes de compter tous les chainons, qu'il y a même bien des effets preſque iſolés pour nous que nous ne ſavons pas encore déduire, d'une maniere ſatisfaiſante dans toutes leurs circonſtances d'aucun Phénomene un peu plus général bien conſtaté, tels ſont les Phénomenes de l'Aimant. Lorſqu'on rencontre un de ces effets, dont on ne connoit point la dépendance d'avec d'autres ou la maniere dont ils en découlent, il faut, s'il eſt accompagné de pluſieurs propriétés ou Phénomenes, tâcher au moins d'en voir la liaiſon, de les reduire à un plus petit nombre, & même à un ſeul s'il eſt poſſible. Cela ſe fait en les comparant entr'eux, & en faiſant ſelon les ſoupçons que fait naitre cette comparaiſon certaines expériences, qui peuvent manifeſter entr'eux quelque rapport. Cette réduction fera que l'esprit aura moins de peine à trouver la cause qui produit l'effet qu'il s'agiroit d'expliquer ; puisqu'en rendant raison d'une des propriétés de l'effet, il aura celle des autres qui en dépendent, il verra beaucoup mieux à quoi tient la difficulté. Jusqu'ici, par exemple, on n'a pu donner une cause mécanique de la différente refrangibilité des rayons de différentes couleurs & de leur différente reflexibilité ; mais en considérant attentivement ces deux propriétés, on a au moins vu, que la derniere est la dépendance nécessaire de l'autre, & qu'ainsi, si on parvenoit à rendre raison de la premiere, on rendoit raison de la seconde ; par là on a diminué la difficulté, on s'est approché de plus près du secret de la Nature.

Voila jusqu'à quel point l'art d'observer peut élever l'esprit humain à la connoissance des causes. En les cherchant ainsi par l'expérience & l'observation, il risquera il est vrai de travailler beaucoup sans trouver d'explication suffisante ; souvent toute la connoissance qu'il acquierra par ce moyen se reduira à reconnoître la nécessité d'avouer son ignorance, & tout au plus de rester dans le doute, ou à savoir, non pas quelles causes ont opéré, mais plutôt quelles sont celles qui n'ont pas agi. Mais outre que ces recherches & ces observations lui donneront peut-être lieu de saisir sur la route des vérités qu'il n'auroit pas soupçonnées, & qui le dedommageront de n'avoir pas vu ce qu'il vouloit voir, il aura au moins la satisfaction de ne pas donner dans de pures fictions.

Toute autre voie que celles que fournissent les observations & les expériences ne pourroit en effet que jeter l'esprit dans une foule d'erreurs. Car lui permettre d'imaginer sans preuve des fluides subtils ou d'autres agens invisibles, qu'on est maître de se représenter tels qu'on les souhaite & de faire agir au besoin à son gré, c'est le faire voyager dans des régions chymériques; c'est comme nous l'avons vu dans le *Chapitre V.* de la *Premiere Partie*, l'exposer à lutter contre la vérité, à soutenir une fiction par une autre, & même à donner enfin dans une sorte de présomption, qui tient pour ainsi dire de la folie & de l'extravagance. En effet, presque dans tous les temps, on a vu des hommes si possédés par l'esprit d'hypothese & si enflés de quelques succès qu'ils croyoient avoir remportés par là, qu'il auroient cru se dégrader en témoignant le plus petit doute, & le moindre embarras dans l'explication des Phénomenes. On en a même vu, qui avoient tant de confiance en leur génie, qu'ils ont aspiré à expliquer la formation même de l'Univers, sans avoir recours à la puissance de l'Etre Suprême.

Il n'y a pas moins de péril pour s'épargner la peine d'observer, à vouloir déduire les loix de la Nature ou en rendre raison, en recourant à des principes tirés des causes finales, comme on l'a souvent tenté. Suivant cette méthode de philosopher, on se contente de poser pour fondement, que l'Auteur de la Nature doit choisir la meilleure, agir de la maniere la plus sage, la plus simple, la plus parfaite, ou ne doit opérer dans le monde quelque changement qu'avec la plus grande épargne d'action possible; & delà on prétend tirer les loix & les effets de la Nature. Sans doute l'Intelligence infinie agit toujours par les voies les plus simples, les plus parfaites, & ne fait jamais rien d'inutile; mais il faudroit être en état de faire toutes les combinaisons possibles, d'avoir présentes à l'esprit toutes les vues de l'Etre Suprême, & toutes les quantités qu'il emploie dans l'exécution de ses desseins, pour pouvoir juger sûrement de ce qu'exigeoient réellement la plus grande épargne, la voie la plus simple, & la plus parfaite. Il pourroit très-bien arriver, que ne voyant qu'une très-petite partie des œuvres du Créateur, nous crussions qu'il est beaucoup plus simple, plus sage, & moins dispendieux pour ainsi dire d'opérer d'une certaine maniere, & que cependant l'Auteur de la Nature n'eût pu se prêter à nos vues bornées & étroites sans nuire à d'autres considérations beaucoup plus importantes. Ce qui paroîtroit une prodigalité inutile en ayant égard à une partie, ne le seroit pas en embrassant le tout. Ces sortes de principes sont donc trop vagues par rapport à nous. Nous n'avons pas assez de Données pour en faire des applications particulieres avec justesse. Ils ne peuvent donc servir sans le secours de l'observation, ni à découvrir, ni à rendre raison des loix de la Nature. Ils ne doivent être employés, qu'autant que l'application particuliere qu'on en fait, est trouvée conforme à l'expérience, ou qu'on a d'ailleurs de bonnes raisons pour admettre les faits qu'ils semblent annoncer. Alors on peut regarder les raisonnements qu'on en tire, ou comme une confirmation de ce qu'on connoit déja, ou comme des occasions de soumettre à l'expérience les conjectures qu'ils ont pu faire naître, ou comme de nouvelles ouvertures qui tendent à nous faire entrevoir la sagesse de l'Etre Suprême. Mais un usage arbitraire & illimité de ces principes a égaré la plûpart des Philosophes qui s'en sont servis, & a fait qu'ils ont donné pour généralement vrai ce qui ne l'étoit que dans certains cas. On sçait que DESCARTES s'est trompé sur les loix du mouvement pour avoir cru qu'il étoit de la Sagesse de Dieu, de conserver dans l'Univers la même quantité de mouvement, que Fermat & Leibnitz ont supposé des faits démentis par l'expérience pour établir que c'est l'épargne du temps que la Nature a eu en vue dans les loix de la refraction de la lumiere, que d'autres enfin ont été réduits à dire des absurdités pour concilier des Phénomenes en contradiction avec leurs principes tirés des causes finales.

Ce que nous venons de dire suffit pour faire comprendre, que sans l'observation notre Esprit ne peut en aucune maniere, dans la Physique, parvenir à la vérité. Une Hypothese n'est recevable que lorsque nous y sommes conduits par quelques faits bien réels, lorsque considérant ce qui en doit résulter nous trouvons sans embarras que c'est précisément l'effet qu'il s'agit d'expliquer dans toutes ses circonstances sans exception. Il faut qu'il n'y ait aucun Phénomene qui répugne avec l'explication, & que tout concoure à montrer que c'est là le moyen employé par la Nature. Telle est, par exemple, l'Hypothese, dont se sert M. de Mairan pour expliquer l'Aurore Boréale. Il prouve clairement que l'Atmosphere solaire doit dans certains cas se mêler avec notre Atmosphere, & il est aisé de sentir qu'il doit naître des effets de ce mélange. Il examine donc ce qui en devroit résulter, en faisant usage des principes solides d'une bonne Physique, &

parvient à des effets, qui font les mêmes que ceux qu'on remarque dans l'Aurore Boréale ; puis comparant toutes les circonftances favorables à l'influence de l'Atmofphere folaire fur l'Aurore Boréale avec ce qui a été obfervé fur la fréquence ou la rareté de ce Phénomene, il trouve un accord parfait & foutenu qui donne à fon explication une efpece de confirmation par le calcul. Enfin parcourant les autres Hypothefes employées par les Philofophes, il montre qu'aucune d'elles ne peut expliquer l'enfemble des Phénomenes. Comme notre efprit ne fe perfectionne qu'en réalifant fes connoiffances, s'il ne peut fe fatisfaire par des expériences dans les conjectures, qui s'offrent à lui en obfervant la Nature, il doit ou les abandonner, ou s'il penfe qu'il n'a pas des obfervations affez exactes pour les foumettre à l'épreuve de l'expérience, les reprendre quand il fera en état de les comparer plus exactement avec l'obfervation, ou s'il juge que fes conjectures puiffent ouvrir à la poftérité de nouvelles vues, il doit, comme NEWTON en a donné l'exemple, ne les lui donner, que pour ce qu'elles font, fans lui déguifer les raifons qu'il y a de douter, de peur de la jeter dans de mauvaifes routes, & de retarder fes progrès.

III. PUISQUE l'obfervation feule peut dans la Phyfique nous conduire à la vérité, il eft clair qu'elle est aussi le seul instrument propre à perfectionner la Médecine, qui est elle-même une partie des plus difficiles & des plus intéressantes de la Physique. C'est en considérant attentivement la structure des organes, & tout ce qui s'y passe dans le temps qu'ils sont en action, autant qu'il est permis de le voir, & que l'occasion s'en présente, qu'on peut découvrir l'usage des parties du corps humain, & y appliquer quelquefois les principes d'une solide Mécanique, lorsque l'observation a pu fournir les Données requises, comme on l'a fait, par exemple, sur la maniere dont se fait la vision, sur l'action des muscles, &c. &c. Il s'en faut bien au-reste qu'il soit toujours possible de faire ici une application aussi nette des principes de Mécanique, vû la multitude, la subtilité, & quelquefois l'invisibilité des ressorts & des fluides, qui concourent aux opérations qui s'exécutent dans le corps humain ; mais le degré de probabilité, qu'auront les connoissances que nous pourrons aquérir sur le jeu, & les fonctions des parties dépendra toujours du soin que nous aurons eu de faire, quand il est possible, des expériences convenables là-dessus, de rassembler toutes les circonstances, & de les comparer exactement avec ce que nous savons de la structure de l'organe dont il s'agit. Car il faut que les usages qu'on attribue à une partie s'accordent avec sa conformation, qu'ils servent tout-ensemble à expliquer tous les Phénomenes, & à y répandre un jour qu'on n'auroit pas sans cela. Quant à la maniere de remédier aux dérangemens qui surviennent au corps-humain, nous avons vu dans le *Chapitre II. Article VII.* de la *Premiere Partie*, comment l'Art d'observer peut fournir des idées là-dessus, & quoiqu'il ne puisse donner des connoissances assez parfaites sur un sujet aussi compliqué, c'est cependant à cet art seul qu'on peut recourir pour obtenir quelque succès. Lorsqu'on a voulu inventer des systêmes de Médecine, traiter cette science par les spéculations de la raison sans consulter l'observation, ou calculer les dérangemens qui arrivent dans le corps-humain, & la maniere d'y remédier, comme s'il s'agissoit d'une machine Hydraulique très-simple & très-ordinaire, on n'a trouvé que des traitemens pernicieux & funestes aux Malades. Aussi ces systêmes frivoles se sont ils succédés les uns aux autres, & sont également tombés dans un profond oubli. Il n'y a qu'une doctrine légitimement déduite de l'observation qui puisse être salutaire, & soutenir l'épreuve du temps. Telle a été la doctrine d'HIPPOCRATE, qui depuis plus de deux mille ans subsiste avec la même estime.

IV. Les faits bien obfervés dans tous leurs rapports & leur liaifon, felon les regles expofées dans l'*Article XI.* du *Chapitre I.* de la *Premiere Partie*, font auffi les uniques guides, que l'on puiffe prendre pour rendre raifon de ce qui fe paffe dans notre ame. Dès qu'on veut, dans ce qui la concerne, voir au delà de ce qu'indiquent les faits, & fuppléer à l'aide de l'imagination aux rapports que l'obfervation ne peut montrer dans bien des cas, on s'égare infailliblement, comme le prouvent affez les bifarres fyftêmes imaginés pour expliquer la communication de l'ame avec le corps.

V. De-même s'il s'agit de prononcer fur ce qu'exigent la plus fage Politique, le meilleur Gouvernement, la Legiflation la plus avantageufe, tant qu'on ne fuivra pas les regles que donne l'art d'obferver pour étudier la Nature-humaine & le caractere des Peuples, pour démêler les fecrets refforts, qui contribuent à leur profpérité ou à leur décadence, on n'aura fur cette matiere que des projets Platoniques, qui ne pourront être mis en exécution, ou tout au moins des idées peu affortiés à la fituation & au génie des Nations; on négligera les reffources que préfentent leur caractere & leur pofition, foit pour les gouverner plus facilement, foit pour les rendre plus florissantes. A la vérité, il y a ici tant d'élémens à combiner, tant de circonstances singulieres qui peuvent modifier les conséquences générales, qu'on seroit tenté de conclure de tant de difficultés à contenir les passions dans de justes bornes, & à les empêcher d'éluder les meilleures loix, qu'il est presque impossible à l'art d'observer de procurer sur les questions délicates de Politique, de Gouvernement & de Législation, des idées parfaitement terminées. Mais il est indubitable que plus on recueillera & on comparera de faits arrivés en différentes circonstances, plus aussi on approchera d'en donner des solutions exactes ; je n'en veux d'autre preuve que les ouvrages qui ont été publiés sur les divers sujets de Politique depuis que l'esprit d'observation s'est répandu dans tous les ordres. Combien de traits de lumiere n'ont pas, à cette Epoque, percé de tout côté, & ne sont pas venus éclairer les Magistrats, les Peuples & les Rois.

Il y a en particulier bien des objets sur lesquels les connoissances du physicien sont venues perfectionner leur législation. De ce genre sont les loix qui concernent la conservation des forêts, la maniere de les traiter & de les exploiter avec le plus d'avantage & d'économie pour parvenir aux différents buts qu'on peut se proposer dans la consommation des bois, & en général la plûpart des réglemens, qui tendent à faire fleurir l'agriculture, les manufactures, les arts & le commerce, ces objets essentiels qui font comme le pivot sur lequel roulent la force & la prospérité d'un état. Dans plusieurs cas qui intéressent la fortune, la vie & l'honneur des citoyens, les juges ne pourroient prononcer avec justesse, qu'en faisant rectifier, par des observations plus approfondies, les regles consacrées depuis long-temps par l'usage pour en juger. N'a-t-on pas cru généralement, que dans tous les fœtus, qui ont respiré l'air, & qui meurent après leur naissance, les poumons devoient sans restriction surnager l'eau dans laquelle on les jetoit, & de-là n'en tiroit-on pas une regle générale pour les distinguer de ceux qui étoient morts avant leur naissance? Mais le fait n'étant vrai qu'en partie, la conséquence qu'on en tiroit devoit être modifiée pour être juste. Tous les faits rassemblés par M. PORTAL ont prouvé, que le fœtus, une fois né, reçoit d'abord l'air dans le poumon droit, ensuite dans le gauche, & que s'il meurt peu de minutes après sa naissance, l'un des poumons surnage l'eau dans laquelle on le jete & l'autre s'enfonce dans cette même eau. Ceux donc, qui seroient appellés à faire là-dessus des rapports en justice, risqueroient de jeter les juges dans des méprises dangereuses, s'ils portoient leur jugement après une épreuve faite sur un seul poumon & non sur les deux, puisque de deux poumons d'un même enfant qui a respiré l'air, l'un peut surnager & l'autre aller au fond.

VI. L'ART d'observer n'est pas moins indispensable pour éclairer la science la plus abstraite, je veux dire la Métaphysique. Si elle prétend contenir les vérités les plus générales sur lesquelles les autres Sciences sont fondées, il faut pour qu'elle puisse s'attribuer à juste titre cette belle prérogative, que les notions générales, qu'elle présente, soient exactement tirées de l'observation-même des faits envisagés sous le point-de-vue le plus étendu qu'elle peut permettre; car ce point-de-vue a nécessairement des bornes, puisque nous ignorons les essences des substances, & ne voyons pas la collection des Etres. Il faut donc savoir s'arrêter à propos. C'est uniquement à ce prix que la Métaphysique pourra fournir des principes lumineux aux autres sciences qui roulent toutes sans exception sur les propriétés des Etres particuliers. Mais si dans les abstractions dont s'occupe le Métaphysicien, il dédaigne de consulter l'observation, si sur les essences inconnues des choses il pose des définitions arbitraires, pour en tirer géométriquement des conséquences qui n'ont pas plus de solidité que les principes dont il les déduit, il s'expose à donner, malgré ses prétendues démonstrations, des notions démenties par la Nature, qui ne pourront être introduites dans les autres sciences sans y porter l'erreur, l'embarras, l'obscurité, ou des disputes inutiles & interminables. Aussi voyons-nous que ceux qui se sont le plus distingués dans l'art d'observer ont employé dans les sciences abstraites une Métaphysique beaucoup plus lumineuse, que ces hommes spéculatifs, qui sans avoir assez étudié les faits & les propriétés des Etres particuliers, sont pour ainsi dire, sortis du monde pour donner plus librement essor à leur imagination, & se perdre dans de vaines & puériles abstractions. Tandis qu'un de ces Philosophes spéculatifs ne peut expliquer la nature du calcul différentiel sans en ruiner l'exactitude de fond en comble, tandis que d'autres voulant appuyer ce calcul sur la supposition des quantités actuellement infiniment petites, sont obligés d'en distinguer de différens ordres, & tombent par-là dans des contradictions insoutenables, NEWTON puisant la Métaphysique de ce calcul dans la Nature qu'il a observée avec tant de soin, en donne une idée lumineuse qui satisfait l'esprit, & fait au premier coup-d'œil reconnoître le but & l'excellence de ce calcul. Ayant des idées nettes de l'étendue, il fent bien qu'il n'y a point d'infiniment-petits actuels, qu'on ne peut préfenter aucune quantité fi petite qu'on ne puiffe en affigner une moindre encore, & qu'ainfi on ne doit pas suppofer que les lignes font compofées d'indivifibles. Mais voyant que les corps décrivent tous les jours par un mouvement uniforme ou accéléré des lignes droites ou courbes, il comprend que fans faire violence à la Nature il peut fuppofer, qu'une courbe eft décrite par le mouvement continuellement variable d'un point qui fe meut fur une Ordonnée, tandis que l'Ordonnée elle-même eft transportée parallelement à foi-même, & d'un mouvement parfaitement uniforme le long de l'Axe de la courbe; & comme pour découvrir ce qui appartient à la courbe, il s'agiroit de déterminer dans chaque point de cette courbe la raifon de ces mouvemens continuellement variables au mouvement uniforme felon l'axe, c'eft à trouver ce rapport qu'il fait confifter le calcul des fluxions ou différentiel qui d'après cette idée fi vraie, fi fimple, & fi aifée à faifir, s'annonce auffi-tôt comme l'inftrument le plus admirable pour étendre nos connoiffances géométriques.

VII. Après cet exemple on ne peut douter, que même les Mathématiques pures, ne puiffent comme les autres sciences tirer de grands secours de l'art d'observer. Cependant elles seront toujours distinguées bien glorieusement des autres connoissances naturelles, en ce qu'après y avoir posé des principes lumineux tirés de l'observation, toutes les vérités qu'on en déduit, sont susceptibles de démonstration parfaite à cause de l'extrême simplicité de leur objet, & de l'abstraction qu'on y fait de tout ce qui pourroit l'obscurcir; au lieu que dans les autres sciences dont l'objet est plus compliqué l'art d'observer ne leur fournit que des preuves en partie démonstratives, & en partie conjecturales, ensorte que le plus souvent il ne peut y amener notre entendement qu'à des connoissances plus ou moins probables, comme nous l'avons fait voir par les détails où nous sommes entrés.

VIII. Quoiqu'il n'y ait aucune proposition qui ne soit vraie ou fausse en elle-même, qu'aucune ne puisse être appellée probable ou douteuse que rélativement à la foiblesse de nos lumieres, c'est cependant un grand avantage que procure l'art d'observer, de pouvoir au moins nous faire discerner dans bien des cas ce qu'il y a de plus probable, lorsqu'il ne peut nous conduire à une parfaite certitude. Cette facilité qu'il nous donne à peser les probabilités est d'autant plus avantageuse, que la plûpart des affaires de la vie ne se décident guere autrement. Elles roulent souvent sur la comparaison d'une multitude de circonstances, dont il ne sort pas une évidence invincible, mais des lueurs, des rayons épars qui ne dissipent qu'en partie l'obscurité, mais différentes présomptions, qui sans être chacune d'une grande force, viennent à l'appui les unes des autres, & font par leur réunion une preuve dont le poids est considérable, mais qu'il faut ensuite comparer avec celui qui résulte des raisons contraires qu'on peut leur opposer, afin qu'après une juste déduction, on puisse tirer une conclusion légitime. Il faut quelquefois pour cela une finesse, une sagacité, une étendue d'esprit, qui ne peuvent se développer qu'en s'exerçant sans cesse dans l'art d'observer les choses sous tous les points de vue possibles, & qu'on perdroit infailliblement si on ne s'occupoit que des vérités, qui comme celles de Mathématiques sont marquées au sceau de l'évidence, qui pour être senties ne demandent qu'à être considérées nuement, & sans faire attention, comme dans les autres sciences moins abstraites, à beaucoup de circonstances non-seulement intérieures, mais encore extérieures qui doivent entrer en ligne de compte & être mûrement balancées pour être en état de bien juger.

L'Art d'obferver feroit fur-tout un excellent guide dans le grand art de conjecturer, fi les obfervations continuées long-temps fur les mêmes objets étoient confervées avec foin, car elles pourroient fournir dans la fuite les élémens néceffaires pour ôter en quelque maniere ce qu'il y a de vague & d'indéterminé dans les conjectures, c'eft-à-dire pour évaluer avec jufteffe & précifion le degré de probabilité, avec lequel on peut attendre, dans des circonftances données, certains événemens. En effet fi ces événemens ont des caufes déterminées qui fubfiftent encore, & qui n'attendent pour les produire que le moment où elles feront difpofées de la maniere requife pour cela, on conçoit que les remarques qu'on aura faites fur les circonftances qui précedent ordinairement un certain événement pourront, auffi-tôt que ces mêmes circonftances reviendront, annoncer que les mêmes caufes inclinent vraifemblablement à le produire de nouveau. C'eft par ce moyen que les navigateurs prévoient fouvent les tempêtes dont ils font menacés. Ils plient alors les voiles, & prennent toutes les mefures néceffaires pour mettre le vaiffeau en état de leur réfifter. De même fuivant le témoignage unanime des anciens, les laboureurs égyptiens ne fe trompoient point, en eſtimant le produit de leurs récoltes ſur la meſure de l'eau du Nil, dont ils obſervoient la hauteur dans le temps de ſes inondations annuelles. Quand ce fleuve s'élevoit au-delà d'une certaine hauteur, il ne produiſoit pas d'auſſi bons effets, que lorſque ſes eaux s'arrêtoient à un certain degré d'élévation qu'une conſtante obſervation avoit déterminée, pour marquer la plus grande fécondité qu'en recevoient les terres. Ainſi en découvrant par une longue expérience, & des obſervations ſoutenues, combien de fois dans les mêmes circonſtances le même événement peut dans la ſuite arriver plus ſouvent que manquer, on pourroit en déduire le degré de probabilité qu'a l'événement, dans ces circonſtances données, de la même maniere qu'on eſtime le ſort des joueurs dans les jeux de hazard. Il eſt vrai, que pour que ce calcul méritât notre confiance, il faudroit être bien ſûr, qu'on pourra, à force de réitérer les obſervations, augmenter autant qu'on voudra la probabilité de trouver, par obſervation, la vraie raiſon qui regne entre les nombres des cas dans leſquels certain événement peut arriver dans des circonſtances données, en ſorte qu'à la fin on ait une certitude morale de l'avoir ſaiſie, puiſqu'autrement ce calcul n'auroit aucun fondement ſolide. Cependant il n'eſt rien moins qu'évident par lui-même qu'on pourra trouver sûrement ce rapport par des observations réitérées même à l'infini. Car comme on sait qu'il y a des suites infinies de grandeurs qui peuvent aller en diminuant, suivant une loi telle qu'elles ne pourroient jamais faire une somme qui excédât une certaine fraction, on pourroit craindre qu'il n'en arrivât de même dans le cas présent, c'est-à dire, que les augmentations de probabilité, qui résulteroient des observations multipliées à l'infini, n'allassent en décroissant de façon, que leur somme ne surpassât jamais un certain degré de certitude, & ne pût par-là-même appprocher autant qu'on jugeroit à propos de la certitude entiere : mais M. JACQUES BERNOUILLI, qui a essayé de mettre en regle le grand art de conjecturer, a pleinement dissipé cette crainte qui rendroit ce calcul si justement suspect. Pour mettre ceci dans un plus grand jour, il suppose qu'à notre insçu on a mis dans une urne trois mille billets blancs & deux mille billets noirs, qu'on ignore la proportion qui regne entre le nombre des billets noirs, & le nombre des billets blancs, & que par-là-même on ne sait point quelle probabilité il y a qu'on tirera un billet blanc plutôt qu'un noir. Si quelqu'un souhaite de découvrir cette proportion par expérience, il doit tirer les billets les uns après les autres, ayant soin cependant de les remettre dans l'urne pour que le nombre des billets ne diminue pas. Il doit en même temps remarquer combien de fois il en fort un blanc, & combien de fois un noir. Cela pofé, il démontre qu'on peut répéter affez fouvent cette expérience pour qu'il devienne dix fois, cent fois, mille fois plus probable, & enfin moralement certain, que le nombre de fois qu'on tirera un billet blanc, & le nombre de fois qu'on tirera un billet noir, fuivront entr'eux la raifon de trois à deux qui regne entre les nombres des billets de chaque efpece plutôt que toute autre raifon. Cette Urne qui contient des billets de différentes efpeces, peut repréfenter ce qu'on voudra dans la Nature comme par exemple le corps-humain, certains végétaux, l'atmofphere, &c. qui contiennent au dedans d'eux les caufes de différens changemens ou maladies. On pourra donc auffi déterminer par expérience, combien il eft plus facile qu'un événement y arrive plutôt qu'un autre en fuppofant que les mêmes circonftances ont précédé. On dira peut-être qu'il y a une grande différence entre l'urne dont nous avons parlé, & le corps humain ou l'atmofphere &c., que le nombre des billets renfermés dans l'urne eft déterminé & refte toujours le même, au lieu que les caufes qui dans la Nature opérent les changemens, les maladies par exemple, peuvent varier, & leur nombre devenir plus grand en différens temps. Il faut avouer qu'on ne peut soutenir le contraire. Il est même certain que celui qui voudroit conclure des observations d'aujourd'hui à ce qui regarde le temps des Patriarches, qui vivoient avant le Déluge, se tromperoit grossierement. Mais de-là il suit seulement que de temps-en-temps il faudroit réitérer les observations, tout comme on seroit obligé d'en faire de nouvelles pour découvrir la raison des billets, si on supposoit que leur nombre vint à être changé dans l'urne. D'ailleurs ce qui doit nous rassurer ici, c'est qu'il paroît par tout le cours de la Nature, que l'Etre Suprême a voulu que les changemens qui arrivent dans le Monde se fissent ordinairement selon des loix générales, & en effet il convenoit que cela fût ainsi, non-seulement pour la plus grande beauté de cet Univers, mais encore plus afin que les Etres doués d'intelligence pussent par des observations réfléchies en tirer des conséquences pour l'avenir. Enfin ce qui prouve que l'observation peut mettre en état de déterminer avec certitude le degré de probabilité qu'ont certains événemens, c'est l'heureuse application qu'on a fait de ce calcul pour évaluer d'après les Registres mortuaires le degré de probabilité qu'il y a qu'une ou plusieurs personnes d'un certain âge existeront au bout d'un certain temps déterminé, & régler en conséquence avec équité ce qui concerne les Rentes viageres, les Tontines, les Annuités, & les Marchés à vie.

Si donc sur les autres objets, qui ont rapport à la Morale, à la Médecine, à l'Agriculture, & la Politique, on dressoit pendant de longues suites d'années des Tables qui continssent les événemens, qui y ont rapport avec toutes leurs circonstances, comme nous l'avons prescrit sur la fin des *Articles III. & VII.* du *Chapitre II.* de la *Premiere Partie*, on ne peut douter qu'on ne réussît dans la suite à en déduire des regles pour calculer une infinité d'événemens qui intéressent les hommes. Au reste, sur bien des objets ces tables ne pourroient être absolument générales pour tous les lieux & les climats. En agriculture la nature du sol, la position des terres par rapport au soleil, le plus ou moins d'humidité qui leur est naturelle, les différens vents qui soufflent dans un pays, le plus ou moins de proximité des montagnes ou des forêts, tout cela fait souvent que ce qui favorise dans un lieu les progrès des plantes & influe sur l'abondance de la récolte est nuisible dans un autre. Ainsi dans les contrées, où les terres sont fraiches & humides, les années seches sont ordinairement les plus fécondes, tandis que dans ces mêmes années le contraire s'observe dans les terreins peu arrosés par les rivieres & privés d'humidité. Des différences de cette nature se font sentir dans des parties assez voisines d'une même province. Quant aux maladies qui attaquent les hommes, on pourroit peut-être rémarquer, dans des lieux assez prochains ou différens pour la température, des ressemblances, des contrastes & des variétés singulieres. Nous en voyons un exemple sensible dans une description que M. DE HALLER a donnée d'une maladie épidémique arrivée dans le Canton de Berne en 1763. Là il observe qu'elle attaqua les villages d'Yvormes & bientôt après deux vallées limitrophes très-élevées qui donnent les fromages de Gruyeres, & que malgré la différence prodigieuse de température qui regne dans ces deux cantons, la même maladie les avoit déjà également ravagé en 1747, sans qu'aucun des endroits intermédiaires en eût été attaqué. Rien ne prouve mieux la nécessité de multiplier les tables d'observations en différens lieux pour arriver à des résultats certains qui leur conviennent, & en général il faudroit bien le faire, suivant que la nature des choses l'exigeroit, de la même maniere que pour découvrir l'ordre de la mortalité des hommes, on a été obligé de consulter différens Régistres mortuaires selon le but qu'on se proposoit; les Rentiers viagers, par exemple, faifant une partie du genre-humain qui meurt moins vite que le refte des hommes, pour diverfes raifons dont il n'eft pas befoin de faire ici l'énumération, on n'a pu fixer l'ordre de fa mortalité que d'après elle-même, c'eft-à-dire en dépouillant les Régiftres des Tontines.

QUELQUE pénible que fût cette multiplicité de Tables, on feroit bien dédommagé de la peine qu'on prendroit à les conftruire par la facilité qu'acquiereroit l'efprit humain pour choifir, toujours à leur faveur, ce qu'il y auroit de préférable, de plus fûr & de plus convenable; ce qui conftitue fans contredit le plus haut degré de la fageffe, de la prudence, & de la fcience humaine. Par-là on viendroit à bout de donner dans peu aux jeunes-gens une expérience confommée en tout genre qu'ils ne pourroient acquérir par eux-mêmes fans s'expofer à beaucoup de fauffes démarches. En comparant la probabilité des biens & des maux à-venir avec leur grandeur, on apprendroit à juger quand on doit fe mettre en mouvement, pour la recherche de certains biens, ou la fuite de certains maux. On ne fe laifferoit pas aller aifément à des efpérances chimériques, ou à des craintes imaginaires, qui caufent fi fouvent à l'efprit des inquiétudes mortelles, & le détournent de ce dont il lui importeroit davantage de s'occuper. Par exemple, les prédictions concernant les progrès des végétaux suivant les observations qu'on feroit sur la constitution & la température de l'air, sur les gelées, la distribution des pluies en certaines circonstances & en certains mois, la force, la direction & la durée des vents &c. dirigeroient non-seulement les ouvrages de la campagne, mais elles calmeroient encore les allarmes d'un pere de famille qui tire toute sa subsistance de la culture de quelques terres. L'expérience du passé lui montreroit peut-être, que ce qui sembloit devoir le priver de certaines récoltes, ne seroit pas aussi pernicieux qu'on le pense communément, & qu'il y a dans la nature plus de ressources qu'on ne croiroit d'abord. Nous lisons dans les observations météorologiques qui furent faites l'année 1740. par M. DU HAMEL, que l'hyver fut si rigoureux & la gelée si grande, qu'on crut que les bleds ne pourroient y résister. Le laboureur croyoit déjà voir s'évanouir toute espérance d'une moisson prochaine, mais la joie succéda bientôt à ces vaines frayeurs. Il vit que cette plante précieuse peut résister à un froid très-considérable, comme aussi d'autres observations nous apprennent qu'elle résiste à de grandes sécheresses qui sembleroient la devoir réduire en poudre. Après avoir une fois observé pendant une longue suite d'années combien il arrive de grêles & de gelées funestes aux plantes, on pourroit peut-être trouver un certain nombre d'années où le même nombre de ces sortes d'accidents arriveroit assez régulierement, & tirer delà, par le calcul des probabilités, plusieurs leçons d'économie & de prudence, pour vendre ses denrées avec plus de profit, ou pour se mettre à l'abri des disettes soit en usant avec plus de frugalité des fruits de la récolte précédente, soit en en faisant même venir d'autres pays.

Enfin on pourroit aussi par de tels calculs mettre dans un plus grand jour plusieurs faits historiques très-intéressants. Car si par des observations long-temps suivies, on déterminoit une fois combien il peut arriver plus souvent que certaines circonstances tant intérieures qu'extérieures, qui accompagnent le témoinage, se trouvent jointes avec la vérité plutôt qu'avec la fausseté, je ne doute point qu'en calculant d'après de tels élémens la probabilité, qui résulteroit du concours de plusieurs témoignages faits dans de pareilles circonstances on ne vît en plusieurs rencontres qu'elle s'éloigneroit peu de l'unité de certitude, ensorte que l'art d'observer pourroit un jour servir à démontrer presque exactement certains faits historiques, dont on connoîtroit toutes les circonstances.

IX. Ce que nous venons de dire fur les moyens, que l'art d'obferver fourniroit à l'entendement pour mefurer exactement la probabilité des événemens fortuits de la vie, qu'on n'auroit guere foupçonnés, il n'y a pas encore long-temps, de pouvoir foumettre au calcul, nous conduit naturellement à remarquer que l'art d'obferver perfectionné mettroit fouvent le Géometre en état de mefurer avec précifion bien des chofes qui au premier coup d'œil paroiffent n'en être pas fufceptibles. Tels font par exemple les talens, le génie, &c. qui varient en degrés chez les divers Individus. On fait qu'on a déjà tenté de pefer les talens des différens Peintres qui ont paru. M. Piles en a donné un effai. Il s'eft à la vérité trompé dans la théorie & l'exécution de cette balance, faute d'être inftruit dans l'art des combinaifons. Mais fes erreurs ont été redreffées par M. de Mairan. Les vues lumineufes qu'il a données là-deffus font comprendre, que des obfervations fines & adroites fur les différentes efpeces de talens qu'il faut avoir pour réuffir dans un genre, ou fur les divers effets que produifent certaines qualités de l'efprit, peuvent procurer les élémens néceffaires pour prononcer avec équité fur le mérite de plufieurs concurrens, ou pour apprécier la valeur rélative des grands hommes qui ont couru la même carriere en quelque genre que ce puisse être, & réduire à des mesures précises & justes les degrés des différentes qualités de l'esprit sur lesquelles on n'a que des comparaisons vagues, parce qu'on n'a pas encore sçu les observer de maniere à donner prise au calcul.

Les connoissances réelles, que l'art d'observer nous procure sur la Nature, sont d'autant plus importantes, qu'elles seules peuvent mettre l'entendement en état de diriger l'imagination de la maniere la plus convenable dans tout ce qu'elle sépare ou rapproche dans les Arts, soit pour satisfaire avec goût un sentiment délicat du Beau, soit pour convertir à nos usages les productions & les agens de la Nature, ce qui est assûrément un nouveau degré de perfection que l'art d'observer procure à l'esprit-humain, puisqu'il épure par-là ses plaisirs, étend de plus en plus son domaine sur la Nature, & le rend moins dépendant. C'est ce qui sera le sujet du chapitre suivant.

CHAPITRE III.

Jusques où l'Art d'Observer peut aider l'esprit humain à séparer ou rapprocher avec succès les choses, soit pour satisfaire avec goût un sentiment délicat du Beau, soit pour avoir des ressources prêtes dans le besoin, & convertir à nos usages les productions & les agens de la Nature.

I. L'ART d'observer contribue beaucoup à perfectionner tous les arts qui supposent le goût, le sentiment du beau, un juste discernement de tout ce qui peut affecter agréablement les hommes. C'est en effet la contemplation de la Nature, qui a fourni la premiere idée du beau. Elle présente plus ou moins dans les divers individus un juste assortiment de variété, d'uniformité, & de proportion qui constitue les charmes de la beauté; & quoique le beau physique senti par les grands génies, qui ont paru dans tous les genres, ait donné naissance à d'excellents modeles qui semblent suffire pour conduire l'esprit à l'idée du beau, sans avoir désormais recours à l'observation de la Nature, cependant le génie gagnera toujours à réunir ces deux voies, la vue des chefs d'œuvre de l'art & celle de la Nature

ture pour enfanter les ouvrages de goût. Par des observations profondes & réfléchies il apprendra à rassembler avec intelligence, & les traits qui ont déja été saisis, & ceux qui peuvent avoir échappé. Devenu par là juge sévere, il sera sans-cesse excité à retoucher ses ouvrages, pour les porter à un plus haut point de perfection. Mais pour mettre dans un plus grand jour ce que nous avons dit, entrons dans quelques détails.

C'est en se remplissant l'ame des beautés de la Nature exactement observée, que le Poëte & l'Orateur s'amassent un riche fond d'idées justes & vraies, d'images grandes, touchantes & riantes qui, sans présenter des rapports exagérés dont la précision souffriroit, plaisent si fort à l'esprit naturellement porté à saisir les ressemblances, rendent leur marche plus vive & plus rapide, leur font joindre la solidité aux graces, & peindre avec un feu qui communique aux autres la chaleur dont ils sont animés. Car ce qu'on sent vivement s'exprime de même, & cette facilité d'expression est encore augmentée par l'attention, que l'art d'observer fait donner aux grands modeles, pour s'enrichir de tours & d'expressions heureuses, pour se former aux différens genres de style, le rendre simple, élégant, touchant, fort ou nerveux, selon que les circonstances & le but qu'on se propose le demandent. Le spectacle si varié du jeu des passions humaines offre encore à l'éloquence de puissans ressorts, pour s'insinuer agréablement dans l'esprit des hommes. En intéressant leurs passions en faveur de ce qu'elle voudroit exiger d'eux, elle les remue & les conduit à son gré, les trompe pour ainsi dire en leur présentant un objet, qui en les attirant ne sert cependant qu'à les amener à ses propres vues.

Cette étude de l'allure des passions, de leur langage & de leurs accens, ne seroit pas moins propre à diriger le Musicien habile, pour se rendre maître de l'esprit de ses Auditeurs, les captiver en quelque sorte, leur inspirer par des sons harmonieux, adaptés aux modulations particulieres à chaque passion, tel mouvement qu'il jugeroit à propos & produire tous les prodiges qu'on raconte la-dessus de la Musique des Anciens, & que la Moderne semble être incapable d'opérer.

Le Peintre & le Sculpteur peuvent de même trouver dans le spectacle de la Nature de nouvelles ressources pour faire valoir leur art, sans être de serviles Copistes de leurs Prédécesseurs. Là excités par la grandeur, la variété & la magnificence des objets qu'ils découvrent, il ne tient qu'à eux de s'échauffer d'un nouveau feu,

& de se distinguer par des traits qui intéresseroient également par leur vérité & leur nouveauté. En choisissant en alliant avec jugement les perfections éparses de la Nature, ils peuvent même élever leur esprit jusqu'aux notions idéales d'une Nature plus belle que celle que nous voyons.

ENFIN l'Architecture, quoiqu'elle soit moins appellée à imiter la Nature qu'à nous mettre à l'abri des injures de l'air, ne laisse pas en l'observant d'y apprendre à distribuer ses ornemens avec Symmétrie, à éviter une bizarre & confuse variété, & à donner à ses ouvrages par des colonnes d'une juste dimension cette apparence de force & de solidité si bien assorties à la Masse, qui caractérise les Oeuvres du Créateur, & qui tient un juste & agréable milieu entre ce qui est trop léger ou trop lourd.

CEPENDANT malgré la force des raisons que je viens d'alléguer, on a souvent répété, que sous l'empire de la Philosophie les arts de goût dégénéroient, que l'esprit d'analyse & d'observation exacte nuisoit aux talents de l'imagination, faisoit fuir les muses avec leurs graces naïves, ou jetoit dans de mauvaises routes. On a même prétendu, que le siecle où nous vivons, qui se distingue plus que les autres par un certain esprit de recherche, en étoit une preuve frappante. Mais ce désordre, quand il existe, n'est jamais qu'une suite d'un faux esprit philosophique, dont on voit toujours plus ou moins de traces dans tous les temps. Il dénature & altere le goût, de la même maniere qu'il défigure tout en Physique. Comme dans cette science il n'enfante que des chimeres, en voulant sans cesse imaginer de nouveaux principes, sans consulter la Nature ; ainsi dans les ouvrages de goût à force de vouloir présenter au lecteur des pensées finement rendues, ou de chercher à les faire paroître plus ingénieuses qu'elles ne sont, le goût se corrompt, on s'écarte du naturel, on donne dans l'enflure ou dans la pointe, le faux brillant & l'afféterie du langage. C'est ce qu'on crut remarquer assez généralement au commencement de ce siecle, où cet esprit de système, qui avoit causé tant d'illusions dans les recherches de la nature, dominoit encore, & devoit alors avoir sur les arts de goût des influences d'autant plus sensibles, qu'il étoit enfin parvenu à faire dédaigner l'étude des grands modeles de l'antiquité, qui en dirigeant les excellens écrivains du siecle de Louis XIV, les avoient préservés des écarts d'une philosophie trop audacieuse. Aussi l'illustre d'Aguesseau, en déplorant vers le commencement de ce siecle la décadence de l'éloquence du barreau, vit avec douleur des hommes téméraires, qui pleins de confiance en eux-mêmes, méprisant l'étude des grands maîtres & celle de la belle nature, se livroient aux saillies d'une imagination déréglée, & ne formoient plus que de vils déclamateurs. M. ROLLIN bon juge dans ces matieres crut de même voir le moment, où le mauvais goût des pensées brillantes & d'une sorte de pointes, qui prenoit le dessus, alloit causer la ruine totale de l'éloquence. Alors l'Architecture, la Sculpture & la Peinture eurent le même sort par l'effet des mêmes causes. On les vit dégénérer, & donner dans le bizarre, pour avoir trop aspiré à se frayer de nouvelles routes, sans s'assujettir à la Nature.

MAIS depuis que la saine philosophie a rappellé généralement les esprits à l'observation de la Nature pour s'élever aux vrais principes, les arts de goût ont beaucoup acquis, & ont produit des ouvrages dignes des beaux temps d'Athenes & de Rome. La métaphysique des arts a été créée, elle a épuré le goût des artistes, en développant sur sa nature des idées jusqu'alors confuses chez la plupart des hommes, en les exerçant à discerner ce vrai beau, ce beau simple, indépendant des préjugés & des caprices de la mode, qui nous charme dans les ouvrages de la Nature, & qui fait le sublime des arts. Ce même esprit de recherche & d'observation s'est étendu avec succès jusqu'à la Grammaire. Il a exposé tout l'ordre des rapports entre la pensée & le langage. En s'attachant au génie propre de la langue, il a trouvé des principes où l'on croyoit qu'il n'y avoit que de la bizarerie, fait sentir d'où dépendoient le nombre & l'harmonie du discours, donné des regles sures & lumineuses sur toutes les parties qui le composent, aidé à saisir finement les nuances souvent subtiles & délicates qui distinguent les synonimes, mis des bornes à une timidité excessive qui appauvrissoit la langue, appris à reunir adroitement des termes connus pour rendre avec énergie des idées nouvelles, & enrichi la langue de nouveaux mots, à mesure qu'il a perfectionné & étendu le goût des sciences & des arts. Avec tant de secours, dont la langue françoise lui est redevable, elle a pris une marche si claire, si nette, si harmonieuse, si naturelle & souvent si majestueuse, qu'elle a depuis quelque temps une sorte d'ascendant, en devenant la langue dominante de l'Europe.

A la vérité on ne voit encore que trop d'écrivains, qui tourmentés de la manie de bel esprit, s'éloignent du naturel, affectent un stile ambigu, entortillé, énigmatique, qui mettant l'esprit à la torture, semble lui cacher un grand sens, mais qui après de vains efforts pour y pénétrer, le laisse vuide & sans instruction; ou bien ils substituent des sentimens subtilement mais froidement analysés à ces grands traits, qui saisissent, qui échauffent, qui transportent, qui laissent l'éguillon dans l'ame. Mais heureusement pour l'honneur de notre siecle & de l'esprit philosophique qui le caractérise, tous ces écrivains trop maniérés, qui pour courir après l'extraordinaire, négligent le langage de la Nature, le plus propre à persuader, sont reconnus pour ce qu'ils valent. Ils sont toujours sur le point d'être relégués dans les ténébres d'où ils sont sortis. Le goût est fixé par de plus grands écrivains. Notre siecle a vu en tout genre des observateurs, des naturalistes, des physiciens, des philosophes sublimes & éloquents, ornés de tout ce que la littérature a de plus excellent, & qui sont faits pour servir de modeles aux siecles à venir. Le Chancelier D'AGUESSEAU, ce grand maître de l'art oratoire reconnut que l'éloquence du barreau, dont il avoit d'abord annoncé la chute, se relevoit avec un nouvel éclat. Si pour satisfaire, ébranler & convaincre l'esprit, il faut raisonner avec force, & lui présenter des idées qui soient d'accord avec la Nature; si pour parler au cœur il aut une profonde connoissance des passions, il falloit bien que le sort de l'éloquence dépendît de l'art avec lequel on étudie la Nature & l'Homme en particulier.

O Vous, qui décrivez avec tant de force, de vérité & d'agrément les merveilles que l'univers étale par-tout à nos yeux; vous qui en développant au monde avec tant de précision & d'énergie les talents, les vertus des Héros & des bienfaiteurs du genre-humain, avez donné par de grands exemples du poids aux leçons de la sagesse; vous, qui en vengeant les droits des opprimés, en confondant l'usurpateur, en protégeant la veuve & l'orphelin, en rendant inutiles les coups que le fanatisme méditoit contre des innocents, avez relevé & soutenu l'honneur du barreau; apprenez nous comment vous imprimez à vos pensées ce caractere de grandeur qui éléve l'esprit, d'où vous vient cette touche vigoureuse fiere & rapide, qui échaffe l'ame & l'entraine; n'est-ce pas après les puissantes influences du génie, à des méditations profondes & philosophiques sur la nature, sur tous les ressorts qui remuent le cœur humain, sur les mœurs, sur les loix, sur les grands sujets que vous êtes appellés à traiter, que vous devez cette maniere grande, noble & pittoresque qui distingue vos discours sublimes?

L'ESPRIT de recherche & d'observation, loin d'altérer l'éloquence, en a dans ce siecle soutenu, perfectionné & même créé plusieurs genres. C'est lui, qui bannissant des discours académiques les formules triviales & insipides, a sçu les rendre intéressans, soit par des réfléxions instructives, soit par un stile noble & nerveux. C'est lui, qui dans les tributs d'éloges que les sociétés littéraires paient à la mémoire des grands hommes qu'elles ont perdu, a rendu l'éloquence ingénieuse à décrire avec vérité les idées, les vues, les traits particuliers qui caractérisent le génie des écrivains, & à écarter par l'élégance & par des réfléxions lumineuses & profondes le dégoût attaché aux louanges.

L'Esprit philosophique & d'observation n'est donc pas l'ennemi des graces. S'il pese, s'il évalue & combine tout, ce n'est pas pour donner des entraves aux talens, il veut seulement prévenir les écarts du génie trop ardent à se lancer. S'il reprime les saillies fougueuses de l'imagination, il fait aussi parler son langage quand il le faut, répandre sans faste & avec sagesse les ornemens nécessaires aux sciences, pour les faire entendre, gouter, respecter. Aussi a-t-on vu dans ce siecle plusieurs écrivains célébres, qui en présentant les matieres les plus abstraites, les plus seches, les plus épineuses d'une maniere facile & agréable, ont eu l'art exquis de les rendre accessibles aux gens du monde. A la faveur de ce fouris philofophique, les profonds Mémoires de l'Académie des Sciences fe répandirent parmi eux, & diffiperent les ténebres qui regnoient fur les objets, dont elle s'occuppe.

Si la Poëfie femble aujourd'hui moins féconde qu'autrefois, c'eft parce que plufieurs genres font déjà épuifés, parce que pour y briller, outre les charmes de l'harmonie & le choix heureux des expreffions, il faut plus que jamais des penfées également intéreffantes par leur folidité, leur nobleffe & leur nouveauté. A mefure que l'efprit d'obfervation & de recherche fait des progrès chez une nation, elle exige toujours plus à cet égard, & rend tous les jours la carriere plus difficile à fournir, pour enlever fon eftime, & forcer fes applaudiffemens. Cependant notre fiecle peut à divers égards fe glorifier d'avoir produit de grands Poëtes, qui feront à jamais avoués par le goût le plus épuré & la raifon la plus fevere. J'ofe ici attefter les ouvrages immortels de l'Auteur de la Henriade, qui dans les genres de poëfie les plus brillans, tient une place fi diftinguée, ou ceux d'autres poëtes philofophes, qui s'étant pénétrés des beautés de la Nature, favent en préfenter dans leurs vers des peintures fi reffemblantes & fi animées, que par une illusion presque irrésistible, leurs lecteurs croient être transportés avec eux au milieu des scénes mêmes de la Nature.

Voilà, comment l'art d'observer sert à perfectionner tous les arts de goût. Il nous reste à parler de son influence sur les progrès des arts Méchaniques, qui malgré l'injuste mépris qu'on a long-temps manifesté pour eux & dont on commence seulement aujourd'hui à les venger, sont plus nécessaires au bien-être de la Société, puisqu'ils apprennent à faire servir à ses usages les productions & les agens de la Nature.

II. Les connoissances que l'art d'observer procure sur la structure des corps, la ténacité de leurs parties, leur résistance à être rompus, sur le poli plus ou moins vif, dont ils sont susceptibles, leurs degrés de malléabilité, de ductilité, de pesanteur, & de transparence, sur la régularité dans leurs parties & leur facilité à être travaillés, ou à être divisés en un certain sens plutôt que dans un autre, doivent faire comprendre à quels arts, qui demandent quelqu'une de ces qualités, les différents corps peuvent être employés avec succès. Les propriétés ou dispositions cachées des corps, qui ne se découvrent que par des expériences approfondies & des procédés subtils, leur composition ou décomposition fournissent pour la Médecine, la pratique des arts &

les usages de la vie une infinité de substances différentes, de combinaisons & de ressources, dont on ne pourroit trop estimer la connoissance. On sait par exemple, que l'Analyse Chymique appliquée à séparer des Métaux les matieres hétérogénes, qui les minéralisent & les masquent à nos yeux, nous fournit les moyens de les reconnoître, de les purifier, & d'apprécier avec précision la richesse des Mines à travers tant de fausses apparences qui sans elle auroient pu jeter dans des erreurs d'une grande conséquence. Les objets de la Nature ne se présentent pas toujours sous une forme propre à en procurer l'usage. Il faut auparavant les préparer, les combiner de bien des façons, les tourmenter, pour ainsi dire, en mille manieres, & les soumettre à différentes opérations; souvent il arrive qu'on réussit à produire l'effet qu'on desire par des voies qui paroissent à la premiere vue peu propres à y conduire, & même contraires aux faits qu'on connoissoit déjà. Aussi ne faut-il pas douter que de nouvelles expériences ne puissent répandre de plus grandes lumieres sur les préparations qui conviennent le mieux aux matieres premieres sur lesquelles s'exercent les arts. En voyant que certaines combinaisons réussissent dans un cas, on peut chercher à les appliquer à d'autres cas, tenter de vaincre les difficultés qui s'y opposent, & tâcher qu'on puisse au moins parvenir plus souvent au même but. Nous en trouvons un exemple dans les travaux des Chymistes, qui s'efforcent de procurer la solidité à un plus grand nombre de couleurs pour la Teinture. Ils travaillent à pénétrer les étoffes de quelque Sel moyen, qui étant indissoluble à l'eau froide, & indestructible par l'action de l'air & du Soleil, serve de mordant propre à retenir dans les pores des étoffes les atomes colorans, sans cependant altérer leurs couleurs, ce qui augmente la difficulté de ce travail, c'est qu'en employant un certain mordant, il n'est pas rare qu'une même teinture fasse prendre des couleurs belles & solides à certaines étoffes, tandis qu'elle n'en peut donner que de très-désagréables & sans solidité à des étoffes d'une autre espece. Il faut donc que les chymistes cherchent alors d'où vient cette différence. Souvent ils le découvrent, & parviennent à communiquer la même couleur aux étoffes rebelles comme à celles où elle réussit le mieux. Le même bain de cochenille, qui communiquoit à une piece de drap la plus belle couleur d'écarlate, ne donnoit à la soie qu'une couleur désagréable de lie de vin, si peu solide, qu'elle ne pouvoit résister à un simple lavage dans l'eau. Les artistes, qui songent moins à s'ouvrir de nouvelles routes par leurs observations qu'à suivre les anciens procédés, étoient arrêtés comme par un obstacle invincible. Il falloit les recherches d'une chymiste aussi habile que M. Macquer pour trouver enfin, comment la dissolution d'étain par l'eau régale pouvoit servir à faire prendre à la soie le ponceau de cochenille.

Il y a beaucoup d'arts qui s'exercent sur une même substance, mais comme ils la travaillent chacun dans des vues différentes, les procédés qu'on y emploie ne sont pas les mêmes. Chaque espece d'artisans ne connoît des propriétés de cette substance que celles qui ont rapport à son objet, & se borne aux pratiques qu'elle croit propre à son but. Les artisans ignorent donc les pratiques qui sont adoptées pour travailler la même matiere par les ouvriers des autres métiers qui s'exercent sur elle, quoiqu'il leur fût très-utile de connoître aussi ces pratiques, pour en faire des applications heureuses, rectifier leurs procédés, & s'éclairer mutuellement. Qui pourra leur procurer cette communication réciproque de lumiere? Il n'y a qu'un observateur éclairé qui puisse, en étudiant les arts, la leur fournir. Il cherchera par des expériences le moyen de produire en général un certain effet, il le suivra dans tous les arts où l'on a besoin de cet effet. Il examinera les propriétés d'une matiere, les applications & les usages qu'on en fait dans tous les métiers où elle est employée, & parviendra par-là à donner des principes solides de ces arts, à établir entr'eux une correspondance utile de connoissance pour corriger leurs défauts, multiplier leurs ressources, simplifier & faciliter plusieurs opérations embarrassantes, rejeter les ingrédiens inutiles dans plusieurs compositions, enfin pour enrichir un art avec les pratiques, les matériaux & quelquefois les rebuts des autres. C'est en se conformant à ces vûes, que M. LEWIS a fait une application très-heureuse de la chymie aux arts qui en dépendent.

EN étudiant de cette maniere l'Histoire Naturelle de son Pays par des observations, des essais, & des combinaisons très-variées sur des objets qui se présentent, on viendra souvent à bout de rendre utiles plusieurs substances qu'on méprise injustement, & l'on pourra quelquefois se dispenser d'en faire venir d'autres de fort loin, parce qu'on trouvera peut-être qu'on les possede déjà, ou qu'on peut leur en substituer d'équivalentes. Plus on observe, plus on a lieu de se convaincre que les hommes sont presque généralement asservis au préjugé singulier qui leur persuade que tout ce qu'il y a de beau & de particulier dans la Nature doit plutôt se trouver dans les Régions éloignées. Le Naturalistes mêmes, qui sembleroient devoir être moins sujets à des préoccupations de cette nature, ont quelquefois donné dans ce fatal préjugé. On les a vu consacrer préférablement leurs travaux à l'examen des substances venues à grands frais de fort loin, & souvent altérées par une suite du transport, tandis qu'ils perdoient de vue des objets, qui s'offroient à leurs yeux, & qui outre l'avantage de leur présenter des propriétés dignes d'être observées, auroient eu celui d'être à leur portée, & de ne pas subir des altérations avant que d'être examinés. On sent assez combien cette injuste prévention contre les productions de son Pays fait de tort au commerce, & à l'industrie d'une Nation, & peut la rendre mal à propos tributaire des autres Peuples. Aussi ce n'est pas sans une espece d'indignation que des Naturalistes aussi bons Citoyens qu'éclairés ont trouvé chez eux des pierres aussi belles & aussi dignes d'être travaillées que celles qu'on tiroit de fort loin. (*) C'est avec peine qu'ils ont

---

(*) Les recherches de M. DE RÉAUMUR ont prouvé non-seulement, que les turquoises sont des os fossiles pétrifiés, colorés par une dissolution métallique que le feu y fait étendre ; mais encore qu'il y a en France des mines de turquoises qui ne le cèdent ni en grosseur ni en beauté aux plus belles qui se trouvent en Perse. M. GUETTARD a trouvé, que la préférence qu'on donnoit au granite d'Egypte sur ceux que la France produit n'étoit fondée que sur la prévention & sur le peu d'examen qu'on avoit fait de ces derniers. Il a même jugé, que ceux du Mont-Dauphin

ont vu, qu'on ne recherchât pas avec plus d'activité, si on ne pourroit pas tirer de nos Végétaux ou de nos Insectes plusieurs couleurs, qui ne le céderoient peut-être pas en beauté, & en solidité à celles qu'on tire dans des contrées éloignées de certaines especes de Plantes, & d'Insectes, ou du moins si on ne pourroit pas naturaliser dans nos climats ces Végétaux, & ces Insectes précieux. En recherchant si aux matieres premieres employées dans les arts, on ne pourroit point en substituer ou en joindre quelques autres qui seroient autant & plus communes, il pourroit arriver qu'on n'obtiendroit pas toujours des ouvrages également beaux. Mais quoiqu'ils fussent d'un degré inférieur, ils ne laisseroient pas de pouvoir être employés utilement dans plusieurs cas qui ne demandent pas la même perfection dans les ouvrages, & où il convient d'épargner les frais. Des tentatives de ce genre nous mettroient souvent en état de tirer parti de ce qui ne sembloit propre

---

phin surpassent en beauté ceux d'Égypte. Cet habile Naturaliste a encore fait voir, que la France possede ces cailloux mouchetés de taches de différentes couleurs, dont on fait de si jolis ouvrages, qui sont connus sous le nom de *poudingues*, & qu'on croyoit propres à l'Angleterre. Enfin il a montré, que la France possede les substances, dont la Chine se glorifioit, pour faire son excellente porcelaine.

qu'à nous nuire. C'est ainsi que les Chenilles communes qui nuisent tant à nos Arbres, pourroient nous dédommager à quelques égards, si comme l'a proposé un habile Observateur, on faisoit usage de la Soie qu'elles filent pour fabriquer le Papier.

Combien encore d'avantages ne pourroit-on pas retirer des regles que donne l'art d'observer, pour découvrir les opérations secretes de la Nature, & pour trouver les moyens de les rendre favorables à la végétation ou de prévenir les altérations qu'elles tendent à produire dans les objets les plus intéressans aux hommes. Je ne répeterai point ici ce que j'ai déjà dit sur les secours qu'il peut fournir à cet égard à la médecine & à l'agriculture; mais je ne passerai pas sous silence les avantages qu'en retire tous les jours l'art vétérinaire pour se perfectionner.

Cet art important, autrefois abandonné aux mains les plus viles, est aujourd'hui cultivé par des observateurs éclairés, qui d'après l'ouverture des animaux morts de maladies épidémiques, d'après des dissections multipliées, des expériences & des essais bien dirigés, fondent sur des faits incontestables une théorie lumineuse, & apprenent à une infinité d'éleves les regles qui en découlent, pour guérir les animaux, & préserver par ce moyen les cultivateurs des pertes les plus accablantes.

Les animaux domestiques toujours mieux observés dans tout ce qui a rapport à leur naturel, leur constitution & l'économie animale, feront naître des vûes fines & excellentes, pour en perfectionner les espèces, & les rendre plus utiles à l'homme. M. D'AUBENTON ayant fait des recherches sur le mécanisme de la rumination à laquelle sont assujetties certaines espèces d'animaux, a eu occasion de reconnoître l'influence qu'a cette opération sur le tempérament de l'animal; il en a tiré des regles très-judicieuses sur la maniere de le conduire pour lui épargner bien des maladies & des imperfections. Ces considérations l'ont en particulier convaincu combien est pernicieuse la coutume qui a lieu dans bien des pays de tenir les moutons dans des étables chaudes. Il a compris, que cette chaleur artificielle n'étoit propre qu'à faire perdre par une sueur abondante une partie de la sérosité qu'il a reconnue être nécessaire à cet animal pour opérer la rumination; d'où il conclut que l'économie animale étant ainsi troublée par une mauvaise digestion, il n'en pouvoit résulter pour les moutons tenus si chaudement que des maladies & une laine altérée. Pour soumettre ces raisonnemens à l'expérience, il tint un petit troupeau dans un parc en plein air nuit & jour sans aucun toit pas même pour le ratelier. Ils étoient exposés à des vents très-froids, très-violents, à des pluies continuelles, à des brouillards qui duroient plusieurs jours de suite, au givre & à la neige. Ils subirent toute sorte d'épreuves des intempéries de l'air, & cependant ils furent toujours plus sains & plus vigoureux que les autres tenus dans des étables. Des brebis exposées en plein air mirent bas des agneaux qui éprouverent d'assez fortes gelées les premiers jours de leur vie & néanmoins les agneaux furent sensiblement plus vigoureux que ceux des étables, & leurs meres n'eurent aucun mal.

L'ÉTUDE des animaux domestiques faite par des physiciens éclairés peut ainsi conduire à des moyens singuliers pour faciliter leur éducation ou pour les multiplier, & suppléer à leurs besoins. On sait que le célebre Réaumur, en étudiant le degré de chaleur qui est nécessaire pour faire éclore les œufs & élever les jeunes oiseaux, trouva le moyen de substituer à l'incubation l'action d'une chaleur artificielle; art qui à la vérité étoit déja connu des Egyptiens & des Chinois, mais qu'ils ne pouvoient pratiquer avec la même facilité & la même précision que nous donne pour graduer la chaleur un instrument tel que le thermometre, dont la perfection est due aux travaux des seuls physiciens.

Les opérations de la Nature exactement suivies & bien connues, peuvent souvent fournir au Mécanicien d'excellens modeles, lui donner lieu d'imaginer des Machines utiles ou perfectionner celles dont il est déja en possession. C'est la structure de l'œil qui suggéra au célebre Euler l'heureuse idée de former des objectifs de deux matieres différemment refringentes pour faire disparoître dans les Lunettes Dioptriques l'aberration de la lumiere; car voyant que l'œil n'etoit pas incommodé par des Iris, il comprit que l'Auteur de la Nature n'avoit composé l'œil de matieres diaphanes différemment refringentes, que parce qu'il avoit eu dessein de corriger par ce moyen, l'aberration des rayons, qu'un seul milieu eût necessairement introduite.

L'Imitation parfaite des procédés de la Nature conduiroit ainsi les arts à leur perfection. Il est vrai que pour parvenir à ce point les connoissances nécessaires sur ses opérations secretes, & la force exécutrice nous manqueront le plus souvent. Mais toujours, quand il est possible, doit on travailler à l'imiter, si non de près du moins de loin. Plus nous considérons attentivement les agens qu'elle emploie & la maniere dont ils operent, plus aussi nous trouvons le moyen de les faire servir habilement à nos vues & à nos desseins. Une première observation avertit d'abord, qu'on peut en attendre un certain effet, & donne l'idée d'une invention utile quoique grossière encore; mais des observations plus approfondies sur la nature, & les propriétés de l'agent qu'on met en œuvre, sur la force dont il est susceptible, sur les obstacles qui s'opposent à son action, sur les circonstances où l'on peut augmenter son aptitude à produire un effet, sur la manière d'en faire usage avec le plus d'avantage & le moins d'embarras, font bientôt perfectionner une machine imparfaite qu'avoit occasionné une vue générale de l'objet. C'est là l'histoire de la plûpart des inventions méchaniques. Une observation superficielle fit imaginer la Boussole, qui fut assez long-temps grossièrement construite. Mais les physiciens en maniant l'Aimant de mille manières, en pénétrant de plus en plus dans ses mystères, en recherchant les procédés les plus propres à augmenter sa force directrice, & à l'appliquer à l'aiguille aimantée, ont perfectionné cet instrument si nécessaire à la navigation, ont donné à l'aiguille plus de force pour se diriger vers le Pole Magnétique, l'ont rendue extrêmement mobile sur son pivot, sans cependant lui faire perdre la propriété de se fixer assez promptement vers le point où l'Aimant la dirige. De même un premier coup d'œil fur la facilité avec laquelle l'eau s'évapore, quand avec peu de profondeur elle est étendue dans une grande furface, a fait imaginer dans les Salines les bâtimens de graduation pour fuppléer en partie par l'action de l'air à celle du feu, & épargner par-là une trop grande confommation de bois. Mais les obfervations plus réfléchies d'un Phyficien éclairé fur la manière, dont la Nature opere l'évaporation, l'ont mis en état de rendre cette invention plus avantageufe. Voyant qu'en fuppofant la même température d'air, la quantité de l'eau évaporée dépend, non-feulement de la grandeur de la furface fur laquelle l'eau eft étendue, mais encore du temps qu'elle demeure expofée à l'action de l'air, il a compris qu'on pouvoit diminuer le nombre de fois qu'on relevoit l'eau, par le moyen des Pompes pour procurer une nouvelle évaporation; que pour produire la même quantité d'eau évaporée, on n'avoit qu'a faire couler l'eau plus lentement dans les hangars, & que par cet artifice fi fimple on tireroit plus de parti de la force d'un moteur pour évaporer une plus grande quantité d'eau au moyen des Pompes qu'il fait agir. L'illuftre M. DE HALLER a encore renchéri fur ces inventions, & a fait voir de combien de reffources eft capable l'efprit d'obferver.

tion; ayant reconnu plusieurs inconvénients des bâtimens de graduation, il a ouvert par ses expériences pour les pays & les saisons où la chaleur est suffisante une nouvelle route, pour se procurer, en n'employant que l'évaporation au soleil avec les mêmes eaux salées, une quantité plus considérable de meilleur sel & à moins de frais, qu'on n'en pouvoit tirer par les méthodes ordinaires.

Les observations réfléchies & approfondies sont d'autant plus nécessaires, pour se mettre en état d'employer les agents de la Nature de la maniere la plus avantageuse, qu'il arrive quelquefois, qu'on ne peut en venir à-bout que par des moyens qui, après un examen superficiel, paroîtroient plutôt propres à en diminuer la force, faute d'avoir bien considéré & faisi toutes les circonstances qui accompagnent ordinairement l'action de ces agents. Combien de gens n'auroient pas regardé comme un moyen peu vraisemblable & même absurde, pour fortifier une piece de bois, de la scier en partie pour y inférer un corps étranger! Cependant ce moyen paroit très-bien imaginé, quand on examine attentivement tout ce qui se passe lorsqu'une piece de bois est prête à rompre sous sa charge. En effet qu'arrive-t-il alors? Vers l'endroit où va se faire la rupture, il y a des fibres qui se contractent du côté de la surface concave, tandis que d'autres s'étendent du côté de la surface convexe. Les seules fibres en extention resistent pendant que les fibres en contraction cedent. Celles, qui entre ces deux especes de fibres ne sont ni en contraction ni étendues, forment un point d'appui contre lequel s'exercent les fibres étendues qui résistent à la fraction, & l'action de ces dernieres est d'autant plus grande, que ce point d'appui est plus éloigné d'elles, & s'approche d'avantage de la partie concave, parce que le levier sur lequel elles agissent est d'autant plus grand. Cette idée que fournissent les phénomenes bien observés, étant saisie par un Physicien habile, lui fit comprendre, qu'il faudroit donc à la place des fibres en contraction pouvoir substituer un corps incompressible, afin qu'on pût augmenter la force du bois, en éloignant le point d'appui des fibres étendues qui occasionnent la résistance. D'où il conclut, qu'en sciant un peu de bois dans une partie de son épaisseur, pourvû qu'on remplît le trait de scie d'un corps dur, on pourroit par ce moyen augmenter la force & la roideur de cette piece, en faisant ensorte que le corps étranger serrât plus vers l'entrée du trait de scie qu'au fond. Ces vues soumises à l'expérience ont en effet été confirmées, & ont fourni pour augmenter la force des bois un moyen ingénieux & très-efficace qu'une légere attention auroit plutôt fait juger propre à la diminuer. Ces exemples & d'autres semblables, qui pourroient être rapportés sans peine, montrent assez combien les progrès qu'on fait dans l'art d'observer profondément les opérations de la Nature favorisent ceux de la Mécanique.

CET art doit d'autant plus produire cet effet, que l'esprit d'observation sans cesse appellé à se replier de tout côté pour franchir les difficultés qui lui dérobent les secrets de la Nature, & toujours accompagné d'une curiosité active qui ne pouvant se contenter des idées ordinaires cherche à se satisfaire par quelque nouveauté, doit nécessairement, à force d'exercice, remplir la tête de ressources, & donner à la fin une grande facilité à s'élancer vers quelque nouveau point d'appui, d'où l'on pourra produire l'effet qu'on a en vue.

L'ART d'observer trouve sans doute de grands secours dans les lumieres du Géometre pour en venir à bout. Cependant ces lumieres du Géometre ne conduiroient souvent dans les arts qu'à de pures chimeres, sans l'art d'observer la Nature poussé au plus haut degré. Il n'y a pour s'en convaincre, qu'à voir les erreurs des Géometres dans la maniere d'estimer & d'appliquer aux Machines les Agens de la Nature, quand ils n'ont pas sçû les envisager sous toutes leurs faces. Par exemple, s'étant persuadés que les eaux d'un courant agissent uniquement par leur choc sur les aubes d'une roue, ils en ont tiré sur le nombre & la disposition la plus avantageuse des aubes, des conséquences qu'un Géometre, (*) meilleur Observateur que ses Confreres, a trouvées contraires à l'expérience, parce qu'ils avoient négligé de considérer que l'eau d'un courant agit sur les pales non seulement par son choc, mais aussi par son poids. Il paroît de même par les expériences, faites récemment par le *Chevallier* DE BORDA, sur la résistance qu'opposent les fluides au mouvement des corps solides, que ceux qui ont tant travaillé sur la manœuvre & la construction des Vaisseaux, risquent d'avoir fait beaucoup des calculs inutiles pour n'être pas partis de faits bien observés. D'ailleurs ajoutons que quelques peines que prenne le Géometre pour évaluer avec précision les agens qu'il s'agit d'employer, il est toujours obligé de faire des abstractions de plusieurs circonstances qu'il ne pourroit souvent prévoir, & qui doivent selon les cas modifier prodigieusement les résultats, comme par exemple la qualité des matieres dont on fait usage, certaines

(*) M. DESPARCIEUX.

circonstances, qui ne permettent pas quelquefois à une Machine de réussir trop en grand ou trop en petit, les effets de l'air, du chaud, du froid, & de l'humidité, le frottement qui varie selon la structure des corps, selon leurs cavités, la forme de leurs parties proéminentes, leur élasticité, leur cohérence ou leur degré de vitesse & sur lequel on ne peut par conséquent donner aucune regle générale. Si donc l'art d'observer ne vient pas découvrir les restrictions, qu'il faut apporter dans les cas particuliers aux conséquences du Géometre, on se laissera tromper par ses calculs séduisans.

L'Esprit d'observation nous délivre ainsi dans les arts de mille frivoles espérances trop légérement conçues. En découvrant, à force de manier les objets en tout sens, les difficultés particulieres qui s'opposent à la production de certains effets, il engage à se défier des promesses arbitraires & exagérées de plusieurs faiseurs de projets, qui n'ont d'autre but que de s'enrichir aux dépens des personnes crédules. Les saines idées de Chymie, dont on est redevable aux progrès de l'art d'observer ont, par exemple, détourné des vaines & ruineuses recherches des Alchymistes, & ont dirigé les travaux des vrais Chymistes vers des objets plus à leur portée, & dont les arts peuvent attendre des avantages plus réels. De même les réflexions qu'a fourni l'obfervation fur le frottement des corps, & la réfiftance des milieux ont prouvé l'impoffibilité du mouvement perpétuel & l'inutilité de tout ce qu'on pourroit propofer la-deffus.

CEPENDANT quelque utile, qu'il fût de connoître toujours les limites des arts, c'eſt-à-dire, de favoir déterminer le point qu'ils ne peuvent paffer, il ne faut pas fe preffer de tirer de telles concluſions. l'Art d'obferver ne permet de regarder une invention comme abfolument impoffible, que lorfque cela paroît avec la plus grande évidence par des expériences réitérées & inconteſtables. Car il peut arriver que de nouvelles obfervations fourniffent des vues lumineufes & imprévues pour vaincre un obftacle, qui paroiffoit d'abord infurmontable. Auffi s'eſt-on fouvent trop hâté de décider fur l'impoffibilité de certaines Machines. Les Lunettes Achromatiques, & le Miroir d'ARCHIMÈDE, exécuté par Mr. DE BUFFON, font des exemples frappans de cette vérité. En furetant dans tous les coins & les recoins de la Nature, on peut procurer aux arts des tréfors, auxquels on ne s'attendoit pas. Les Satellites de *Jupiter*, trouvés prefque à l'extrémité de notre fyfteme folaire, & à une diſtance immenfe de notre Globe, la Parallaxe & les mouvemens de la Lune déterminés avec plus d'exactitude, & une expérience singuliere du Pendule, qui a engagé à mesurer la Terre avec précision ont donné de nouveaux & puissans secours à la Géographie & à la Navigation, cet art hardi qui nous fait franchir les bornes que la Nature avoit mises à nos voyages & emploie les Vents & les Eaux, à nous porter dans les Régions les plus éloignées. Toutes les observations, à la vérité, ne mèneront pas aussi-tôt à une utilité manifeste. Mais tout est lié dans la Nature. Il seroit difficile d'y trouver quelque découverte qu'avec le temps, de nouveaux points de vue, de nouveaux faits ou quelque autre découverte comparée avec elle, ne puissent rendre utile ou d'un plus grand usage. Dans le temps des premieres expériences sur l'électricité on étoit bien éloigné de penser, qu'elles conduiroient un jour à découvrir le moyen de préserver les édifices des effets terribles de la foudre. Mais l'identité ou l'extrême analogie de la matiere électrique & de celle qui forme le tonnerre ayant été dans la suite mise en évidence, il n'a pas été difficile d'imaginer, qu'il seroit possible d'en venir à bout, en élevant au dessus des édifices des pointes métalliques, qui communiquant par des conducteurs de même nature avec le terrein, soutireroient pour ainsi dire le feu électrique des nuées orageuſes qui s'approcheroient des bâtimens & le feroient diſſiper en ſilence & ſans exploſion. Les Verres convexes & concaves ont été maniés pendant trois cents ans par les hommes, avant qu'ils aient ſongé à en faire des Téléſcopes. On a vu pendant long-temps des vapeurs d'eau s'élancer avec impétuoſité par de petits trous ménagés dans des vaſes fermés qui contenoient de l'eau, & qui étoient expoſés au feu ſans qu'on ait penſé à en tirer parti pour élever des poids, mais dans la ſuite on a compris, qu'on pourroit ſe ſervir de la force élaſtique d'un peu de vapeurs ſemblables, qu'un feu moderé procureroit pour faire mouvoir le piſton d'une Pompe & élever de l'eau. ARCHIMÈDE ne fut pas ſans doute le premier, qui eût remarqué, que le poids d'un corps étoit moindre dans l'eau que dans l'air, mais s'étant aviſé de comparer les pertes que faiſoient les corps de même poids & de differente denſité dans le même fluide, il tira de là un moyen pour découvrir dans quelle proportion étoient les parties d'un mélange, comme de l'or & de l'argent dans un alliage. Pourquoi donc ne pas eſpérer que les obſervations même les plus ſtériles entre nos mains, deviendront fécondes étant maniées par nos ſucceſſeurs & influeront tôt ou tard ſur la perfection des Arts, & les beſoins de la vie.

Mais après tout, quand quelques observations comme seroient quelques Phénomenes électriques n'auroient rien de recommandable que leur singularité, & ne meneroient à aucune utilité matérielle & sensible, ce qui n'est pas même probable, elles seroient toujours précieuses en ce qu'elles serviroient d'aliment à une curiosité très-raisonnable & naturelle à l'homme, sans laquelle en vain cultiveroit-il les Sciences & les Arts pendant des milliers d'années, il ne sauroit en reculer les bornes, comme il est arrivé aux Chinois, qui depuis bien des siecles, n'y ont fait aucun progrès nouveau, parce qu'ils pensent moins à observer la Nature, qu'à respecter les connoissances qu'ils ont reçues de leurs Ancêtres. Amour des nouvelles découvertes, fruit précieux de l'esprit d'observation, qui s'etend tous les jours davantage, c'est à toi qu'il appartenoit de donner à la Nation, qu'on accusoit le plus de légereté & de frivolité, un caractere de constance, quand il s'agit de cultiver les Sciences & les Arts, d'épier la Nature, & de faire servir à nos usages les mouvemens des astres, les terres, les mers, les minéraux, les fleuves, en un mot tout cet assemblage de corps qui composent cet Univers. Comparez l'état actuel des Arts, qui s'exercent en temps de paix & en temps de guerre, avec celui où

ils

ils étoient il y a moins d'un siecle, vous trouverrez qu'on y a fait des progrès immenses; parce qu'à cette époque l'esprit d'observation a sur-tout commencé à s'emparer de plus en plus de tous les ordres des citoyens. Mais ce qui acheve de démontrer sa puissante influence sur la perfection des Arts, c'est qu'il les a fait éclore en peu de temps dans les lieux où ils paroissoient les plus étrangers. Depuis qu'un Roi du Nord, immolant la grandeur au desir d'instruire ses Peuples, descendit du Trône pour voyager en observateur philosophe chez les Nations les plus policées de l'Europe, & remporta dans ses Etats leurs gouts pour toutes les connoissances, qui dues à l'observation, peuvent étendre & orner l'esprit, ces fertiles semences se sont naturalisées dans ces Contrées Septentrionales, & y ont déjà poussé de profondes racines. Dès ce moment l'impulsion du génie s'est fait sentir chez des hommes il n'y a pas long-temps barbares. Une curiosité ardente & dévorante leur a donné cette industrie qui a pu les convaincre, que la Nature prodigue n'attend que le secours des Arts pour verser l'abondance, leur a fait trouver de nouvelles routes au Commerce, découvrir les extrémités septentrionales de l'Asie & le bras de mer qui y

Aa

sépare l'ancien monde du Nouveau, parcourir leurs vastes Pays en Géographes & en Physiciens, pour en connoître parfaitement tous les avantages, & les faire valoir.

ENFIN il est temps de parler du plus grand avantage que l'art d'observer procure à l'esprit humain, c'est qu'il lui fournit d'excellentes considérations, pour nous rendre meilleurs, & nous donner de notre Créateur les idées les plus majestueuses, les plus propres à élever nos sentimens, à bannir toute superstition de nos esprits, & à nous conduire à un bonheur solide & éternel. C'est ce qui doit rendre cet art précieux à tous les hommes, qui sont également appellés à marcher dans la carriere de l'honneur & de la vertu.

CHAPITRE IV.

Comment l'Art d'Observer procure à l'entendement des considérations, qui tendent à nous rendre meilleurs, & à nous donner du Créateur les idées les plus majestueuses, les plus propres à élever nos sentimens, & à nous conduire à un Bonheur solide & éternel.

I. La Morale étudiée froidement dans les Livres, ou uniquement par des méditations abstraites sur les devoirs, qu'elle impose, n'opere presque rien sur la volonté. Il n'en résulte ordinairement qu'une connoissance stérile de vérités, qu'on tient en dépôt dans sa mémoire sans en faire l'application à soi-même. S'agit-il de résister à une passion violente, on sacrifie sans peine aux desirs inquiets qu'elle cause des maximes qui paroissent plus belles dans la Théorie, que nécessaires dans la Pratique. Mais l'étude de la Morale jointe à un esprit d'observation sur les écarts actuels des hommes, sur les malheurs qu'ils s'attirent tous les jours par la négligence de leurs devoirs, par leur imprudence, leurs vices & leurs excés peut tenir l'esprit en haleine, & l'avertir sans cesse de l'importance & de la nécessité d'avoir des mœurs.

Il faut cependant prendre garde, qu'on en prenne occasion de médire des personnes plutôt que de se corriger de ses fautes, mais cet écueil s'évite aisément, quand on porte en même-temps sur soi-même cet esprit d'observation; la vue de ses propres imperfections, de ses défauts, de son ignorance doit inspirer des sentimens de modestie, de bonté, de support, qui répandent tant d'agrémens dans le commerce de la vie, en détournant d'un ton décisif, & de toute critique maligne. Si la plupart de ceux qui cultivent les Lettres, ne concentroient pas uniquement toutes leurs pensées sur des objets extérieurs ou de pure spéculation, s'ils s'attachoient en même temps à s'étudier eux-mêmes, ils se distingueroient toujours autant par leur douceur, leur affabilité, leur disposition à entretenir des amitiés vertueuses & désintéressées que par leurs lumieres, & l'on n'auroit jamais agité cette question malheureusement trop fameuse, *si les lettres contribuent plus à épurer qu'à corrompre les Mœurs.* La vraie sagesse commence par l'étude de soi-même. Lorsqu'on connoit l'endroit foible, l'endroit par où l'on peut-être aisément séduit, il est facile de s'armer de bonne heure des réflexions, des secours, & des précautions nécessaires pour être ferme & inébranlable.

CET esprit d'observation sur soi-même & sur tout ce qui a rapport à la vérité & à la vertu, peut seul nous préserver de cette étrange association de bien & de mal, d'erreurs & de vérités, de vices & de vertus, de maximes justes & injustes, qu'il est si aisé de faire, en vivant sans réflexion parmi les hommes; mélange monstrueux qui dégrade tout-à-fait l'esprit humain.

II. L'ESPRIT d'observation contribue encore à nous garantir de la contagion du vice, en ce que l'étude des opérations & des loix de la Nature, qui en font un des principaux objets donne un gout décidé pour les plaisirs intellectuels, & porte à la simplicité & l'innocence des mœurs. En effet l'ordre, l'harmonie & les loix inviolables, qui s'observent dans les diverses parties de l'Univers, & qui en font un spectacle si ravissant, nous invitent à mettre dans nos actions la même régularité, & à nous tenir en garde contre ces mouvemens tumultueux, qui porteroient le désordre, le trouble, & la confusion dans les opérations de notre esprit, ce petit monde intellectuel, dont la conduite nous est confiée. L'Ame une fois accoutumée aux innocentes joies que cause une vue réfléchie des beautés de la Nature, à la satisfaction qu'elle ressent en pénétrant plus clairement dans ses misteres, à la sérénité qui accompagne ce plaisir, & qui favorise merveilleusement l'exercice de ses facultés, n'éprouve que du dégout pour les voluptés grossieres & bruyantes, qui la feroient sortir de son assiete naturelle, lui oteroient le plaisir de la réflexion, & ne laisseroient souvent après elles qu'un amer repentir. Aussi les Platoniciens ne cessoient de s'entretenir de la beauté & de l'harmonie de l'Univers pour s'animer à la vertu.

III. Mais ce qui rend plus puissantes les influences de cette considération sur nos dispositions vertueuses, c'est qu'elle nous éleve à la connoissance de l'Etre Suprême. Elle tient continuellement présente à l'esprit l'idée de ce parfait Modele; elle nous en donne les notions les plus sublimes, les plus capables de nous inspirer de grands sentimens, & de nous faire sentir l'indispensable nécessité d'être vertueux. Un simple coup d'œil sur la Nature & sur les fins excellentes, qui se montrent de toutes parts, suffit sans doute pour faire reconnoître l'existence, la bonté, & la sagesse de Dieu. Quoi en effet de plus aisé à sentir, si on veut être sincere & de bonne foi, que le monde dont toutes les parties auroient évidemment pu être arrangées autrement, n'exifte pas néceffairement tel qu'il eft, & n'eft proprement qu'un grand effet, qui a du être produit par une caufe très-puiffante, qu'enfin les deffeins & les ufages qu'on voit de tout côté dans l'univers fuppofent, pour qu'on en puiffe rendre raifon, qu'une premiere intelligence, éternelle, & douée des plus grandes perfections, a tout arrangé fagement, pour arriver à ces buts fi bien marqués de toutes parts. Quelque naturels, évidens & fenfibles que foient ces raifonnemens pour tous les hommes qui ne ferment pas les yeux à la lumiere, cependant il n'y a qu'une étude approfondie de ces œuvres admirables, qui puiffe nous en donner une idée un peu proportionnée à leur magnificence. Sans cela on n'aura que des idées tout-à-fait groffieres fur l'art infini qu'il manifefte dans la formation des plus petites objets, fur la grandeur & la vafte étendue de fes ouvrages, fur leurs rapports & leur liaifon; on fera tenté de tout rapporter à foi-même, & alors on prononcera de faux jugements fur les vrais ufages des chofes, ou l'on fera porté à critiquer mal-à-propos la Providence, ou l'on donnera dans des idées fuperftitieufes fur plufieurs Phénomenes. En un mot, les idées qu'on acquierra de la Divinité par une obfervation vulgaire & fuperficielle de la

Nature seront fort au-dessous, je ne dirai pas de ce que Dieu est en lui-même, idée trop grande pour être saisie par un simple mortel, mais au-dessous des idées, aux quelles peut s'élever l'Observateur exact de la Nature, qui pour l'étudier se conforme aux regles de l'art; car elles le conduiront à se représenter l'Univers, ou la collection des Etres, comme un tout immense dont toutes les parties étroitement liées entre elles, soit sur la Terre, soit dans les profondeurs de l'espace, annoncent l'unité & la majesté incompréhensible de leur Auteur, & il s'étonnera de voir que l'homme quoiqu'un simple chaînon d'un si vaste tout, ne laisse pas d'être l'objet tout particulier de ses soins paternels. Il attribuera donc la plus grande puissance, la plus haute sagesse, & la plus parfaite bonté à la cause premiere, qui a pu former un Plan si immense, si bien concerté & si parfaitement exécuté pour l'avantage commun de toutes ses Créatures. Si dans le fil de ses recherches il trouve des difficultés, qui pourroient répandre des nuages sur la Providence, il ne doute point qu'elles ne viennent de ce qu'il y a dans l'enchaînement prodigieux des ouvrages du Créateur des liaisons, des rapports, des usages, des ressorts merveilleux, qui étant découverts donneroient la clef de ce qui l'embarasse; & il est d'autant plus porté à penser ainsi, que dans le cours de ses observations il a souvent lieu de remarquer que ce qu'il étoit d'abord tenté du blâmer lui paroît très-bien disposé quand il vient dans la suite à le comparer avec d'autres objets, qui demandoient cet arrangement. On reprochoit, par exemple, à la Nature le peu de soin que le coucou prenoit de ses petits, en faisant toujours servir d'autres oiseaux à couver ses œufs & élever ses petits. Mais la dissection de cet animal a enfin prouvé la témérité de nos jugemens & fait voir que la Nature étoit toujours conduite par une main également sage & puissante. Elle a montré, que dans le coucou l'estomach recouvrant absolument les intestins, tandis que dans les autres oiseaux il en est recouvert, il étoit aussi difficile au coucou de couver ses œufs & ses petits, que cette opération étoit facile aux autres oiseaux, puisque dans le premier les membranes de l'estomach auroient éprouvé de la part des œufs une compression douloureuse & contraire à la digestion qui est prévenue dans les autres oiseaux par les parties molles des intestins qui s'y prêtent aisément. Le sentiment qu'a l'Observateur de la Nature de la sagesse & bonté Suprême, le détourne des craintes & terreurs paniques que répandent quelquefois parmi les Peuples les faits un peu extraordinaires, il les examine plutôt tranquillement & avec attention pour en démêler la cauſe. S'il ne peut la ſaiſir, il ne va pas avec le ſtupide vulgaire leur attribuer des influences malignes & imaginaires, ou les regarder comme des préſages funeſtes, & des indices du courroux céleſte; mais perſuadé que tout eſt conduit par une Souveraine Sageſſe, il conçoit que ces Phénomenes ſurprenans peuvent avoir des uſages encore inconnus, ou ſe rapporter plus particulierement à tout autre objet qu'à lui-même.

Ainsi les idées droites de la Divinité, que fournit l'obſervation de la Nature, ne ſont pas ſtériles. Elles influent néceſſairement ſur la conduite. D'un côté la Puiſſance Infinie de ce grand Etre, dont elles nous rappellent continuellement le ſouvenir doit nous inſpirer une crainte réligieuſe de lui déplaire. D'un autre côté ſa ſageſſe & ſa bonté, dont les traits ſe préſentent à chaque pas, avertiſſent ſans-ceſſe qu'on ne peut lui être agréable, qu'en revêtant des diſpoſitions vertueuſes & bienfaiſantes. L'Obſervation de la Nature nous apprend donc à mettre le ſouverain bien dans la faveur de Dieu, & à la mériter par nos progrès dans la vertu. Elle nous en montre toute l'importance en nous faiſant ſouvent porter nos regards au delà des bornes de cette vie. Car on ne peut conſidérer les divers états que l'homme subit dans les divers périodes de sa vie pour se perfectionner de plus en plus, sans se persuader qu'il ne doit pas rester dans sa situation présente, & qu'une autre vie l'attend après celle-ci. Après tout ce qui lui est arrivé en sortant du sein de sa mere & en passant de l'enfance à l'âge viril pour mener un genre de vie plus parfait, il est naturel de croire, qu'il ne se retire aussi du monde visible que pour être transplanté dans un Région plus heureuse où il achévera plus facilement de perfectionner sa nature. L'admirable sagesse du Créateur ne permet pas de penser qu'il l'ait rendu capable de s'élever à de nouveaux degrés de perfection, sans lui donner jamais le temps de les acquerir. Les Brutes avant que de rentrer dans la poudre, parviennent au moins à leur plus grande vigueur; elles arrivent à la perfection de leur être; on leur donneroit plusieurs siecles à vivre, qu'elles ne pourroient jamais se perfectionner davantage. Il n'y auroit que l'homme qui n'auroit jamais le temps d'atteindre le degré de perfection dont il est susceptible, si son ame succomboit sous les ruines de son corps. Que de progrès ne lui resteroit-il pas à faire dans l'art de vaincre ses passions, dans la vertu & la connoissance de la vérité! Cependant seroit-il possible que Dieu négligeât si fort le chef-d'œuvre d'entre les Animaux, qu'il n'y mît jamais la derniere main ? Pourquoi nous donneroit-il une ardente soif de connoissance qui ne peut s'éteindre pendant cette vie ? Pourquoi nous montreroit-il assez de ses admirables ouvrages pour nous faire souhaiter ardemment de pénétrer plus à fond dans leur structure merveilleuse, sans jamais nous fournir les moyens de nous satisfaire ? S'il ne le fait pas maintenant dans ce monde, il faut que des raisons de sagesse l'engagent à le différer pour quelque temps. Il étoit apparemment plus conforme à notre nature d'avancer par degrés avant que d'entrer dans une Economie plus sainte & plus lumineuse. Par ces considérations & d'autres encore tirées, soit des propriétés de notre ame, soit de l'état présent du genre-humain, l'Observateur de la Nature a de frequentes occasions de se convaincre de plus en plus, que cette vie présente n'est que le commencement, l'Aurore de notre existence, le temps précieux, où notre ame se met en état d'entrer dans un plus glorieux séjour, où sans une préparation convenable, elle n'auroit pu paroître avec assez d'avantages, & donner aussi aisément essort à ses facultés; à peu près comme un Enfant se dispose par l'éducation qu'on lui donne à s'occuper un jour des vérités sublimes, auxquelles sans son secours il n'auroit pu facilement atteindre, ou comme un jeune-homme se prépare par différentes études & divers exercices à remplir un jour des emplois qu'il n'auroit pu soutenir auparavant sans nuire à la Société, & se couvrir lui-même de confusion. L'Art d'observer nous dispose par-là à recevoir avec empressement, & une docilité parfaite les fermes assurances, que Dieu nous a données sur cet Etat à-venir qui nous attend, dans les Révélations par lesquelles il s'est autrefois communiqué aux hommes. Que cette espérance délicieuse d'une heureuse immortalité est bien capable de pénétrer notre esprit de la joie la plus pure, de l'élever au dessus des petites affaires de la vie, de lui faire regarder avec un noble mépris les biens passagers & fragiles, sur lesquels roulent les querelles des hommes, & de lui donner une nouvelle activité pour faire des progrès dans la vérité & la vertu! C'est ainsi que l'art d'observer pris dans toute son étendue est à tous égards l'instrument le plus propre à perfectionner l'esprit-humain, & à le conduire à l'état le plus heureux, dont sa nature soit susceptible.

DOUTES ou DIFFICULTÉS

SUR LA FORMATION DES

COQUILLES

ET MOYENS DE LES LEVER.

Il n'y a pas long-temps que la plûpart des Physiciens avoient adopté le sentiment de M. DE RÉAUMUR sur la formation des Coquilles, & s'étoient persuadés avec lui, qu'elles tiroient leur origine de l'épaississement d'un suc, qui transpiroit de leur corps mis à découvert, & qui s'endurcissoit à l'air. Mais M. HÉRISSANT ayant à l'aide d'un acide nitreux affoibli avec de l'eau, démontré que les Coquilles étoient composées de deux substances distinctes, dont l'une lui a paru être une matiere animale, un réseau spongieux formé de filamens réticulaires contournés en tout sens, & dont l'autre est une matiere terreuse & crétacée, qui incruste, mastique la premiere substance, borne selon lui son accroissement & son extention, & peut seule être détruite par l'acide, il en a conclu avec de grands naturalistes, que les coquilles avoient une organisation très-composée & recherchée, qu'elles ne croissoient pas par juxtaposition, mais plutôt comme les os par un principe intérieur de végétation. Le sentiment de M. DE RÉAUMUR est fondé sur des expériences très-fines faites en particulier sur des limaçons de jardin qui lui ont montré, qu'en brisant une partie de leur coquille, celle qui est reproduite n'est point formée par un suc qui suinte de la coquille même, qu'au contraire il ne s'en extravase aucun suc; & que la nouvelle production de la coquille est entierement due à celui, qui transpire du corps même de l'animal mis à l'air, & qui se durcit ensuite. Si de telles expériences répétées sur des coquillages de toute espece donnoient constamment le même résultat, son sentiment acquierroit sans contredit une grande probabilité. Car il faut remarquer, que le corps de l'animal n'est pas adhérent à sa coquille dans toute l'étendue de son corps. Il ne lui est attaché que par un ou plusieurs muscles. C'est donc par les endroits où il lui est lié, que le suc devroit enfiler les canaux de la coquille, pour l'entretenir & contribuer à son accroissement. Or s'il y a un tel suc nourricier & terreux, qui s'introduit & se meut dans les vaisseaux de la coquille, il devroit après une fracture se déceler par quelque production, comme on le remarque dans les calus, qui réunissent les os rompus, & qui sont formés par un suc osseaux épanché, ou dans les bourrelets qui servent à réparer les divisions faites à l'écorce des arbres, & qui sont produits par l'extravasion des sucs de l'écorce.

Je ne vois que trois objections, que l'on pourroit opposer au résultat que donneroient ces sortes d'expériences, & aux conclusions qu'on en tireroit contre l'organisation des coquilles.

I. Lorsque la coquille est parvenue à sa perfection, il peut arriver, que les sucs crétacés & terreux, dont ses vaisseaux ont été pénétrés, les aient endurcis, leur aient fait perdre toute leur extensibilité, & aient bouché tous les passages, ensorte qu'aucune liqueur nourriciere ne puisse plus désormais s'y mouvoir, & y circuler. On en peut juger par ce qui arrive aux os, qui lorsqu'ils ont acquis toute leur densité & leur solidité, deviennent avec le temps si compacts, qu'ils ne peuvent plus admettre les sucs nourriciers, qui étoient auparavant employés à augmenter leur densité, & qui formoient cette espece de circulation, dont dépend la nutrition de ces parties.

Des observations, qui auroient été faites sur des coquilles réduites à cet état, ne prouveroient donc pas, qu'il ne s'y est jamais mu de suc nourricier, au cas qu'après la fracture d'une partie
de

de la coquille & après des expériences faites avec les mêmes attentions que celles que M. DE RÉAUMUR a employées dans les siennes, on n'en vit résulter aucun effet, qui annonçât l'existence de ce suc & l'extensibilité des vaisseaux de la coquille. Qui sait donc si toutes les expériences de M. DE RÉAUMUR n'ont point été faites sur des coquillages & des limaçons, qui avoient leur coquilles dans cet état? (*)

CETTE objection a sans doute beaucoup de force, & la seule maniere d'y répondre seroit, de répéter ces expériences sur toutes sortes de coquillages qui ne seroient pas encore arrivés à leur perfection, mais qui seroient visiblement dans une disposition actuelle à croître. Alors l'expérience seroit décisive. Car si la coquille croit par une suite de l'extension de ses vaisseaux & à l'aide d'un suc préparé dans ses or-

(*) Par la description que M. DE RÉAUMUR fait d'un des limaçons employés dans une de ses expériences, il est vraisemblable qu'il n'avoit pas eu l'attention de ne choisir que des limaçons, qui n'étoient pas encore parvenus au dernier période de leur accroissement. Car page 374. & 375. de l'Édition in. 4. des Mémoires de l'Académie Royale des Sciences pour l'année 1709 il dit, que pour faire la seconde expérience, il avoit réduit des coquilles de gros limaçons de jardin, qui sont ordinairement quatre tours de spirale ou quatre tours & demi, à trois tours & demi ou à quatre tours qu'ainsi il avoit rendu ces coquilles trop petites pour couvrir le limaçon, & les avoit mises à-peu-près dans le même état où elles sont lorsque l'accroissement du corps de l'animal les fait croître.

ganes, s'il est vrai que ce suc nourricier ne peut s'insinuer dans les vaisseaux que par les seuls endroits auxquels elle est attachée au corps de l'animal, il ne faut pas douter que ce suc, après une fracture faite dans une coquille actuellement en travail pour croître, ne dût être surpris dans sa course, & laisser dans ces circonstances quelque monument de lui-même, ensorte que si on n'en appercevoit aucun vestige, on seroit fondé à croire, que la coquille est privée de toute circulation de suc.

Cherchoit-on à échapper à cette conclusion, en disant que la coquille ne pompe pas ses sucs par les seuls points auxquels elle est attachée au corps de l'animal, qu'elle peut les absorber par toute sa surface, que comme ses parties pénétrées & incrustées par un suc terreux ne tardent pas à s'endurcir, elle ne croît qu'à l'aide de ses parties dernierement formées les plus voisines de son bord, les seules encore extensibles, & qu'ainsi il n'est pas surprenant, qu'en cassant ce bord on n'en voie suinter aucun suc ni sortir aucune production. Mais en ne retranchant qu'une legere partie du bord, les parties qui en seroient les plus voisines, ou du moins les parties latérales des entailles ou breches qu'on feroit dans les bords, devroient donner quelques marques de leur extensibilité & du suc dont leurs vaisseaux seroient abreuvés, puisqu'elles n'auroient pas encore été endurcies. D'ailleurs il y a des coquilles, qui débordant beaucoup le corps de l'animal, démontrent que si elles ont crû à l'aide d'un suc nourricier, il a dû se mouvoir d'une partie éloignée du bord vers ce bord même. Quand des expériences & des observations faites avec soin sur toute sorte de coquillages, dans les circonstances que je viens d'indiquer, s'accorderoient à faire voir, comme M. DE RÉAUMUR l'a cru après des expériences qui n'ont pas encore été directement contredites par d'autres, (*) qu'il ne circule aucun suc dans la coquille, il y auroit encore une seconde objection contre la conclusion qu'il en tire sur la formation de la coquille qu'il attribue uniquement à l'épaississement d'un suc qui transpire de toutes parts du corps de l'animal mis à découvert.

I I. ON pourroit donc en second lieu objecter contre lui ce réseau surprénant, dont la décomposition de la coquille dans l'acide nitreux a démontré l'existence, semble annoncer des vaisseaux de toute espèce, une organisation

―――――――――――――――――――
(*) M. DE RÉAUMUR assure, que toutes ces expériences ont été faites avec le même succès, non seulement sur diverses espèces de limaçons terrestres, mais encore sur des limaçons aquatiques tant de riviere que de mer, sur diverses especes de coquillages à deux pieces, comme moules, palourdes, pétoncles &c.

singuliere & très-recherchée. Mais s'il paroit une fois par les expériences proposées, qu'il ne se meut aucun suc dans la coquille, on ne pourroit rien en conclûre de certain en faveur de l'organisation. Car envain trouveroit-on dans un corps une configuration tant extérieure qu'intérieure affectée & déterminée, des parties d'une structure singuliere & d'une nature différente des autres, tant qu'on ne prouveroit pas qu'elles servent à mouvoir des sucs étrangers, qui s'y préparent, & s'y convertissent en une nouvelle nature propre à entretenir & à faire croître le corps dont il s'agit, il seroit toujours à craindre, qu'il n'y eût là qu'une apparence trompeuse d'organisation. Comme l'eau, qui commence à se convertir en glace, présente un réseau merveilleux composé de filets formés par les parties intégrantes de l'eau, qui ayant le plus d'affinité entr'elles, s'arrangent suivant une loi constante & déterminée conformément à la tendance qui leur est propre: de même la liqueur, qui transpire du cors de l'animal, pourroit en se figeant s'arranger d'une façon, qui offriroit une sorte de régularité. Les différens cribles, dont le corps de l'animal est percé, pourroient laisser échapper des parties de différente nature, qui suivant les diverses dispositions qu'elles auroient à s'unir, iroient former des filamens différemment contournés selon des loix déterminées; d'où naîtroit une espece de charpente, qui fortifieroit tout l'édifice, & serviroit à soutenir les parties terreuses & hétérogenes qui rempliroient leurs intervalles, les mastiqueroient, & les incrusteroient.

La maniere heureuse, dont M. DE RÉAUMUR explique la formation de raies distinctes de la petite espece de limaçons par le moyen des cribles de différente espece qu'on découvre même visiblement sur le collier de l'animal, seroit tout ensemble une présomption assez forte en faveur de la formation par juxtaposition qu'il attribue à la coquille, & de l'éxistence des différens cribles, qui laisseroient sortir les particules de différente nature propres à produire de la maniere dont je l'ai dit le réseau de la coquille. Comme il arrive, que si on fait fondre lentement un morceau de glace très-mince, on pourra observer que les premiers filets de glace, qui y ont été formés par les particules de l'eau qui avoient le plus de disposition à s'unir, subsisteront encore lorsque tous les intervalles qui sont entr'eux seront dégelés, & qu'ils formeront une espece de réseau très-reconnoisable; de même lorsqu'on expose des lames de coquilles à l'action de l'acide nitreux, dont on a modéré la violence en l'affoiblissant avec de l'eau, les parties hétérogenes, terreuses & crétacées renfermées entre les mailles du réseau de la coquille pourroient être dissoutes, tandis que le réseau lui-même formé par les parties qui avoient plus d'affinité entr'elles continueroit à subsister.

Il entre dans le plan général de la Nature de produire souvent des corps, qui par des arrangemens de parties très-recherchés, constans & uniformes, offrent au premier coup d'œil une apparence d'organisation. On en voit des exemples dans les fibres métalliques de certaines pyrites & dans la structure singuliere de plusieurs pierres. Aussi le celebre Tournefort séduit & trompé par cet appareil imposant n'hesita point à leur attribuer une organisation complette, tout versé qu'il fût dans ce qui a rapport à l'histoire des corps organisés. M. Tenon ayant aussi soumis à l'action de l'acide nitreux, affoibli avec de l'eau, les pierres animales de toute espece, a trouvé qu'elles étoient, toutes sans exception, composées de deux substances entierement différentes, dont l'une étoit une matiere terreuse & crétacée seule dissoluble dans cet acide affoibli, & l'autre, qui résistoit à l'action de ce menstrue, étoit comme il l'appelle un *canevas*, qui varioit selon les différentes especes de pierre animale, mais qui servoit à toutes comme de charpente à leur organifation, de foutien & de lien à la matiere crétacée & terreufe, qui avec l'huile & l'air entre dans la compofition de ces corps. Il eft bien remarquable, que ce *canevas*, dans quelque pierre animale a été trouvé avoir beaucoup d'analogie avec le parenchime des os; cependant qui oferoit fur ce qu'a montré la décompofition de ces pierres, attribuer d'abord une organifation réelle à toutes les pierres animales? Ainfi le réfeau furprenant qu'on trouve dans les coquilles, n'établira inconteftablement l'organifation de ces corps, qu'autant que les expériences, dont nous avons parlé, prouveront l'exiftence d'un fuc nourricier qui fe meut, fe diftribue & s'élabore dans les vaiffeaux & les organes de la coquille.

III. Au cas que l'abfence de ce fuc nourricier parût bien conftatée par toutes les expériences faites dans les circonftances indiquées ci-deffus, il y auroit encore une troifieme objection confidérable contre la formation de la coquille par l'épaiffiffement d'un fuc, qui tranfpire du corps de l'animal, & fe durcit à l'air. Il y a beaucoup de coquilles qui font plus grandes que le corps de l'animal auquel elle fervent de domicile, & par là même il femble impoffible, qu'une liqueur, qui s'extravafe du corps de l'animal, ait pu former une partie qu'il ne touche pas. Mais 1°. si toutes les expériences établissoient qu'il ne meut aucun suc dans la coquille, comme M. DE RÉAUMUR prétend l'avoir démontré par les siennes, il ne seroit pas moins difficile à comprendre comment le réseau de la coquille, qui annonce une organisation, auroit pu s'étendre, & former la partie qui déborde le corps de l'animal. 2°. De ce qu'une partie de la coquille ne touche pas actuellement l'animal, il ne s'ensuit pas nécessairement qu'elle n'en ait pas été touchée autrefois. Les muscles, qui attachent l'animal à sa coquille, ne pourroient établir l'impossibilité de son transport dans les parties qu'il ne touche pas actuellement, puisqu'il est démontré, par exemple, que l'endroit, par lequel le limaçon est attaché à sa coquille, change de place suivant son âge, quoique la coquille n'ait pas végété, si les expériences de M. DE RÉAUMUR sont bien faites; la même chose pourroit arriver à d'autres coquillages. Il faudroit donc avoir suivi constamment le coquillage depuis sa naissance, être informé de tous les changemens qu'il a subi, de tous les mouvemens qu'il s'est donné, en un mot de tous les états par lesquels il a passé dans les différens périodes de sa vie, pour pouvoir prononcer avec certitude sur la possibilité ou l'impossibilité de la formation de la coquille qui déborde le corps de l'animal par l'épaississement d'un suc qui transpire de son corps. Lorsqu'un limaçon pour éviter le froid de l'hyver, se retire au fond de sa coquille, on trouve quelquefois plusieurs opercules qui ont été formés à différentes distances les uns des autres à mesure que maigrissant il a pu se retirer plus en arriere. Si on n'avoit jamais vu des limaçons que dans cet état, on ne comprendroit pas aisément comment autrefois son corps auroit pu toucher ces différens opercules; & puisque l'occasion se présente de parler de ces opercules, il paroit assez singulier qu'on ait aussi trouvé dans l'opercule d'un limaçon de vigne un réseau qui annonce une organisation très-composée, quoique cet opercule ne soit produit que pour préserver l'animal du trop grand froid pendant l'hyver, & qu'étant formé, il n'ait souvent plus de communication avec lui.

Au reste je n'adopte ici ni le sentiment de M. DE RÉAUMUR ni celui de M. HERISSANT. Je ne propose que mes doutes, que quelques difficultés contre l'un & l'autre sentiment & les moyens qui me sembleroient les plus propres à les résoudre.

F I N.

TABLE DES MATIERES.

Sujet, Occasion & Division générale de cet Essai. . . . . page 1

INTRODUCTION À LA PREMIERE PARTIE.

Dans laquelle on examine ce qui est requis dans l'art d'Observer. 3

CHAPITRE I. *Sur la maniere de décrire les divers objets de la Nature, & d'observer leurs propriétés.* 6

I. L'observateur est appellé à considérer dans les corps deux sortes de propriétés, les unes générales, les autres particulieres. . . . ibid.

II. Par quelles regles les propriétés générales se découvrent. . . . . ibid.

III. A quoi se réduisent les propriétés particulieres des corps. 8

IV. Dans les corps organisés il faut d'abord reconnoître les qualités extérieures, qui servent à distinguer les especes. 10

Comment, pour ne rien laisser de vague dans cette détermination, il faut examiner séparément les diverses parties des végétaux & des animaux. . . . . page 11

Comment après cet examen, l'observateur acquiert une idée de la conformation générale de l'objet, qui l'aide à le reconnoître au premier coup d'œil. 13

Que pour rendre les corps organisés mieux reconnoissables, il faut prendre autant qu'on peut les caractères les plus populaires, les plus sensibles &c. 14

Que cependant il ne faut pas négliger l'examen de plusieurs parties extérieures qui ne sont visibles que par les verres. 15

Qu'à ces marques caractéristiques, il faut joindre le naturel de ces différens corps organisés. *ibid.*

Que les différences stables, causées quelquefois par le climat dans les corps organisés, ne doivent pas être regardées comme des différences spécifiques & essentielles. Comment on peut en particulier démêler les différentes especes d'animaux à travers ces sortes de variétés. . 18

Combien sont importantes les regles qu'on vient de donner, pour décrire les êtres organisés & les rendre reconnoissables. 21

V. Difficultés de l'anatomie des animaux nécessité d'inventer plusieurs ruses pour les vaincre, utilité à cet égard du microscope & de l'art d'injecter. . . . . *ibid.*

Ce qui rend l'organisation des plantes difficile à découvrir. Préparation bonne pour une partie & insuffisante pour une autre. . page 24
Dans une préparation il y a un certain degré qu'il faut savoir saisir, au delà duquel elle nuiroit à l'observation. 25
Utilité de la macération. 26
Il faut prendre garde, que les préparations qu'on emploie ne soient des guides infideles. . 27
Précautions à prendre, pour n'être pas trompé par de fausses apparences. 28
Différens expédiens que le génie d'observation sait saisir habilement. 29
Qu'il ne faut pas nier trop légèrement l'existence de certaines parties qu'on a lieu de soupçonner aussi-tôt qu'on n'a pas pu les appercevoir. . 30
Utilité que l'anatomiste intelligent peut retirer, soit des écarts de la Nature dans les monstres soit de l'Anatomie comparée pour éclairer ses observations. 31
Difficultés particulieres que présente l'anatomie des animaux qu'on appelle imparfaits, & ce qu'il faut faire pour les vaincre. 33
VI. Comment on réussit à caractériser les corps qui ne sont pas organisés. 34
VII. Ce qu'il y a à considérer, soit dans le tissu & la structure intérieure des fossiles, soit dans la nature des couches qu'il a fallu percer, pour arriver jusqu'à eux. 37

TABLE DES MATIERES.

Utilité qu'on pourroit retirer un jour de ces especes d'anatomies de terrein. . . . page 38

VIII. Différens artifices & préparations, dont il faut uſer, pour rendre ſenſibles pluſieurs propriétés des corps. 40

Travaux des Chymiſtes pour découvrir les forces ou puiſſances cachées des corps. Recherches particulieres qu'ils ont à faire là-deſſus. Diſcernement & dextérité, dont ils ont beſoin, pour y réuſſir. 41

Attentions qu'il faut avoir pour comparer les forces des corps. 43

Comment quand il ſe préſente une ſubſtance inconnue, on facilite la recherche de ſes propriétés, en tâchant de trouver quelque autre ſubſtance plus connue, qui ayant avec elle une analogie frappante, puiſſe lui être comparée. 44

Néceſſité de réitérer bien des fois les mêmes expériences, faites pour découvrir les propriétés des corps ou les effets, qui réſultent de leur action réciproque. 45

Comment en expoſant les corps à leur action réciproque, on en peut tirer des marques caractériſtiques, pour les mieux diſtinguer. . 47

Comment un heureux hazard conduit quelquefois à des découvertes ſingulieres. Pourquoi il ne ſe préſente pas à tout le monde? . . 49

Utilité de connoître les expériences d'autrui, pour se former à l'esprit d'invention, pour les varier, les étendre, & les appliquer à d'autres matières. . . . . page 51

IX. Pour connoître plus complettement les corps, il faut les décomposer, en faisant usage des opérations de la Chymie. 53

Le feu peut servir à cet usage, mais il ne doit être employé qu'avec beaucoup de ménagement selon la nature des corps. . . . ibid.

L'analyse qu'on fait par son moyen des végétaux & des animaux, est souvent suspecte. . . 55

Il peut-être employé avec plus de succès à l'examen des minéraux. . . . . . ibid.

Utilité qu'on retire des affinités Chymiques pour décomposer les corps & suppléer en bien des cas à l'imperfection de l'analyse par le feu. ibid.

Comment les combinaisons & différentes épreuves servent à reconnoître les substances plus simples qui entrent dans les corps. . . . 57

Comment en particulier on discerne les principes, qui entrent dans les eaux minérales. . 58

Avec quelle circonspection il faut prononcer sur les résultats que donnent les analyses des corps. 60

Nécessité des analyses réitérées pour décomposer les corps. Quel seroit à cet égard le chef-d'œuvre de l'analyse? 61

Quelle espérance on peut avoir là-dessus? . 61
Utilité des analyses malgré leur imperfection. 62
Qu'il faut tourner ses regards sur les arts & métiers, pour s'instruire des propriétés des corps qui intéressent le plus les hommes. . . 63
X. Comment les animaux doivent être observés en tant qu'ils sont animés par un principe actif, qui leur fait fuir ou rechercher certaines choses. Erreurs & jugemens précipités à cet égard dans lesquels il est aisé de tomber, & dont il faut se préserver. 64
Espece de langage naturel qu'ont les animaux, & qu'il faut étudier, pour mieux démêler leurs sensations. 66
Adresse, précautions, ménagemens, ruses, dont il faut user pour découvrir l'industrie des animaux, en particulier la police de ceux qui vivent en société. 68
Ce qu'il faudroit faire pour découvrir ce qu'il y de mystérieux dans les émigrations de certains oiseaux. Autres recherches à faire sur les animaux. 69
Comme l'observation des insectes présente en particulier de grandes difficultés, on les expose en abrégé, & l'on donne quelques directions pour les surmonter. 70
XI. Comment on peut acquérir la connoissance de l'ame humaine. 73

Nécessité de faire attention à ce qui se passe de correspondant dans le corps & dans l'ame, & de bien ranger les faits, qui y ont rapport dans l'ordre où ils arrivent, pour rendre raison d'une infinité de choses qui concernent notre ame. On en donne divers exemples. page 74

Comment des observations assidues là-dessus pourroient peut-être conduire un jour à des opérations de Chirurgie propres à lever les obstacles qui s'opposent au libre exercice des facultés de l'ame 75

Attention qu'il faut avoir, de comparer ce qui se passe dans notre ame avec ce qu'on peut savoir des autres hommes, séparés de nous par les temps & les lieux, pour connoître ce qui convient en général à la nature humaine, & ce qui y produit des différences. Utilité de ce travail. 77

Que pour observer notre ame avec plus de précision, & mieux découvrir comment elle doit se diriger, il faut analyser pour ainsi dire ses différentes opérations, & considérer ses différentes facultés. 79

Comment l'Homme peut découvrir ses devoirs envers Dieu & les autres hommes. . . . 82

Ce qu'il y a à considérer dans les différentes formes de gouvernement & les loix civiles imaginées pour retenir les hommes dans l'ordre. 83

D'où

TABLE DES MATIERES. 401

D'où dépendent les différens caracteres des peuples. . . . . page 84
Ce que les Nations se doivent les unes aux autres, & par quelles voies elles peuvent le découvrir. . . . . *ibid.*

CHAPITRE II. *Ce qu'il faut faire pour observer la marche & le procédé de la Nature dans les changemens qui arrivent dans le monde.* . 85

On définit ici ce qu'on entend par la marche, le procédé, les loix de la Nature : Connoissances que demande souvent ce genre d'observation. . . . . *ibid.*

I. Quand on veut observer un changement qui arrive dans le monde, il faut autant qu'on peut le suivre dès son origine & dans tous ses progrès. Raisons de cela. . . . 87

Mais comme il n'est pas toujours possible de suivre la marche de la Nature de moment en moment, il faut y suppléer en l'attaquant avec une nouvelle adresse. C'est le sujet de l'article suivant. 89

II. Comment pour forcer la Nature à dévoiler les loix qu'elle suit dans la production d'un effet, il faut décomposer les phénomenes. . 92

Comment après avoir entrevu, à force de méditer, les différentes routes possibles que la Nature peut suivre pour produire un effet, on peut démêler celles qu'elle suit réellement,

Cc

en la faisant opérer successivement par chacune de ces voies séparément. . . . page 94

Par quel artifice on peut quelquefois, sans avoir besoin de faire agir successivement la Nature par les différentes routes possibles, être averti quelque route qu'elle prenne, de celle qu'elle aura suivie. 96

Comment lorsqu'on ne peut faire opérer la Nature à son gré, pour être averti de ce qui se passe dans la formation d'un corps naturel, ou que cette opération est trop longue pour être suivie par un seul homme, il faut diriger ses observations pour se rendre maître des principales circonstances, qui concourent à la production de ce corps. 98

Comment on peut mesurer la force de l'action que la Nature emploie en différens cas. . 99

Difficultés particulieres que cette mesure présente quelquefois, & adresse qu'il faut employer pour les surmonter. 100

Comment on peut connoître à quelle opération servent certaines parties, ou découvrir l'origine de certains fluides, leur marche & leur influence. 102

Comment une expérience peut donner lieu à un esprit pénétrant d'en faire une longue suite, qui tende à presser vivement la Nature. 103

Utilité de faire opérer la Nature en différentes positions, en donnant même un peu au hazard, pour découvrir, soit ce qui favorise la quantité de l'effet, soit les ressources & les richesses cachées de la Nature. Expériences intéressantes qu'il y auroit à faire sur les plantes & les animaux. . . . page 104

III. Que pour découvrir la marche de la Nature, il ne suffit pas toujours d'examiner uniquement l'objet principal de ses observations. Qu'il faut souvent porter ses regards sur l'état des objets environnans & remarquer ce qui s'y est passé avant, pendant & après la production du phénomene qu'on examine. Quelles conséquences on peut tirer de ce genre d'observation. . . 109

IV. Nécessité de prendre des mesures, pour transmettre à nos successeurs de longues suites d'observations continuées sans interruption, les expériences & observations sur un même objet pouvant en divers temps donner des résultats différens. 112

Il est d'autant plus nécessaire d'être toujours prêt à observer, qu'il y a des phénomenes rares & curieux, qui ne durent qu'un moment, ou des corps qui étant permanens ne peuvent pas bien être vus en toute sorte de circonstances ou qu'on juge peut-être mal à propos, être permanens. . . . . page 113

Il y a bien des mouvemens, qui ne peuvent être remarqués ou déterminés exactement, qu'en comparant ce qui a été observé pendant une longue suite d'années sur le même sujet. Comment par là en particulier on a trouvé les révolutions des corps célestes. Attention qu'il faut avoir pour découvrir si elles ont des variations. . . . . *ibid.*

C'est sur-tout pour reconnoître jusqu'où peut aller la constante uniformité de la Nature à travers bien des variétés, que les longues suites d'observations sont nécessaires. Comment elles reduisent ces variétés à une espece de régularité en trouvant la loi qu'elles suivent. Exemples tirés des satellites & de la lune en particulier. 118

Du mécanisme qui a lieu dans ces derniers mouvemens on tire des réflexions, qui font voir que les phénomenes, qui paroissent les plus bizares, comme les changemens que subit l'atmosphere, pourroient bien peut-être un jour être ramenés à une espece de régularité. . 121

Travers d'esprit qu'il faut éviter en cherchant ainsi l'ordre que suit la Nature à travers mille variétés. 125

Combien ces longues fuites d'obfervations feroient néceffaires pour avoir un jour des théories raifonnables fur plufieurs points. page 125

Comment il faudroit dreffer ces tables, pour accélérer le moment où la poftérité pourroit fonder ces théories. 126

Les obfervateurs ont aujourd'hui de grandes facilités, pour former & conferver ces longues fuites d'obfervations à la faveur des fociétés de Sciences répandues en Europe. On fait fentir combien ces établiffemens favorifent l'art d'obferver. 127

V. Qu'il faut obferver en différens lieux, pour éviter des affertions trop générales, & decouvrir plufieurs phénomenes, qui ne peuvent être apperçus que par la comparaifon d'obfervations faites en différens pays. . . 129

Qu'il y a des expériences & des obfervations, qui peuvent être faites avec plus de fuccès fur un même objet, dans un lieu plutôt que dans un autre. 131

On donne encore en abrégé plufieurs ufages, qu'on pourroit retirer des obfervations faites en divers pays. 133

Combien les obfervations correfpondantes deviendroient faciles à faire, fi les Princes Européens vouloient fonder des Academies de Sciences dans leurs différens établiffemens. 134

VI. Par un suite des déluges, des inondations, des tremblemens de terre, de la violence des volcans &c. il est arrivé dans bien des corps des changemens qu'il n'est pas aisé de démêler exactement. . . . . page 135

On fait ici différentes réflexions, pour diriger l'observateur dans ce travail. On montre d'abord comment l'action de l'eau & celle des feux souterreins peuvent-être reconnues. 138

Comment on peut reconnoître sûrement les corps organisés qui ont été pétrifiés, & éviter des illusions très-fréquentes là-dessus. . . . 140

Comment lorsque les corps se sont consumés avec le temps, & n'ont fait que laisser leur empreinte sur des pierres, l'Observateur doit procéder, pour distinguer les vraies empreintes de celles qui ne sont que l'effet du cours, de quelque dissolution métallique. . . 143

Ce qui rend très-difficile la partie de l'Histoire Naturelle, qui a pour objet les différens corps étrangers au regne minéral enfoui dans la terre. 146

VII. Comment, en observant la marche de la Nature, on peut trouver le moyen de rendre ses opérations favorables aux corps organisés, ou de remédier aux dérangemens qui y arrivent, ou de préserver d'altération ce qu'on voudroit conserver dans le même état. . . 147

Quel est en particulier l'esprit qui doit animer le cultivateur philosophe, qui par ses observations, cherche à perfectionner les regles de l'Agriculture. Tout son art consiste en général à seconder la Nature quand il le faut. page 150

C'est aussi la grande fin que doit se proposer le Médecin prudent dans la cure des maladies qui affligent le genre-humain. Comment il doit tâcher d'y parvenir. Expériences & observations à faire pour perfectionner cet art important. 154

VIII. Esprit d'observation qu'il faut apporter quand il s'agit d'observer les changemens qui arrivent dans notre ame. 162

Quelles sont les révolutions qu'on doit sur-tout observer dans les Sociétés humaines. Combien il s'est souvent difficile d'en connoître la marche & l'origine. 163

Par quel moyen on peut se mettre en état de profiter avec discernement des changemens que subissent les langues. 164

Comment on peut souvent juger des progrès de la raison chez une Nation, en considérant l'état actuel de sa langue. . . . . *ibid.*

CHAPITRE III. *Comment à travers les illusions des sens on peut estimer avec sureté tout ce qui a rapport aux grandeurs, distances, figures & arrangemens des corps, distinguer leurs* mouvemens réels des apparens, & reconnoître les courbes qu'ils décrivent. . . page 167

I. Les illusions, dont il s'agit ici sont dues au sens de la vue. Comment l'expérience nous a appris à juger à l'aide de ce sens des distances, figures, grandeurs des corps, quand ils sont voisins de nous. Insuffisance de ces moyens, lorsqu'ils sont éloignés, & nécessité de recourir à des méthodes plus exactes. *ibid.*

II. Comment à l'aide d'un triangle, dont on connoit la base & deux angles on détermine la distance d'un objet placé dans l'angle qui est au sommet de ce triangle. Embarras où l'on est souvent pour trouver une base, qui ayant une proportion assez sensible avec la distance à mesurer, rende cette méthode praticable. Demi-diametre de la Terre pris en certaines occasions pour cette base. . 169

Demi diametre de l'orbite terrestre aussi choisi quelquefois pour cet usage. Insuffisance de l'un & de l'autre demi diametre, pour trouver la distance des étoiles qu'on a observées jusqu'ici. 171

Comment quand un astre est si éloigné, qu'on ne peut mesurer la distance avec précision, on peut au moins s'en former quelques idées. 172

Comment un examen profond des différens effets, que les parallaxes doivent produire en divers cas, conduit souvent à des moyens nouveaux, pour les déterminer ou les rectifier. page 173

III. Comment l'Observateur peut juger avec exactitude de la figure des corps. . . . 175

IV. Comment on peut démêler l'arrangement des corps sur une surface, soit qu'ils y soient réellement placés, ou qu'ils y soient seulement rapportés par une suite des illusions optiques. 176

Comment lorsque les corps, dont il faut déterminer l'arrangement, ne sont pas placés sur une même surface, ou qu'il ne s'agit pas de les considérer comme y étant rapportés, on peut reconnoître les différens intervalles qui les séparent & la place de l'Observateur parmi eux. 179

V. Combien il est important d'examiner à quelles marques on peut discerner un mouvement réel de celui qui n'est qu'apparent. . *ibid.*

Directions pour en venir à bout. . . 180

1°. L'Observateur peut regarder comme apparens les mouvemens des corps, qui ne participent pas au sien propre, & dont toutes les apparences sont exactement une suite de celui-ci. 181

2°. On est assuré qu'un mouvement est vrai toutes les fois qu'il se décéle par quelque effet réel. . . . . *ibid.*

Connoissance nécessaire pour en bien juger. Expériences adroites, au moyen des qu'elles on peut quelquefois rendre fenfibles par quelque effets des mouvemens communs, qui fembloient d'abord ne pouvoir donner aucune prife à l'obfervation & au calcul. page 183

3°. Un mouvement n'eſt qu'apparent, ſi on trouve dans la Nature des forces actuellement en action & fuffifantes, pour produire un mouvement réel capable de caufer l'apparence qu'on obferve. 184

4°. Comment une férieufe confidération de l'ordre & des loix, qui s'obfervent dans l'Univers, peut aider à démêler les mouvemens réels des apparens. . . . . *ibid.*

5°. Quand on trouve dans les corps qu'on a lieu de croire immobiles quelque petit mouvement, dont on ne peut expliquer toutes les circonſtances par un mouvement réel à nous connu, ce n'eſt pas d'abord une raifon fuffifante pour croire qu'il n'eſt pas apparent. On le fait voir par des raifons & des exemples propres à montrer avec quelle circonfpection il faut marcher dans ces recherches. . . . 185

6°. Combien il eſt dangereux qu'un corps, qui ſe meut fort lentement par rapport à nous, nous porte à le croire mal à propos dans un repos parfait. Comment cette fauffe apparence peut être reconnue. 189

Comment, s'il ſe meut très-vite, il peut auffi

TABLE DES MATIERES.

à cause de la durée de la sensation de la vue nons faire illusion en bien des manieres. Expériences à faire pour corriger les erreurs qui peuvent en résulter. . . . . . page 190

7°. Comment, lorsqu'un corps éloigné se meut autour d'un observateur qu'on suppose en repos & être le centre du mouvement de ce corps, on peut déterminer la marche de ce mouvement, découvrir s'il est uniforme ou inégal, & discerner ce qu'il y a d'illusoire ou de réel dans ces apparences. . . . 192

8°. Comment quand le corps en mouvement décrit une courbe, on peut en reconnoître la véritable forme après avoir démêlé les mouvemens réels de ce corps & les loix suivant lesquelles ils se font. 193

9°. A quelles aparences singulieres sont exposés les mouvemens, qui s'exécutent sur la surface d'un corps sphérique vu dans un grand éloignement, & comment on peut démêler ce qu'elles ont d'illusoire. 197

10°. Comment dans la détermination de la position des corps il faut faire attention à la nature du milieu à travers lequel on les observe, à cause des refactions qui y rapportent souvent de grands changemens. Recherches que les Astronomes auroient à faire là dessus, pour arriver à des résultats plus certains. . . . 198

Ce qu'ils ont à craindre des refractions extraordinaires. . . . . page 200

11°. A quels autres mouvemens optiques il faut faire attention dans l'eſtimation des poſitions & mouvemens des corps. Précaution importante qu'il ne faut jamais perdre de vue, quand il s'agit de meſurer le mouvement d'un corps ou ſon changement de ſituation dans l'Univers. 201

CONCLUSION DES TROIS PREMIERS CHAPITRES.

On en tire des regles ſur le meilleur choix des méthodes d'obſerver dans les cas particuliers qui ſe préſentent. 204

1. Que ces méthodes doivent être accommodées à la nature de l'objet qu'on obſerve. . . . *ibid.*
2. Comment il faut en peſer tous les inconvéniens. . . . . *ibid.*
3. Qu'il ne faut pas s'en tenir à l'examen d'une ſeule méthode, mais qu'il eſt à propos d'en ſoumettre pluſieurs à la plus rigide diſcution, pour choiſir enfin celle qui eſt ſujette aux moindres incouvéniens. 205
4. Qu'après avoir fait choix d'une méthode il ne faut dédaigner aucune des précautions propres à obtenir toute la préciſion dont la méthode eſt ſuceptible. 206

TABLE des MATIÈRES.

5. Que lorsqu'il s'agit d'une observation importante & délicate, il faut la vérifier. En quoi cela consiste. . . . . page 207
6. Comment, quand on a lieu de croire que la méthode qu'on emploie n'est pas tout-à-fait exacte, il faut tâcher d'apprécier la plus grande erreur possible qu'on a à craindre, soit dans les cas malheureux soit dans les cas ordinaires. 208
7. Qu'un observateur, qui communique ses observations, doit instruire ses lecteurs de tous les détails qui peuvent l'aider à apprécier avec justesse la certitude de ses observations. . 210

CHAPITRE IV. *Sur le choix des Instrumens nécessaires à l'Art d'observer & sur les attentions qu'il faut apporter dans l'usage qu'on en fait.* 212

I. L'Observateur doit être muni de Télescopes & des Microscopes. . . . . . . *ibid.*
Différentes especes de Microscopes qu'on peut mettre en usage. 213
Que pour procéder avec ordre aux observations qu'on fait par leur moyen, il est bon d'en avoir de différente force, sans pourtant porter cette force trop loin. 215
On donne plusieurs attentions qu'il faut avoir dans l'usage du Microscope, pour éviter bien des inconvéniens & des illusions assez ordinaires. 217

Comment on peut eſtimer la grandeur réelle des petits objets vus au Microſcope. page 218

Différentes eſpeces de Lunettes. . . . 220

Difficultés qui ſe ſont rencontrées pour perfectionner les Lunettes aſtronomiques. . . . *ibid.*

Ces difficultés porterent Neuton à imaginer le Téleſcope à reflexions. Les avantages & les degrés de perfection, dont il eſt ſuſceptible. 222

Efforts heureux qu'on a fait dans ces derniers temps pour délivrer les Lunettes aſtronomiques des inconvéniens auxquels elles étoient ſujettes. Eſpérances qu'on en doit concevoir. 224

Comment, pour tirer le meilleur parti poſſible des verres & des Lunettes, il faut regler les ouvertures & les oculaires. . . . . . *ibid.*

Quelle attention il faudroit avoir lorſqu'un même phénomene doit etre obſervé avec le Téleſcope par pluſieurs obſervateurs à la fois. *ibid.*

Combien il eſt néceſſaire d'avertir de quelle force étoit le Téleſcope qu'on a employé pour obſerver. 225

Comment on pourroit eſtimer le diametre du plus petit eſpace qui ſeroit viſible dans la lune avec une Téleſcope d'une force donnée. 226

Comment on doit ménager ſes yeux en faiſant uſage du Microſcope & du Téleſcope. . 227

II. Le Baromettre & le Thermometre ſont

deux instrumens, dont l'Observateur a souvent besoin dans presque tous les genres d'observation. Détails sur la maniere de s'en servir. . . . . page *ibid.*

Note où l'on fait voir à combien de faux jugemens nos sensations peuvent nous porter sur la plus grande ou moindre quantité de feu libre qui est dans les corps. 228

III. Instrumens de Chymie. 231

Instrumens propres à mesurer les angles, les distances, les grandeurs, les mouvemens, le temps, les poids des corps &c. . . . *ibid.*

Pour employer avec sûreté ces derniers instrumens, il y a des précautions à prendre. . 232

1. Il faut les vérifier. En quoi cela consiste. *ibid.*

2. Il faut apprécier les plus petites erreurs, auxquelles l'Instrument peut être sujet, pour en tenir compte dans l'occasion. . . . . . *ibid.*

3. Il faut examiner, s'ils ne sont point sujets à des variations, qui pourroient affecter les observations de quelque erreur qu'on ne soupçonneroit pas. 234

4. Il faut beaucoup de combinaisons pour bien juger de la bonté d'un Instrument. . . 236

5. Avec quel art & quelle activité il faut travailler à inventer de nouveaux Instrumens ou à perfectionner les anciens. Combien cette industrie facilite & perfectionne l'observation. 237

6. Comment par l'exercice il faut acquérir le coup d'œil l'habileté & l'expérience néceffaires pour fe fervir convenablement des Inftrumens. . . . . page 240
7. Précaution qui eft fouvent utile pour employer avec fuccès les Inftrumens . . 241

CHAPITRE V. *Des difpofitions d'Efprit qu'il faut apporter pour obferver la Nature.* 243

I. Que pour s'approcher de la Nature avec fuccès, l'Obfervateur doit avoir une curiofité courageufe, l'habitude d'une attention longtemps foutenue, un ardent defir de trouver la vérité, & de s'elever à des idées nouvelles, un efprit vuide de toute paffion, de toute notion & de tout préjugé propres à faire paroître les objets différens de ce qu'ils ne font. . . . . *ibid.*

Cet efprit libre de préoccupation ne fuppofe pas qu'il doive obferver fans vues. . . . 245

Que pour obferver fans préjugé, il n'eft pas néceffaire qu'il voie tout par lui-même, & qu'il fe défie de toutes les obfervations d'autrui, qu'au contraire il lui importe de les connoître; mais qu'il doit faire un choix judicieux des obfervateurs qu'il veut confulter. Par quels moyens il peut y parvenir. Comment en particulier il doit s'y prendre pour vérifier leurs expériences. . . . . *ibid.*

II.

TABLE DES MATIERES.

II. Mais l'Observateur tombe dans la préoccupation. . . . . page 248
1. Toutes les fois qu'il admet sans reserve comme infaillibles les observations faites par des auteurs célebres ou par plusieurs personnes, ou qui lui sont transmises par ses Ancêtres. 250
Comment il arrive, qu'étant informé des résultats de certains observateurs, on dirige pour être d'accord avec eux ses observations, de maniere à s'écarter de la vérité. Cela n'empêche pas, qu'il ne soit souvent utile d'être averti de ce qu'on doit voir. Quelles dispositions il faut avoir pour cela. . . . 251
2. On a des préjugés funestes à l'Art d'observer, lorsqu'on se livre à un esprit d'hypothese & de systêmes généraux pour expliquer les phénomenes particuliers qui se présentent. . 252
3. Comment on se prévient souvent plus pour les hypotheses en vogue ou des hommes illustres que pour les siennes propres. . . . 253
4. L'Observateur doit prendre garde que l'amitié, la haine ou la jalousie ne lui troublent la vue dans la discution des observations & des découvertes d'autrui. 255
5. Il doit avoir assez d'élévation d'esprit, pour ne pas craindre de heurter les préjugés des autres, & d'en détruire le fondement par de nouvelles observations. . . . . . . ibid.
6. Qu'il doit se préserver d'un certain goût pour

D d

le merveilleux, qui porte à charger de fables les descriptions qu'on fait des objets de la Nature. . . . . page 256

Que cependant il ne donne pas dans le défaut opposé, qui consiste à rejeter, sans un examen suffisant, les choses extraordinaires qu'on raconte, ou qui ne sont annoncées que par des bruits populaires. Ce qu'il convient de faire dans ces occasions. 258

CHAPITRE VI. *Sur la Nomenclature & les méthodes imaginées pour distribuer avec ordre les productions de la Nature.* 260

I. Inconvéniens auxquels on s'exposeroit, si on procédoit sans ordre à décrire le grand nombre d'objets & d'especes qui présente la Nature. . . . . *ibid.*

II. En quoi consistent les méthodes imaginées par les Naturalistes pour éviter ces inconvéniens. Ce qu'ils entendent par Nomenclature. 261

III. Pour que les distributions méthodiques ne manquent pas le but qu'on se propose en les faisant, il faut autant qu'il est possible qu'elles soient puisées dans le plan d'arrangement auquel la Nature s'est réellement assujettie. Difficultés qui se rencontrent dans un tel ouvrage. 262

IV. Mais a-t-on jusqu'à présent suivi la meilleure route pour déchiffrer cet ordre de la

Nature? Défauts qu'on remarque dans celles qu'on a prises. Mauvais effets que la diversité des méthodes & leurs imperfections ont produits. Cependant faudroit-il à cause de ces taches rejeter tous les systêmes d'arrangemens qui ont paru jusqu'ici. . . page 265
V. Que conviendroit-il de faire, pour se rapprocher de plus en plus de l'ordre de la Nature, & en voir exactement les caracteres distinctifs. 268
VI. Dans la Nomenclature il faut éviter les mots inutiles & bizares, & conserver autant qu'on peut les noms populaires. 269
VII. Stile qu'il faut employer dans les descriptions, précision qu'il y faut mettre, soins qu'on doit avoir décrire d'abord tout ce qu'on remarque, sans le confier trop long-temps à la mémoire, attention souvent utile de dessiner l'objet. 271

INTRODUCTION À LA SECONDE PARTIE.

Dans laquelle on examine jusques où l'Art d'observer peut contribuer à la perfection de l'Entendement. 273
Dans cette Introduction on réduit la perfection de l'Entendement à quatre points qui font le sujet des quatre Chapitres suivans. . . . 274

CHAPITRE I. *Jusques où l'Art d'observer peut contribuer à augmenter le nombre de nos idées.* . . . . page 275

I. Pour perfectionner l'Entendement il faut d'abord augmenter le nombre de ses idées, & c'est de l'Art d'observer seul qu'on peut attendre ce service. . . . . *ibid.*

Comment en effet il peut sans-cesse enrichir le thrésor de nos idées, ou en faisant connoître des objets entièrement nouveaux. . . . 276

Ou en rendant toujours plus distinctes les idées des objets déjà connus qui peuvent être envisagés sous de nouvelles faces, & posséder des propriétés encore inconnues. Espérances qu'on doit concevoir de cet Art à tous ces égards lorsqu'il sera plus perfectionné & pratiqué par plus de gens. . . . . *ibid.*

Combien les cabinets de Physique & d'Histoire Naturelle qui se multiplient toujours de plus en plus en Europe sont propres à hâter ce moment, & à semer parmi les hommes les nouvelles idées que prouve l'observation. . . . 278

II. Malgré la solidité de ces espérances le nombre de nos idées sera toujours fort au-dessous de celui des objets qui existent dans la Nature & des nombreuses propriétés qu'ils possédent. 280

III. Après avoir considéré jusqu'ici ce qui appartient aux corps, on examine à présent quel-

TABLE DES MATIÈRES. 421

les idées peut procurer l'Art d'obferver, foit
fur notre ame. . . . . page 281
Soit fur le principe fentant qui anime les brutes. 282
Soit fur cette fuite de créatures intelligentes,
qui dans d'autres parties de l'Univers peuvent
être fupérieures à l'homme. . . . . . ibid.
Concluſion de ce Chapitre & tranſition au Second. 283
CHAPITRE II. *Juſques-où l'Art d'obſer-*
ſerver facilite la comparaiſon de nos idées, nous
aide par-là à parvenir à des connoiſſances réel-
les, ou a meſurer les probabilités des choſes, lorſ-
que nous ne pouvons arriver à une entiere cer-
titude. 285
I. Par des confidérations générales on montre,
que l'Art d'obferver doit donner à l'Efprit-
Humain plus d'aptitude à raifonner avec folidité. . . . . ibid.
Mais pour connoître plus diftinctement jufqu'où
il peut fervir à pouffer nos raifonnemens fans
contredire la Nature, on parcourt dans les
Articles fuivans les principales Connoiſſances
humaines. . . . . ibid.
II. Il s'agit dans cet Article des connoiſſances
que le Phyficien peut acquérir fur l'enchaînement des caufes & des effets. On commence
par rappeller ici en abrégé l'Efprit de l'Art
d'obferver, pour montrer comment il conduit

naturellement à remonter de phénomene en phénomène jufqu'aux forces qui les produifent. . . . . page 286

Comment l'Entendement peut, lorfqu'il a les élemens requis, reconnoître fi une caufe, qui influe vifiblement fur un phénomene, en eft une caufe totale ou partiale. . . . 288

Combien il importe d'obferver, foit avants foit après avoir employé le calcul, & de ne faire ufage du calcul que pour des fujets, qui font fufceptibles d'obfervations exactes, & ne font pas trop compliqués. 290

Comment, pour arriver à de juftes conclufions, il faut conduire le calcul dans les fujets que l'obfervation peut en rendre fufceptibles. 291

Comment les calculs qu'on a pu appliquer aux forces, qui agiffent dans l'Univers, ont prouvé l'extrême fécondité & fimplicité de la Nature dans la production des effets, & fait voir, que pour l'explication des phénomenes, il ne faut pas multiplier les principes fans néceffité. Sageffe de cette regle de NEWTON, que les effets de même genre doivent être rapportés anx mêmes caufes. 293

Comment, à la faveur de cette Regle ou plutôt de l'analogie qui a lieu dans la Nature, l'Entendement eft mis en état de tirer parti des réfultats de la Chymie, pour obferver & expliquer les changemens, qui arrivent dans le

Monde, & réciproquement de profiter des observations faites sur ces changemens, pour éclairer & perfectionner cette belle Science. . . . . page 297

Avec quelle prudence & circonspection il faut cependant user de cette Analogie, pour expliquer les phénomenes. 299

Quel degré de certitude ont en divers cas les conséquences qu'on en tire. Il faut toujours être prêt à les limiter par des exceptions, quand les faits l'exigeront. 301

Cela n'empêche pas, que lorsqu'une loi générale, que la Nature semble suivre dans la production d'effets d'un certain genre, est fondée sur une multitude d'expériences incontestables, il ne faille un examen très-approfondi, pour admettre les exceptions que semblent annoncer de nouveaux faits. Raison de cela & Exemple. 302

Qu'après s'être élevé par l'Observation, l'Analogie & le Calcul à un Phénomene plus général, source de celui qu'on veut expliquer, on n'est encore remonté que de quelques échelons vers la premiere cause; que cependant il ne faut pas mépriser une explication, qui dépend ainsi d'un fait, dont on ne peut pas encore rendre raison. 303

Que parce que l'Observation n'a pas encore pu percer au delà de ce fait, il ne faut pas prononcer, qu'il est impossible à l'Entendement de monter plus haut. . . . . . page 304

Ou que ce phénomene plus général, auquel on a recours, dépend de l'influence immédiate de la volonté du Créateur. Présomption de cette derniere assertion. Combien elle convient peu à l'Homme dans sa situation présente. 305

Que nous sommes si peu capables dans la recherche des causes, de compter tous les chaînons, qu'il y a encore bien des faits presque isolés pour nous. Comment lorsqu'on rencontre de tels effets, il faut se conduire, pour rendre la recherche de leur cause plus facile. . . . 307

A quoi se reduisent souvent les recherches des causes qu'on fait ainsi par l'expérience & l'observation. 308

A combien d'illusions on s'expose en quittant cette route de l'expérience, pour imaginer sans preuve des fluides invisibles, afin d'expliquer les phénomenes. 309

Qu'il n'y a pas moins de péril, pour s'épargner la peine d'observer, de vouloir déduire les loix de la Nature, ou en rendre raison, en recourant à des principes tirés des causes finales. 310

Quelles doivent être les conditions d'une hypothese, pour qu'elle soit recevable. On en donne un exemple, pour rendre la chose plus sensible. 312

Ce qu'on doit faire, lorsqu'on ne peut se satisfaire par des expériences dans les conjectures qui s'offrent à l'esprit en observant la Nature. . . . . page 313
III. Que l'observation est aussi le seul instrument propre à perfectionner la Médecine, qui est elle-même une des parties la plus difficile & la plus intéressante de la Physique. . . *ibid.*
IV. Que l'Observation seule peut aussi nous aider à rendre raison de ce qui se passe dans l'Ame. 316
V. Combien l'Art d'observer est utile pour prononcer avec justesse sur ce qu'exigent la plus sage Politique, le meilleur Gouvernement & la Législation la plus avantageuse. . . . . *ibid.*
Utilité que le Législateur peut en particulier retirer des connoissances du Physicien & du Naturaliste. 317
VI. Que l'Art d'observer n'est pas moins indispensable pour éclairer la science la plus abstraite, je veux dire la Métaphysique. . . . 319
VII. Les Mathématiques pures peuvent même tirer de grands secours de l'Art d'observer. 321
VIII. L'Art d'observer peut dans bien des cas nous faire discerner ce qu'il y a de plus probable, lorsqu'il ne peut nous conduire à une parfaite certitude. 322
Comment des observations, continuées long-temps sur les mêmes objets, pourroient fournir les

élémens nécessaires, pour évaluer le degré de probabilité avec lequel on peut attendre dans des circonstances données certains événemens. . . . . page 324

Comment au moyen des Tables qu'on dresseroit, on pourroit faire l'application de cet art de mesurer les probabilités à la Morale, la Médecine, l'Agriculture & la Politique. . 329

Quelque pénible que fût la multiplicité des Tables qu'on seroit souvent obligé de dresser pour cela, on en seroit bien dédommagé par les avantages, qui en résulteroient, & qu'on expose ici en abrégé. 332

IX. Comment l'Art d'observer pourroit conduire à mesurer des choses, qui au premier coup d'œil, n'en paroissent pas susceptibles, comme les talens, le génie &c. &c. 334

CHAPITRE III. *Jusqu'où l'Art d'observer peut aider l'Esprit Humain à séparer ou rapprocher avec succès les choses, soit pour satisfaire avec goût un sentiment délicat du Beau, soit pour avoir des ressources prêtes dans le besoin, & convertir à nos usages les productions & les agens de la Nature.* 336

I. Que l'Art d'observer est propre à perfectionner tous les Arts de goût. . . . ibid.

Comme la Poésie & l'Eloquence. 337

La Musique. 338

La Peinture & la Sculpture. . . . . ibid.

L'Architecture. . . . . page 339

Que cependant, malgré la force de ces raison, on a prétendu, que l'Esprit de recherche & d'observation exacte faisoit fuir les Muses avec leur graces naïves, ou pouvoit jeter dans de mauvaises routes, & que ce siecle, où regne cet esprit de recherche & d'observation, en étoit une preuve sensible. On répond en détail à cette objestion, & l'on essaie d'apprécier avec impartialité les effets qu'a produit dans ce siecle par rapport aux Arts de goût cet esprit qui s'y fait remarquer. . . . *ibid.*

II. Comment les connoissances que procure l'Art d'observer sur la structure, les propriétés des corps & les préparations ou combinaisons, dont ils sont susceptibles, sont propres à perfectionner les Arts mécaniques. . . 347

On fait voir en particulier, comment un observateur éclairé, en étudiant les Arts mécaniques, qui s'exercent sur une même substance, peut établir entre ces arts une communication réciproque de lumieres & de secours très-utile, dont ils seroient privés sans son travail. 350

Comment, étudiant l'histoire naturelle de son Pays avec cet esprit de recherche, on peut lui rendre utiles plusieurs substances qu'on néglige, ou lui procurer aisément des commodités équivalentes à celles qu'on fait venir de bien loin. Préjugés funestes qui s'opposent à ces recherches. . . . . . page 351

Avantages qu'on retire des regles que donne l'art d'obſrever, pour rendre favorables les opérations de la Nature aux corps organiſés. On en donne ici des exemples dont il n'a pas été parlé, en traitant cette partie de l'Art d'obſerver dans les Premier Chapitres. Ces exemples roulent ſur la maniere de conſerver les animaux domeſtiques, de perfectionner leur race, de faciliter leur éducation, leur multiplication & leur entretien. 354

Que les opérations de la Nature, exactement ſuivies, fourniſſent ſouvent au Mécanicien d'exellens modeles. 357

Comment des obſervations ſoutenues ſur les propriétés des agens de la Nature conduiſent à les employer avec plus d'avantage, & à perfectionner des machines imparfaites qu'avoit occaſionnées une premiere vue ſuperficielle de l'objet. 358

Que les obſervations approfondies ſur les Agens de la Nature ſont d'autant plus néceſſaires pour perfectionner la Mécanique, qu'elles y font quelquefois parvenir, en ſe ſervant de ces agens d'une maniere, qui au premier coup d'œil paroîtroit plutôt devoir diminuer leur force, faute d'avoir bien conſidéré toutes les circonſtances qui accompagnent ordinairement l'action de ces agens. 302

Comment l'Art d'obſerver peut donner l'habitude de s'élancer ſans peine vers quelque nou-

veau point d'appui, d'où l'on peut produire l'effet qu'on a en vue. . . . page 360
Que sans l'art perfectionné d'observer la Nature, les lumieres du Géometre ne conduiroient souvent dans la Mécanique qu'à de pures chimeres. 362
Que l'esprit d'observation délivre en général les Arts de mille espérances trop légerement conçues. 364
Qu'il ne faut cependant pas trop se presser de poser les limites des Arts. 365
Que si toutes les observations de la Nature ne menent pas aussitôt à une utilité manifeste, elles pourront le faire avec le temps. On en fait voir la raison, & on l'appuie par des exemples d'un grand poids. 366
Qu'après tout si quelque observation n'a rien de recommandable que sa singularité elle servira au moins d'aliment à une curiosité très-raisonnable, naturelle à l'Homme, & qu'on ne pourroit reprimer, sans nuire aux progrès des Sciences & des Arts, comme on le fait sentir par des reflexions & des exemples. . . . 368

CHAPITRE IV. *Comment l'Art d'observer procure à l'Entendement des considerations, qui tendent à nous rendre meilleurs, & à nous donner du Créateur les idées les plus majestueuses, les plus propres à élever nos sentimens, & à nous conduire à un bonheur solide & éternel.* page 371

I. Que l'étude de la Morale dans les livres doit être jointe à l'esprit d'observation, pour opérer sur la volonté. . . . . *ibid.*

Comment cet esprit d'observation doit être dirigé, pour qu'il ne porte pas à la médisance, à l'aigreur & a d'autres défauts, plutôt qu'à se corriger de ses fautes. 372

Combien est nécessaire l'esprit d'observation sur soi-même & sur tout ce qui a rapport à la Vérité & à la Vertu, pour conserver son intégrité parmi les hommes. 373

II. Comment une sérieuse étude des opérations & des loix de la Nature peut contribuer à nous garantir de la contagion du vice. . *ibid.*

III. Comment l'observation de la Nature conduit à reconnoître l'existence de Dieu, à s'en former des idées toujours mieux proportionnées à la magnificence de ses ouvrages, à résoudre les difficultés, qui pourroient répandre des nuages sur la Providence, & à délivrer l'esprit de craintes & de terreurs chimériques. 374

Comment les idées droites de la Divinité, que fournit l'observation, peuvent contribuer à nous rendre meilleurs, & à nous conduire à un bonheur solide & éternel. . . 378

FIN DE LA TABLE DES MATIERES.

ERRATA

Sur l'Art d'Observer.

Page 23. ligne 2. s'épaiſer *liſez* s'épaiſſir.
... 30. ... dernière autant *liſez* d'autant.
... 35. ... 22. D'AUBBATON *liſez* D'AUBENTON.
... 51. ... 11. de bon *liſez* bon.
... 59. ... 1. de l'air *liſez* à l'air.
... 60. ... 1. du plomb *liſez* de plomb.
... 62. ... 22. ou pouſſer *liſez* pour pouſſer.
... 74. ... 13. en lieu *liſez* eu lieu.
... 75. ... 12. on en *liſez* ou en.
... 87. ... 10. Philoſophie *liſez* Philoſophiæ.
... 111. ... 6. pas non *liſez* pas non plus.
... 117. ... 11. unes *liſez* les unes.
... 123. ... 16. qu'il n'y a *liſez* qu'il n'y en a.
... 126. ... 25. un peu *liſez* peu.
... 134. ... 24. prenſé, *liſez* penſé,
... 135. ... 17. aideront *liſez* aideroient.
... 152. ... 7. racices *liſez* racines.
... Ibid. ... 22. critiques *liſez* pratiques.
... 154. ... 10. on lui *liſez* ou lui.
... 156. ... 16. ne ſeroit *liſez* ne ſe ſeroit.
... 164. ... 21. mauvais tous *liſez* mauvais tours.
... 170. ... 15. ſeroit *liſez* ſeront.
... 186. ... 11. de Parallaxe *liſez* de la Parallaxe.
... 190. ... 26. qui s'a *liſez* qui l'a.
... 208. ... 16 mutation *liſez* nutation.
... 217. ... 22. l'éclaircir, *liſez* l'éclairer,
... 232. ... 13. exactent *liſez* exactement.
... 236. ... 11. n'y a pas *liſez* il n'y a pas.
... 245. ... dernière : voie par *liſez* voie tout par.
... 265. ... 11. laiſon *liſez* liaiſon.
... 266. ... 7. ſige *liſez* ſinge.

ERRATA

Pages.	lignes.	
282.	13.	d'en taiter *lisez* d'en traiter.
284.	14.	les plus *lisez* le plus.
295.	19.	plus de grands *lisez* plus grands.
308.	13.	on rendoit *lisez* on rendroit.
310.	7.	la meilleure *lisez* le meilleur.
317.	4 & 5.	de conclure de tant de difficultés à contenir *lisez* de tirer, tant de difficultés à contenir.
331.	17.	le témoinage *lisez* le témoignage.
339.	3.	en alliant *lisez* & en alliant.
344.	17.	qui échaffe *lisez* qui échauffe.
345.	18.	se lancer. *lisez* s'élancer.
351.	15.	sur des *lisez* sur les.
Ibid.	27.	Le Naturaliste *lisez* Les Naturalistes.
363.	17.	des calculs *lisez* de calculs.
369.	10.	la grandeur *lisez* sa grandeur.
371.	9.	on uniquement *lisez* ou uniquement.
375.	14.	de ces œuvres *lisez* de ses œuvres.
377.	3.	du blâmer *lisez* de blâmer.
382.	9.	de l'épaissement *lisez* de l'épaississement.
387.	22.	semble *lisez* qui semble.
388.	23.	du cors *lisez* du corps.
390.	27.	les différenres *lisez* les différentes.
392.	3.	ne meut *lisez* ne se meut.

Errata pour la Table des Matieres.

Page 398. derniere. ...... 61. lisez .... 60.
- - - 399. - - - 14. ...... 66. lisez .... 67.
- - - 400. - - - 11. ...... 75. lisez .... 77.
- - - Ibid. - - - 18. ...... 77. lisez .... 78.
- - - 401. - - - 21. ... effacez 89.
- - - 404. - - - 10. ... au lieu d'Ibid. lisez ... 115.
- - - Ibid. - - - 18. ...... 118. lisez .... 119.
- - - 407. - - - 17. ...... il s'est lisez .... il est.
- - - 409. - - - 20. ...... 180. lisez .... 181.
- - - 411. - - - 25. refactions qui y rapportent lisez refractions qui y apportent.
- - - 414. - - - 2. ...... 218. lisez .... 219.
- - - Ibid. - - - 13. ...... 224. lisez .... 223.
- - - Ibid. - - - 16. au lieu d'Ibid. lisez .... 224.
- - - 417. - - - 6. ...... 250 lisez .... 249.
- - - 418. - - - 15. qui présente lisez que présente.
- - - 419. - - - 9. voir exactement lisez voir plus exactement.
- - - 420. - - - 22. que prouve lisez que procure.
- - - 423. - - - 4. ...... 297. lisez .... 294.
- - - 424. - - - 8. ...... 305. lisez ... 306.
- - - 426. - - - 13. ...... 332. lisez ... 331.
- - - 427. - - - 24. étudiant lisez en étudiant.
- - - 428. - - - 28. ...... 302. lisez ... 360.
- - - 429. - - - 2. ...... 360. lisez ... 362.

www.ingramcontent.com/pod-product-compliance
Lightning Source LLC
Chambersburg PA
CBHW071107230426
43666CB00009B/1860